教化的突破

阳明学派
致良知教研究

孙德仁 著

上海人民出版社

目 录

目　录

导论 『良知』的历史境遇与学理进路

作为学术研究的对象，阳明学伴随中国人文化主体意识的自觉，自20世纪90年代以来研究成果甚为丰富。人们从不同视角出发对阳明心学做出的学理阐发，可以视为阳明学在研究中的"解冻"，而这也是支撑阳明学日益成为中国现代化进程中重要精神资源的基础。如果说现代化进程中的"富强"首先是近代以来中国在器物、制度文明方面的希冀，那么在社会文化心理上，"富强"则投射出人们对"成功"的情绪期待与行为追求。正是在这样一种文化心理诉求中，王阳明其人其学的某些特征就日益成为现代人追求"成功"的精神动力与不二法门，从市面上广泛流行的阳明学读物可见一斑：从"明朝一哥王阳明"的历史功绩，到"向王阳明学习成为一个很厉害的人"的修行秘籍，再到"五百年来王阳明"的圣人成就。阳明心学已然成为当代中国人"浮躁现实里最好的心灵解药""恶劣环境中强大的精神武器"。如果仔细阅读，就会发现，这些论述的展开一定是以王阳明立德、立功、立言的"三不朽"事业作为现代人成功的标杆，并就如何成就传奇人生提出"知行合一""致良知"的方便法门。如果王阳明复生而遭遇这样的"现代性"设问，看到自己被冠以"伟大的思想家、哲学家、教育家、军事家、文学家、书法家"之名，不知是否会有一种"现代性的尴尬"？从阳明学的近代发展来看，"现代性的尴尬"并非只是一种情绪假设，而是阳明学在中国三千年未有之大变局中的一种历史境遇。这既关乎阳明学在不同时代境遇下的价值指向，也涉及阳明学解决问题所形成的不同学理进路。返观而论，"良知"在不同时期的历史境遇中都表现出不同的学理进路，而学理进路的不同择取与不同面相又是对"良知"历史境遇问题的纠偏与补正。[1]沿着这一向度进行探索无疑有益于我们检视阳明学的"过去"与"现在"，并足以说明阳明学所面临的"现代性的尴尬"。

第一节　明清之际阳明学的三层纠偏

自阳明殁后，王学由龙溪、泰州而风行天下。明清之际，阳明学遭遇了第一次"围剿"，而阳明学之所以会在明清之际遭遇"围剿"，与王门后学的流弊不无关系。黄宗羲在《姚江学案》中指出："然'致良知'一语，发自晚年，未及与学者深究其旨，后来门下各以意见掺和，说玄说妙，几同射覆，非复立言之本意。"[2]由此可见，门人后学对"致良知"意旨的不同体会，既是对阳明心学最早的思想阐发，也成为日后产生王学流弊的端绪。从晚明王门后学的发展动态来看，王学流弊主要来自龙溪、泰州两系。黄宗羲明确指出，"阳明先生之学，

1　本导论主要围绕阳明学在不同时期的历史境遇与学理进路两个维度展开，在此之前学界对此两方面均有涉及，如从历史境遇而言有：陈立胜：《阳明学登场的几个历史时刻：当"王阳明"遭遇"现代性"》，《社会科学战线》2018 年第 7 期。如从学术研究状况介绍而言有：彭国翔：《当代中国的阳明学研究：1930—2003》，《儒家传统与中国哲学：新世纪的回顾与前瞻》，石家庄：河北人民出版社，2009 年版，第 137 页。张崑将：《阳明学在东亚：诠释、交流与行动》，台北：台湾大学出版中心，2011 年版。吴震：《漫谈阳明学与阳明后学的研究》，《阳明学研究》2016 年第 2 辑。张新民：《回顾与前瞻：阳明学研究的百年经验总结》，《贵州大学学报》（社会科学版）2014 年第 6 期。
2　黄宗羲：《姚江学案》，《明儒学案》，北京：中华书局，1985 年版，第 178 页。

有泰州、龙溪而风行天下，亦因泰州、龙溪而渐失其传"[1]。王龙溪对阳明晚年"四句教"的理解从先天心体上立根，在心、意、知、物的本体直贯中主张"四无"。"四无"说虽然以直悟本体的方式统摄本体与工夫，但又如阳明所指出："本体工夫，一悟尽透，此颜子、明道所不敢承当，岂可轻易望人！"[2]当对本体的透悟未能落于工夫[3]，则必然会将良知引向理论思辨的境地，此时的良知也就因为取消了工夫的实际落实而成为思辨的光景。泰州一系则通过肯认良知的当下现成、知是知非、不思不虑，走向了良知的自然明觉化。龙溪、泰州之失，诚如刘宗周所说，"今天下争言良知矣，及其弊也，猖狂者参之以情识，而一是皆良；超洁者荡之以玄虚，而夷良于贼，亦用知者之过也"[4]。这也成为晚明王学流弊的两个重要方向。

阳明后学的流弊在晚明思想界引起了大震荡，学者在批评王门后学流弊的同时将矛头直接指向了阳明心学本身。有的揭露阳明心学的内在弊病："如陆、王之自以为立大体、致良知矣，而所为、所诲，皆猖狂傲悍，日鹜于功利、权诈是也。凡诸谬害，皆从不穷理而空致知来。"[5]有的直接否定阳明良知之功，认为"（阳明）天资高，随事就功，非全副力量，如周

1　黄宗羲：《泰州学案一》，《明儒学案》，北京：中华书局，1985年版，第703页。

2　王守仁：《语录》三，《王阳明全集》，上海：上海古籍出版社，2011年版，第133—134页。

3　本书中"工夫"与"功夫"无含义差别，均表示"修养与修炼"，所引阳明之语中"功夫"因是引文，不作修改与统一。

4　刘宗周：《解二十五》，《刘宗周全集》第三册，杭州：浙江古籍出版社，2012年版，第248页。

5　吕留良：《吕晚村先生四书讲义》，《续修四库全书》第156册，上海：上海古籍出版社，2002年版，第374—375页。

公、孔子专以是学，专以是教，专以是治也"[1]。更有甚者，认定王学亡国："以明心见性之空言，代修己治人之实学。股肱惰而万事荒，爪牙亡而四国乱，神州荡覆，宗社丘墟。"[2]这些批评也就成为明清之际世人对阳明学的主流定位。但值得注意的是，在诸多士大夫们的批评中，形成了朱子学与阳明学两种不同方向的纠偏与补正。其中，以顾宪成、高攀龙为代表的东林党人以朱子学的工夫纠偏王学玄虚之弊，而刘宗周则意识到只从外在工夫落实难以真正纠偏，反而以主体道德实践为根基，从心学内部进行补正。当晚明王朝君权崩溃，从内在道德精神上难以抗衡君权时，黄宗羲则继承师学，以心学的立场与做人的原则，对明王朝的政治体制做出了深刻反思与尖锐批评，这是黄宗羲由反思政治制度对阳明学更进一步的推进。因此，明清之际由东林学派、刘宗周到黄宗羲的层层纠偏，也就构成了近代阳明学流衍中的第一次转进。

晚明政治的腐败与王学的流弊成为当时士大夫不得不面对的时代问题，以顾宪成、高攀龙为代表的东林学派在政治生态的压迫下讲学，直面晚明社会政治与思想的弊病，展开批驳与矫正。钱穆先生对此特点概述说："盖东林讲学大体，约而述之，厥有两端：一在矫挽王学之末流。一在抨弹政治之现状。宋明理学，至于阳明良知之论，鞭辟近里，已达极度。而王学自龙溪、泰州以后，风被既广，流弊益显……于阳明天泉证道'无善无恶心之体'一语，辩难尤力。"[3]东林学派从针砭政治时弊出发，以讲学新民的方式对王学流弊进行了最大限度的纠

1　颜元：《存学编》，《颜元集》，北京：中华书局，1987年版，第45页。
2　顾炎武：《日知录集释》，长沙：岳麓书社，1994年版，第240页。
3　钱穆：《中国近三百年学术史》，北京：商务印书馆，1997年版，第10页。

偏。所谓纠偏，无疑关涉所偏何在，以及以何种立场、方法进行纠偏。

顾宪成、高攀龙作为早期东林学派的代表，在学理上顺承明代朱子学的发展，但又对当时广泛传播的阳明学有着清晰的认识。如顾宪成所说，"当士人桎梏于训诂辞章间，骤而闻良知之说，一时心目具醒，恍若拨云雾而见白日，岂不大快"[1]。这也就意味着，东林学派并非直接盲目地否定阳明学，而是在认可其积极意义的同时指出后学的玄虚与猖狂。在此基础上，顾宪成一方面批评王门后学拈得高明话头，人人言说良知，却无实致良知之功；另一方面又以后天工夫扭转良知的思辨玄虚。

> 世人往往喜承本体，语及工夫，辄视为第二义。孔子当时却只任功夫……然则孔子之所谓工夫恰是本体，而世人之所谓本体，高者只一段光景，次者只一副意见，下者只一场议论而已。[2]

在顾宪成看来，本体的追求是通过下学上达的工夫实践而成，离开工夫而言说本体，本体就会流为"光景""意见""议论"。因此，注重后天工夫，在工夫中达致本体与工夫的合一，就成为顾宪成对王学流弊开出的"药方"。而这一"药方"的具体内容与方法就是持守朱子学读书穷理以至于尽性。他在《东林

1　顾宪成：《小心斋札记》卷三，《顾端文公遗书》第一册，清光绪三年重刻本，第5页。
2　顾宪成：《小心斋札记》卷十五，《顾端文公遗书》第四册，清光绪三年重刻本，第1页。

会约》中写道：

> 学者诚能读一字便体一字，读一句便体一句，心与之神明，身与之印证，日就月将，循循不已，其为才高意广之流欤，必有以抑其飞扬之气……必敛然俯而就，不淫于荡矣。[1]

显然，顾宪成所倡读书穷理的工夫是针对王门后学的流弊而发，其立根处是学以致知的方式进学。这也就意味着顾宪成是基于朱子学的立场对阳明学的问题做出省思，即以朱子学的"格物"之致知纠偏阳明学的"诚意"之致知。所谓"格物"与"诚意"，实为两种不同进路的"致知"，前者表征朱子学的即物穷理，后者表征阳明学的正心诚意。虽然二者"致知"的指向相同，或为明人伦、通世故，或为致吾心之良知，但"致知"方式的不同则导致了最终实现结果的差异。因此，我们可以说，朱子学与阳明学的工夫分歧也就在于"格物"与"诚意"的不同进路。而顾宪成的纠偏看似是将本体落入工夫中而成就本体工夫，实则仍然面临着两种"致知"的鸿沟，其纠偏只是一种外在夹持、补充。

这一问题在同为东林道友的高攀龙那里，得到了进一步的解决。关于高攀龙的格物之学，黄宗羲曾概述：

> 先生（高攀龙）之学，一本程、朱故以格物为要。但程、朱之格物，以心主乎一身，理散在万物，存心穷

1　顾宪成：《东林会约》，《顾端文公遗书》第五册，清光绪三年重刻本，第10页。

> 理，相须并进。先生谓"才知反求诸身，是真能格物者
> 也"，颇与杨中立所说"反身而诚，则天下之物无不在
> 我"为相近。是与程、朱之旨异矣。[1]

可见，高攀龙虽然本于程朱之格物，但又并非以程朱之即物
穷理的方式展开，反而由"反求诸身"达致格物。在此基础
上，高攀龙指出"吾辈格物，格至善也；以善为宗，不以知为
宗也"[2]。当格物以"反求诸身"为基本进路，以善为终极追求
时，也就不再是一种简单的外向求知活动，而是"以善为宗"
的道德活动。由此来看，高攀龙的格物之学，一方面，以程朱
的格物穷理纠偏王学因过分强调内在灵明而缺乏外向穷理的规
范；另一方面，以阳明诚意之致知修正"以知为宗"从而转向
了"以善为宗"。朱子学与阳明学的双向矫正最大限度地实现
了对王学流弊的纠偏。

顾宪成、高攀龙作为东林学派的代表，针对阳明后学的
"玄虚""猖狂"，以朱子学的实在工夫进行纠偏，这就表现出
明代理学朱王互纠其偏的努力。对于当时的王学流弊而言，这
无疑具有扭转方向的作用。但方向的扭转并不意味着朱子学与
阳明学内在矛盾的解决，从顾宪成以朱子后天工夫的纠偏，到
高攀龙在朱王互救中的双向矫正，无不面临着这一矛盾的张
力。而刘宗周则意识到仅仅在朱王的互救互补上难以真正解决
王学流弊的问题，于是反向追溯，认为王学流弊的根源就在于

---

1 黄宗羲：《忠宪高景逸先生攀龙》，《明儒学案》，北京：中华书局，1985 年
   版，第 1402 页。
2 高攀龙：《答王仪寰二守》，《高子遗书》卷八，清文渊阁四库全书，第
   68 页。

良知本身，因此从心学内部对阳明学进行了省思与补正。

　　作为明代心学的殿军人物，刘宗周思想的心学定位是毫无疑问的，但其心学旨趣的形成并非来自程朱理学与阳明心学的理论"门户之见"，而是缘于其人生际遇与学术性格。刘宗周在具体的人生遭际中实用自得之功，层层透显，无不归于心性之涵养。对于这一点，其子刘汋有所说明：

　　　　先生从主敬入门，敬无内外，无动静，故自静存以至动察皆有事而不敢忽，即其中觅个主宰曰独，谓于此敬则无所不敬，于此肆则无所肆，而省察于念虑皆其后者耳。故中年专用慎独工夫，谨凛如一念未起之先，自无夹杂，既无夹杂，自无虚假。慎则敬，敬则诚，工夫一步推一步，得手一层进一层。[1]

可见，刘宗周在心上用功，工夫层层推进，从存静之主敬到无杂念之慎独都是心学的工夫进路。而心学工夫进路的形成，既是其学问根系的确立，也对阳明学做出了重大补充。从刘宗周对阳明学的批评来看，其论主要由朱、王《大学》之辩切入，对良知本身进行了反思："'良知'之说，本不足讳，即闻见遮迷之说，亦是因病发药。但其解《大学》处，不但失之牵强，而于知止一关全未勘入，只教人在念起念灭时，用个'为善去恶'之力，终非究竟一著。"[2]刘宗周批评阳明于《大

1　刘汋：《蕺山刘子年谱》，《刘宗周全集》第三册，杭州：浙江古籍出版社，2007年版，第83页。
2　刘宗周：《答韩参夫》，《刘宗周全集》第三册，杭州：浙江古籍出版社，2007年版，第359页。

学》"知止"一关未破，其意在于：阳明虽主诚意是大学之道，但所诚之意却为心之所发，在发用流行中仅表现为意念起灭。如此意念之起灭，无所主宰便容易在"为善去恶"中冒领良知，甚至"认贼作父"。这就会产生阳明后学"现成良知"之弊。刘宗周就阳明"认意为念"之失，提出"意根"之说以补其偏：

> 《大学》之教，只要人知本。天下国家之本在身，身之本在心，心之本在意。意者，至善之所止也，而工夫则从格致始……格致者，诚意之功，功夫结在主意中，方为真功夫，如离却意根一步，亦更无格致可言。[1]

"意根"之"意"，是就发心动念之用上言心之所存的先天形上本体，即体上言"心之所存"，并非用上言的"心之所发"。"心之所存"方能在发用流行中有"心之所主"的真工夫。在此意义上的"意"既是本根之所存所主，又是先天形上本体的发用落实，如此真正地"知善知恶"才能在道德实践中真真切切地"为善去恶"。值得注意的是，刘宗周虽然从"意之所存"的角度提振意作为本体主宰的作用，但这并不意味着其所谓的"意"就是一种抽象的本体存在，反而是一种"即形色以求天性"，将形上追求完全落实于形下的具体实践之中。而此种工夫形态的层层推进，最终必然由"意体"指向"慎独"："古人慎独之学，固向意根上讨分晓，然其工夫必用到

1　刘宗周:《学言》上，《刘宗周全集》第二册，杭州：浙江古籍出版社，2007年版，第372页。

切实处，见之躬行。"[1]所谓"慎独"，也就是既要落实为具体工夫上的心有所发，又要在意根上心有所存，因为只有在意根的存养中才能真正挺立、主宰心有所发的现实世界。在此意义上的"慎独"也就成为修正王学流弊之形上思辨与现成良知的立根之基，从而真正回归人的真实存在与工夫日用之中。这不仅是对阳明学流弊的修正，也是对阳明学重大的突破与推进。

刘宗周对阳明学的修正，主要就表现为深入心学内部，对"天植灵根"的良知更进一步的夯实，而这一指向就是使良知从"光景""效验"中回归真切的现实人生，这也意味着刘宗周是以主体做人的精神夯实良知底线。但到明朝灭亡后，黄宗羲继承师学，则又不得不面对由晚明政权的崩塌与新政权的建立所带来的王学困境（主要指王学亡国论），而在此意义上的反思，也就不仅仅停留在现实人生中做人精神的凝结，而是转向了对君权专制体制的突破与反击。

明王朝的覆灭将阳明学推向了风口浪尖，士大夫纷纷将矛头对准阳明及其后学，直指王学误国、亡国。批评声中以顾炎武的经世之学与颜元的实学最具代表性。[2]而作为心学传人，黄宗羲对阳明学的态度则不可避免地受到两方面的影响：一方面是心学思想谱系中刘宗周的思想遗产，另一方面则是明代政权的溃败与清朝新政权的建立。如果说承接刘宗周的思想遗产是坚实他内在精神生命的基础，那么政权的更

1　刘宗周：《正学杂解》，《刘宗周全集》第一册，杭州：浙江古籍出版社，2007年版，第264页。

2　参见陈立胜《入圣之机：王阳明致良知工夫论研究》的"导言"部分，文中展开对明清之际阳明学境遇的评述。

迭则成为刺激他对阳明学做出反思的直接力量。在刘宗周回归现实人生、注重后天实践工夫的影响下，黄宗羲恪守德性的具体落实，试图以个体做人精神的凝结深化心学、纠偏王学流弊。但明王朝的崩塌已经不允许黄宗羲同刘宗周一样，只是以个体的做人精神来面对阳明学的时代困境。因为明王朝的覆灭对于心学传人的黄宗羲而言，不只是故国不在的悲叹，更是对其心学底色的精神生命的釜底抽薪。如果说，东林学派、刘宗周对王学流弊的批评还可以是一种基于现实流弊的学理纠偏，那么黄宗羲则不得不以自己心学的身家性命来反思明清之际的政权更迭、社会变革。这也迫使黄宗羲从主体的道德实践走向了对明代专制集权体制的根本性反思。在《明夷待访录》中，黄宗羲直言："天下之大害者，君而已矣。"[1] 从明代现实政治的批评到对中国几千年来专制集权的反思，黄宗羲直指政治君主，认为三代以后的君王背离"三代之治"的德性政治，走向了权力的私有化：

> 后之为人君者不然，以为天下利害之权皆出于我，我以天下之利尽归于己，以天下之害尽归于人，亦无不可。使天下之人不敢自私，不敢自利，以我之大私为天下之大公。[2]

这些"振聋发聩"的反思并非只是一种学理式的逻辑批驳，而是有其深厚、真切的人生基础。黄宗羲身处"天崩地裂"的转

1　黄宗羲：《明夷待访录》，《黄宗羲全集》第一册，杭州：浙江古籍出版社，2012年版，第6页。
2　黄宗羲：《明夷待访录》，《黄宗羲全集》第一册，杭州：浙江古籍出版社，2012年版，第2页。

型时代，历览千年君权的治乱兴衰，又遭遇父亲黄尊素为阉党所害、老师刘宗周为明绝食守节、自己举兵反清而结寨四明山等一系列事件。这些人生际遇让黄宗羲始终固守心学的道德实践之根基，并以此展开了对中国千年专制集权的反戈一击。所以在《明夷待访录》中，黄宗羲对专制集权祸根的直接揭露，不再像董仲舒那样以"天人感应""灾异谴告"的方式试图为大一统君权的烈马套上笼头，也不再像程朱那样以"格物穷理""正心诚意"的方式寄希望于得君行道，而是走向了对制度本身的反思与批评，这无疑是发千年儒者之未发。如果说在明代专制集权与政治生态日益严峻的情况下，王阳明绝望于"得君行道"，转而撇开君主与政治，杀出了一条"觉民行道"[1]的血路，那么，阳明虽然失望于朝廷与君主，但并未真正意识到治乱兴衰的根源所在。直至黄宗羲，身处于政权的变革、立足于心学的主体德性精神，才发出了"天下之大害者，君而已矣"的彻底决裂之声。所以说，从王阳明对个体道德理性的落实而走向觉民行道，到黄宗羲以主体道德精神的具足而对专制集权进行反戈一击，这样一个走向无疑是对阳明学最大的纠偏与推进，也成为阳明学在明清之际最大的回响。

由上述可见，"良知"在明清之际虽然遭遇了"空疏""误国"之名，但从顾宪成、高攀龙以外在的朱子学工夫纠偏王学流弊，到刘宗周深入心学内部，以回归现实人生的方式夯实良

---

1 "觉民行道"是余英时先生从政治文化的角度对阳明致良知之教的意义揭示，他说："阳明'致良知'之教和他所构想的'觉民行道'是绝对分不开的；这是他在绝望于'得君行道'之后所杀出的一条血路。"参见《宋明理学与政治文化》，桂林：广西师范大学出版社，2006年版，第43页。

知之根，再到黄宗羲则继守师学的心学立场，展开对专制集权政治的反击，无不是对阳明学的层层反思与纠偏。这既是阳明学在近代发展中的第一次转进与突破，也为后来阳明学的转向贞定了方向。

第二节　近现代阳明学的话语转型与范式确立[1]

明清之际对阳明学的纠偏与补正延续至清初，当时天下士子尽皆诋毁阳明学，但仍有如孙夏峰、李二曲等人在力主驳正。随着清政府对道学的强压，至乾、嘉而后，汉学风行，王学其势衰微。然而，清末救亡图存的诉求又一次为阳明学带来了转机。中日甲午海战直接刺激了国人的神经，阳明精神的唤醒在近代日本明治维新中发挥了重要作用，让国人迫切地感受到阳明学主体实践品格在救亡图存中是一剂良药。因此，率先吹响复兴阳明学号角的一定是清末的维新派。康有为直言："言心学者必能任事，阳明辈是也。大儒能用兵者，惟阳明一人而已。"[2]强烈的事功实践品格是阳明学在清末复兴的主要内容，而这一品格也同样受到保国保皇的保守派推崇："历代理学名人，如宋之胡瑗、明之王守仁、国朝之汤斌、曾国藩等，能本诸躬行实践发为事功，足为后生则效。"[3]可见，不论维新

1　20世纪阳明学研究成果突出，在诸多成果中形成了不同的研究进路。笔者从近代阳明学研究的话语转型与范式确立角度试图对20世纪阳明学研究的代表性进路进行分梳。
2　康有为：《南海师承记》，《康有为全集》第2集，北京：中国人民大学出版社，2020年版，第248页。
3　冯克诚主编：《清代后期教育思想与论著选读》(中)，北京：人民武警出版社，2011年版，第268页。

派还是保守派，都看到了阳明学主体实践品格对救亡图存的意义，这与晚明王学"空疏""误国"之论大相径庭。而近代士大夫对阳明学的这一诉求，一直延续至民国初年政治、学术的纷争，不论是以孙中山、宋教仁为代表的革命党人，还是以章太炎、陈天华为代表的学人，都将阳明学视为打破枷锁的精神资源，让阳明学打上了"革命"的烙印。正如陈立胜先生所总结的："阳明学进入现代人的视野，首先是在清末民初的维新与革命的狂风骤雨之中形成的，阳明学作为一个象征、一个符号在现代中国重新被激活，深深打上了民族主义、爱国主义、党国主义、尚武主义与军国民主主义的色彩。"[1]

阳明学在清末民初的影响更多地体现在救亡图存的政治家、社会活动家以及关怀天下的士大夫身上。除此之外，还存在着作为学术思想深化的阳明学，而这一深化就集中表现为古今中西问题激荡下的"哲学化"。如果说阳明学的革命精神是一种"不肤桡，不目逃，思以一毫挫于人"的"血气担当"，那么，阳明学的哲学深化，则是一种"自反而缩，虽千万人，吾往矣"的"义理担当"。从"血气担当"走向"义理担当"，标志着现代语境下阳明学的第一次话语转型。

阳明学作为一种学术研究对象的登场，有其近代百年儒学之变的背景。近代儒学的剧变一方面来自古今之变，即儒学在中国古代传统社会向现代社会的过渡转型中何去何从。而这一问题的激化则来自另一个方面——中西之争，即在西学东渐中儒学的存在方式与诠释范式应该何去何从。

1　陈立胜：《入圣之机：王阳明致良知工夫论研究》，北京：生活·读书·新知三联书店，2019年版，第15页。

因此，这一时期阳明学的学术著作，无不显示出古今之变与中西之争问题的双向纠结。而作为处于传统与现代社会变革中的一代学人，在古今中西问题的激荡下，不得不对古今之变的困境做出反思。这也就首先形成了以古今之变的历史视角看待阳明学以及儒学之变的进路，以钱穆先生为代表。作为中国古代历史的研究者，思想与文化是钱穆先生治史的主要方向。如果说，思想与文化的方向是他一生忧心文化传统的关怀所在，那么历史铺陈则是其舒展关怀的具体方法与进路。钱穆先生旗帜鲜明地主张以历史的眼光展开传统儒学的解读与儒学传统的诠释，他说："什么是中国文化？要解答这问题，不单要用哲学的眼光，而且更要用历史的眼光。"[1] "求深切体会中国民族精神与其文化传统，非治中国史学无以悟入。若如宗教、哲学、文学、科学其他诸端，皆无堪相伯仲，相比拟。"[2]可见，钱穆先生对历史眼光的肯定是相较于当时的哲学眼光而言，他认为传统文化的理解首先是一个古今之变的历史视角，而并非断裂历史传统的哲学性的诠释，因此主张对文化精神的把握应当回归历史，在历史中呈现、激活文化的生命力。这也就决定了他在阳明学的理解上一方面由否定哲学性的抽象诠释走向了历史传统的再现，另一方面由历史学术传统的呈现而主张以心学解心学。他在《阳明学述要》的序言中讲道：

> 讲理学最忌讳的是搬弄几个性理上的字面，作训诂

1　钱穆：《国史新论》，北京：生活·读书·新知三联书店，2001年版，第347页。

2　钱穆：《现代学术中国论衡》，北京：生活·读书·新知三联书店，2001年版，第106—107页。

条理的工夫，却全不得其人精神之所在。……尤其是讲王学，上述的伎俩，更是使不得。[1]

　　读者须脱弃训诂和条理的眼光，直透大义，反向自心，则自无不豁然解悟。[2]

可见，在把握阳明学的基本进路上，钱穆先生对西方的哲学眼光与清儒的训诂方式进行了"双遣"，将中西之争压缩为古今之变的历史问题，以历史之经验、具体的方式来呈现阳明学的生命力。

　　在近代古今中西问题的激荡中，钱穆先生试图以古今的历史视角解决中西之争的问题。但在西学的冲击之下，以牟宗三、唐君毅、徐复观为代表的现代新儒家意识到文化传统的接续，不能仅仅以回到历史场景的方式展开具体而微的历史研究。因为对中国文化精神的透显，是在超越具体的社会历史条件基础上，指向形上的价值理想，以此超越性的价值维度提振中国文化精神。这是以历史之求真的方式很难获得的。他们在《为中国文化敬告世界人士宣言》中说：

　　　　我们与其说中国文化因重视现实生活之维持，遂不作超现实生活的追求，不如说中国之思想，自来即要求人以一超现实的心情，来调护其现实生活。与其说因中国文化偏重保守，致其生活皆习故蹈常，不须多耗气力，不如说中国之思想，自来即要求人不只把力气向外表现，而耗竭净尽，更要求人把气力向内收敛，以识取并培养

1　钱穆：《阳明学述要》，北京：九州出版社，2011年版，第1页。
2　钱穆：《阳明学述要》，北京：九州出版社，2011年版，第1页。

生命力气的生生之原。[1]

现代新儒家的层层超越、层层提振，其意在于如何在儒学现代转型的时代境遇中激活文化传统，在文化价值之损益中推陈出新、续接慧命。这也就形成了以中西之争的哲学视角解决古今问题的基本进路，在新儒家群体中以牟宗三先生的探索最具代表性。

牟宗三先生对"哲学视角"的择取并非出于西学的知识好感，而是在儒学的百年剧变中看到了传统文化中客观与超越面相的缺失。但其对西学的吸收又是建立在民族文化本位、尊重儒家成德传统的基础上完成的。因此，牟先生在《心体与性体》的序言中指出：

> 了解有感性之了解，有知性之了解，有理性之了解。仿佛一二，望文生义，曰感性之了解。义义厘清而确定之，曰知性之了解。会而通之，得其系统之原委，曰理性之了解。[2]
>
> 理性之了解亦非只客观了解而已，要能融纳于生命中方为真实，且亦须有相应之生命为其基点。[3]

可见，牟先生在哲学视角的方法选择上是以客观了解与生命涵

1　徐复观等:《为中国文化敬告世界人士宣言》,《论文化1》,北京:九州出版社, 2014 年版, 第 277—278 页。

2　牟宗三:《心体与性体》,长春:吉林出版集团有限责任公司, 2013 年版, 第1页。

3　牟宗三:《心体与性体》,长春:吉林出版集团有限责任公司, 2013 年版, 第1页。

养并重，试图在中西哲学的会通中凸显中国哲学自身的理论前提与精神特质。因此，牟先生穷极一生心力，要由疏通中国文化生命的哲学创造来开中国文化新路。牟先生的"哲学视角"反映在阳明学的研究中，也就表现出客观了解与生命涵养统一的特点。在对王阳明"致良知"一语的分析中，牟先生这样说：

> 良知本明，知是知非。良知是个起点。良知以外无有起点。此直指玉连环而为可解之窍也。良知既是个起点，故不待"复"而待"致"。致者至也、充也、推也、通也，"复"是致以后的事，或从致上说。非良知全隐而待复也。如全隐而待复，则能复之机何在耶？是则良知不可为起点矣。如复之机即在觉，则觉即良知矣。是复之机即良知之自己，则良知固不能全隐也。是以复在致字上说，乃属致以后者。[1]

不难看出，牟先生对"致良知"的把握是以分解的理论思辨方式展开的，由直立良知本体之自性转至逻辑之层层剥离，在剥离过程中不仅将思想之转进处与易滑转处点出，更是以抽象的方式深化良知的本体意义。在此意义上的诠释，无疑走向注重本体分析的理论演绎，由此上达极致就会得出这样的结论："致良知教中，一方面恢复感应之原几而透涵盖原则与存在原则；一方面坎陷感应之几而遂成客物之了别。此即由行为宇宙

---

1 牟宗三：《王阳明致良知教》，《牟宗三先生全集》第 8 册，台北：台湾联经出版公司，2003 年版，第 15—16 页。

之参赞，一方透露宇宙之本体，一方统摄知识也。"[1]在本体分析的理论演绎中，将良知本体的达致纳入超越形上学何以可能的问题，以此彰显"致良知"的理论意义。这也就是牟先生所谓客观了解的进路与意义。但注重本体分析的理论演绎并不意味着一味地理论思辨化，而是强调在肯认生命涵养的基础上，不偏离阳明学的实功。他说："宋明儒讲学唯在如何成圣，如何成一真正的人，如何保住价值，如何保住人禽、义利、公私、善恶之辨。故圣贤学问与圣贤工夫是一，而真理、本体，俱在归于主体以穷理尽性上透显之。"[2]以此成德生命之涵养而统摄、容纳客观之了解，才能真正意义上实现对阳明真精神的透显，并赋予其新的时代意义。牟先生在阳明学诠释上的哲学视角，让近代阳明学的发展完成了话语转型与范式确立的双重转向：既是从"历史视角"走向"哲学视角"的哲学话语转型；也是由哲学话语的建构实现了现代哲学诠释范式的确立。这对近代阳明学研究有转折性的意义。

牟宗三先生的"哲学视角"诠释，虽有很强的西学形上思辨意味，但其意在于恢复哲学古义的实践智慧，以开中国哲学自身发展之路。正如刘述先先生所言："（牟宗三先生）是把中国哲学由主观经验变成为客观学问的一位具关键性的人物。"[3]但牟先生在本体分析中的思辨化、抽象化、概念化也遭到人们的批评与反思，同为现代新儒家代表人物的徐复观先生就曾对

1　牟宗三：《王阳明致良知教》，《牟宗三先生全集》第8册，台北：台湾联经出版公司，2003年版，第96页。

2　牟宗三：《王阳明致良知教》，《牟宗三先生全集》第8册，台北：台湾联经出版公司，2003年版，第87页。

3　刘述先：《牟宗三先生临终遗言："古今两无"释》，《当代中国哲学论——人物篇》，新泽西：美国八方文化企业公司，1996年版，第213页。

此有所反思。如果从现代新儒家的成就来看，熊十力的《新唯识论》、牟宗三的《心体与性体》、唐君毅的《生命存在与心灵境界》，都勤于道德形上学的本体建构。而徐复观则离开本体形上学的建构，取径思想史而著成《中国人性论史·先秦篇》。[1]他说："我研究中国思想史所得的结论是：中国思想，虽有时带有形上学的意味，但归根到底，它是安住于现实世界，对现实世界负责；而不是安住于观念世界，在观念世界中观想。"[2]徐复观先生对抽象的观念辨析导致脱离现实而深表忧虑，这种方式无疑让儒学从作为教化形态的存在走向了知识形态的存在，成为诉诸概念的"空言"。徐复观先生对"哲学视角"的反思虽涉及中国哲学史方法论的问题，却并未以此进路解读阳明学。如果我们将视野放至海外阳明学研究，就会发现，日本学人冈田武彦先生正是以此进路对阳明学做出了回应，可以视为20世纪阳明学研究中对"哲学视角"的一种补正。

冈田武彦先生对阳明学的研究，从《王阳明与明末儒学》的学理判断，走向《王阳明大传：知行合一的心学智慧》的传记体认，无疑来自其研究方法的自觉。冈田武彦先生在晚年穷极心力所著阳明学大作，并未发力于阳明学的理论建构与阐发，反而选择以传记体的方式再现阳明人生、思想之转进。传记体的展开正是建立在以体验的方式追阳明之所思所虑，还原阳明学之本真。冈田先生试图通过体认阳明之经历来展现阳明的精神世界，而在此基础上所理解的学理也就显得真切而鞭辟入里。

---

1 关于徐复观思想史研究的学术进路问题，请参考陈少明《为什么是思想史：徐复观的思想性格与学问取径》，收录于《徐复观的思想史研究》，台北：台湾大学人文社会高等研究院东亚儒学研究中心，2018年版。
2 徐复观：《两汉思想史》，台北：台湾学生书局，1978年版，第1页。

他在《王阳明大传：知行合一的心学智慧》的序言中说：

> 我们这些研究东方哲学思想的人，如果不去了解先
> 哲们的生涯，不去体体验他们的经验，那么我们就无法
> 深刻理解东方哲学思想区别于西方哲学思想的特点，所
> 做的学问也就无法变成"活学"。[1]

这里所谓的"活学"既涉及以什么样的进路理解阳明学，又
乎什么是阳明学真精神的问题。当试图以内在性的体认方式进
入阳明学时，阳明学所呈现的也就不仅仅是一套学理或是知
识，而是一种实有诸己的身心实践之学。这无疑是对阳明学真
精神的激活。在此基础上，冈田先生始终将阳明学定位为"知
行合一"的实践之学，他说："阳明学被认为是行动哲学，其
实还与王阳明独创的'知行合一'说有关。'知行合一'说的
中心是'行'，而不是'知'，这是一种实践主义的思想。"[2]对
阳明学实践品格的把握正是其体认进路对阳明"身心之学"的
精准阐发。阳明在晚年与罗钦顺的激辩中指出其学问的立根所
在："世之讲学者有二：有讲之以身心者，有讲之以口耳者。
讲之以口耳，揣摩测度，求之影响者也；讲之以身心，形著
习察，实有诸己者也，知此则知孔门之学矣。"[3]身心之学的身
心、内外并在指向，让阳明学始终不离"行著习察，实有诸

1 ［日］冈田武彦：《王阳明大传：知行合一的心学智慧》，钱明审校，杨田译，
   重庆：重庆出版社，2015年版，第2页。
2 ［日］冈田武彦：《王阳明大传：知行合一的心学智慧》，钱明审校，杨田译，
   重庆：重庆出版社，2015年版，第5页。
3 王守仁：《答罗钦顺少宰书》，《王阳明全集》，上海：上海古籍出版社，2011
   年版，第75页。

己"的道德实践向度。在此意义上的阳明学也就是一种主体
的道德实践之学。因此，以内在性的体认方式激活阳明学的真
精神，既是对阳明学学理的真切把握，也是将阳明精神转化为
一种自我精神。可见，这种方式"是从身与心、为人与为学以
及为政与实践追求相统一的角度所展开的全方位的阳明心学研
究。因而所谓'大传'，也就表明这是对阳明其人其学的一种
全方位的解读与研究"[1]。

从钱穆先生的"历史视角"到牟宗三先生的"哲学视角"，
再到冈田武彦先生的"体认进路"，无不是近代学术话语转型
中对阳明学做出的不同侧面的探索。而这三个方向又是相互补
正，层层深化，成为近代阳明学学术话语转型中的研究范式，
对后世阳明学研究产生了深远的影响。

第三节　当代阳明学的研究历程及其特征

1949 年之后，在意识形态的影响下，"良知"又一次遭
遇了"封冻"。在思想解读上，阳明的"心外无物"俨然成为
"以心吞并天地万物"的主观唯心主义；而在历史定位上，阳
明成了为封建君王镇压农民起义的刽子手。显然，意识形态的
烙印让"阳明学再次成为一个负面价值之象征，这一次跟明
末清初不一样的地方在于，它不是空疏、无用、误国，而是
反动、落后与唯心"[2]。但不可否认的是，现代学术转型中古今

1　丁为祥：《"身心之学"的精准阐发——读冈田武彦〈王阳明大传〉》，《阳明
　　学研究》第二辑，北京：中华书局，2016 年版，第 151 页。
2　陈立胜：《入圣之机：王阳明致良知工夫论研究》，北京：生活·读书·新知
　　三联书店，2019 年版，第 22 页。

中西的问题依然存在，并且问题意识越发凸显。如果说民国时期诸多学者对现代学术转型问题做出了不同的尝试与探索，那么，哲学诠释范式的确立以及依照西方学术分科而划定"中国哲学"，也就意味着人们不得不对西方哲学的概念范式与中国传统学术思想的关系问题做出进一步的反思与深化。而这一问题意识的显发，使得人们不断地在中西之争的问题坐标下进行探索。从中国哲学合法性的讨论，到中国哲学主体性的确立，再到有学者提出反思中国哲学史，走向"做中国哲学"哲学创造，无疑都是中国传统哲学现代转型中的问题意识与发展方向。而在此历程中，当代阳明学研究也就形成了分别以认识论、本体论与工夫论为主导的三个阶段。

认识论的问题研究自西方哲学进入中国以来就为人所关注，其始是作为认识论问题本身而展开，并非指涉一种看待问题与解决问题的方法论，因此，其实质在于西方哲学与中国传统思想是两种认识世界、解释世界的不同方式。简言之，西方哲学传统是以"知道如是"（knowledge that）的方式展开对知识确定性之"真"的追求；中国传统思想则是以"知道如何"（knowledge how）的方式展开道德行为之"善"的追求。因此，早期对此问题的关注更多是"知识"与"道德"之辨，如张东荪的多元知识论主张，试图在知识与文化之间加以融合。其后这一问题有所深化，如牟宗三的"良知坎陷说"，但其重心转向了以西方哲学概念、形式建构中国传统哲学，并且形成了以知识进路为主导的西方认识论诠释模式，这也使得认识论成为一种诠释中国传统哲学的方法论而存在。新中国成立以后，马克思主义成为统一的意识形态，以唯物主义与唯心主义作为衡量一切哲学思想的标准，虽有极强的意识形态性与阶级斗争性，但就唯物、唯心的认识方式而言无疑是一种建立在主客体二分的知识认知进路。而这一时期僵化、机械的"对子"模式直至 80 年代才得到反思，这对于之前形成的中国传统哲学的认识论式研究进路则是一种拨正与深化。

因此，对于当代阳明学的研究而言，20 世纪 80 年代认识论式的研究无疑是一种复苏。在 80 年代阳明学的诸多研究成果中[1]，杨国荣先生的《王学通论：从王阳明到熊十力》是其中的代表作品之一。在对阳明核心命题"致良知"的分析中，他说：

> 王阳明的致知过程论同时又以良知的先天性为其理论预设，这就决定了它不可避免地包含着内在张力：一方面，良知作为先验之知，其内容不仅是通过天赋而一次完成的，而且具有终极的性质；另一方面，达到良知（对良知的自觉把握）又必须经历一个"未有止"的过程；"致"突出了过程性，而良知的天赋性又排斥过程性，正是这种张力，从另一个侧面赋予王学以二重性。良知与致良知说包含的二重性，不仅贯穿于王阳明的心学体系之中，而且导致了王学的分化并具体展开于后一过程。[2]

可以看到，以认识论的方式对"致良知"进行分析，是从具体

1　20 世纪 80 年代中国大陆的阳明学研究成果主要有：沈善洪、王凤贤：《王阳明哲学研究》，杭州：浙江人民出版社，1981 年版；张锡勤、霍方雷：《陆王心学初探》，哈尔滨：黑龙江人民出版社，1982 年版；方尔加：《王阳明心学研究》，长沙：湖南教育出版社，1989 年版；邓艾民：《朱熹王守仁哲学研究》，上海：华东师范大学出版社，1989 年版。

2　杨国荣：《王学通论：从王阳明到熊十力》，上海：华东师范大学出版社，2018 年版，第 2—3 页。

的内容中抽象出思维形式本身，在概念、判断、推理中获取认识形式的确定性，以此研究、判准认识问题。这里没有意识形态的干预，在抽象的认识形式中直面思想本身。这种认识论的方式既是对机械知识论进路的纠偏，也是对阳明学当代价值的进一步发掘。

随着90年代的"国学热"，人们开始关注中国传统哲学的"中国话语"。[1]所谓"中国话语"并非在文化保守主义的意义上言，而是对认识论式研究方法的反思。虽然认识论的研究仅限于认识论问题本身有其价值，但当知识进路的认识论成为一种普遍性的研究方法时，就有对中国传统哲学进行概念化、思辨化的切割与套用的可能，从而导致诠释者、诠释对象与诠释框架相互割裂，落入"说之愈详而失之愈远"的弊病。"这使我们的研究工作紧紧关注于'知识性的哲学史'一极，而失去文化整体生命内涵的'知识'，同时亦失去了它的真实性。"[2]因此，人们试图从对认识形式的剥离回归到内容自身，在具体内容上展开"中国话语"的叙述表达，并通过对西方哲学资源的消化吸收来展现中国哲学的独特话语。这也就决定了对思想的解读是从思想家的基本出发点与思考坐标入手，由此确立本体论角度的思想制高点，在此基础上也就形成了"理本

1　20世纪90年代中国大陆的阳明学研究成果主要有：陈来：《有无之境——王阳明哲学的精神》，北京：人民出版社，1991年版；徐梵澄：《陆王学述——一系精神哲学》，上海：上海远东出版社，1994年版；丁为祥：《实践与超越——王阳明哲学的诠释、解析与评价》，西安：陕西人民出版社，1994年版；杨国荣：《心学之思：王阳明哲学的阐释》，北京：生活·读书·新知三联书店，1997年版；左东岭：《王学与中晚期士人心态》，北京：人民文学出版社，2000年版。

2　李景林：《教化的哲学——儒学思想的一种新诠释》，哈尔滨：黑龙江人民出版社，2006年版，第32页。

体""心本体""气本体"的本体论式的表达。而这里的"本体论"不仅仅是对本体论问题的讨论，还是把握思想的一种基本进路，它更加强调中国哲学之为中国哲学的"本体性"特征。当以本体论的视角进入阳明学的理解时，率先被看到的是阳明心学的基本出发点：

> 　　王阳明的关注之点首先指向心体，其思维所向，在于心体的重建。这里的重建，既意味着上接原始儒学的历史源头，亦表现为扬弃性体的超验性质与超越心的个体之维。以心即理为内在规定，心体成为心学的第一原理。尽管心即理这一命题并非由王阳明第一次提出，但正是在王阳明的心学中，它才与良知及致良知说相融合而获得了具体的内涵及多重理论意义。[1]

"心体""性体"的本体问题的展开，表现出阳明学在理学走向中的转进突破，对于把握阳明心学的基本特征确有其意义。这样一种方式看似回归思想的基本出发点，却蕴含着以呼唤阳明学根本价值的方式建构理学本体论话语。

　　而在"中国话语"自觉的表达语境之下，陈来先生的《有无之境——王阳明哲学的精神》无疑是现代学术视野下阳明学研究的经典之作。相比较于杨国荣先生对阳明学的理论内涵进行普遍意义的揭示，陈来先生侧重于就阳明学与儒学的内在特征而阐发阳明学的精神。这一区别来自陈来先生以西方从理性

1　杨国荣：《心学之思：王阳明哲学的阐释》，北京：中国人民大学出版社，2009 年版，第 3 页。

主义到存在主义的转向视角来审视宋明理学由朱子学到阳明学的内在转向，并认为：

> 王阳明的时代，本体的有无问题已经从理性主义时代过去了。阳明的意义在于，他既高扬了道德的主体性，通过"心外无理""致极良知""仁者与物同体"，把儒学固有的"有"之境界推至至极，又从儒家的立场出发，充分吸收佛道的生存智慧，把有我之境遇与无我之境结合起来，以他自己的生命体验，完成了儒学自北宋以来既坚持入世的价值理性，又吸收佛道精神境界与精神修养的努力。[1]

陈来先生同样以"本体论"的视角进入阳明学的内在脉络，并揭示出阳明所关注的问题已经不再是理性主义时代的本体论之有无的建构问题，而是一种境界论或工夫论的有无，以此突出阳明哲学的内在精神以及中国哲学的基本特征。在这里，陈来先生已经注意到阳明学自身问题意识的转移，并未重点阐发阳明学的本体论问题，而是沿着本体性进路的维度揭示境界与工夫的精神特质。所以，这无疑对阳明学的内在意蕴与精神有更为深刻的阐发，同时也成为 21 世纪工夫论研究角度形成的"先声"。因此，这一时期在本体论式研究进路的主导下，人们已不同于先前学者的本体论建构，如牟宗三先生的道德形上学、冯友兰先生的新理学，而是从本体论的角度展开核心问题的把握，以此激活中国传统哲学的话语体系。因此，相较于

---

[1] 陈来：《有无之境——王阳明哲学的精神》，北京：生活·读书·新知三联书店，2014 年版，第 9 页。

80 年代有"破冰"意义的认识论式研究进路，本体论式的研究则成为当代阳明学研究"复苏"的开始。

20 世纪 90 年代的本体论式研究方式让人们看到了阳明心学的内在理路，伴随着 21 世纪初学术主体意识的自觉，人们意识到儒学的本体价值在理论预设中并不能获得现实意义，由此追问以什么样的方式更好地理解儒学，以及儒学的当代价值应当是什么。在此方向的引导下，人们进而认识到："在孔孟的思想中，一方面，人性的概念不仅是一种理论，同时亦要在工夫践行和现实人伦生活中得以证显者。另一方面，这种成性或成德、成圣的超越价值之实现，乃在人的实存的精神活动和践履中获得内在的肯定。"[1]在肯定儒学的工夫教化形态中回归儒学作为一种人文教养的本真，以此实现儒学的价值，这也就形成了 21 世纪初期工夫论研究的转向。可见，之所以产生这样一种工夫论式的研究进路，既是理论发展的必然，也是实践追求的需要。因为在儒学的道德追求中，本体如果不能落实于主体实践而为实有诸己，那么这样的本体也就只是一种思辨的演绎。正如黄宗羲所揭示的，"心无本体，工夫所至，即其本体"[2]。因而，新世纪对阳明学的研究也就进入到工夫的道德实践追求，由此追问阳明学之为阳明学的真精神是什么。

宋明儒学对工夫的肯认是来自成德之追求。阳明自幼立志做圣人，其志本身就是一种实现论的工夫进路。因此，以工夫论的角度观照阳明学，就不仅仅是一种外在视域的转化，而是基于阳明学的内在理路言其肌理。丁为祥先生在《践形与

1　李景林：《教化的哲学——儒学思想的一种新诠释》，哈尔滨：黑龙江人民出版社，2006 年版，第 36 页。

2　黄宗羲：《明儒学案序》，《明儒学案》，北京：中华书局，1985 年版，第 7 页。

践行——宋明理学中两种不同的工夫系统》一文中，以工夫进路之发生逆向把握阳明的知行合一，并清楚地辨析了以阳明知行合一为代表的"践形"工夫与以朱子知先行后为代表的"践行"工夫。他认为阳明的工夫进路源于思孟一系，从子思的"诚于中，形于外，故君子必慎其独也"(《礼记·中庸》)，到孟子讲"形色，天性也，唯圣人然后可以践形"(《孟子·尽心上》)，无不显示其工夫"以'善性'、'慎独'为依据，以'诚意'为动力，要求将内在之'善'与'德'全面地彰显于主体的视听言动和貌相形色之间"[1]。而阳明学缘起于朱子学的曲折之中，正是看到了认知与道德为二的危险：

> (阳明)"才以建立在'慎独—诚意'基础上的'践形'——知行合一来解决这些问题。……进一步看，由于知行合一是以'慎独—诚意'为基础的，因而它不仅要求主客观的统一，而且还必然要求完成内在心理意念(意志)与外在行为世界彻底统一的任务。正是从这个角度看，所以才说阳明的知行合一不仅代表了一种新的工夫进路，而且也代表着一种新的儒学形态，这就是时刻关涉着人之内在心理意志与外在行为世界彻底统一的儒学宗教性形态。"[2]

这样一种解读不仅诉诸儒学工夫传统之发生的思想谱系而言，

1　丁为祥：《践形与践行——宋明理学中两种不同的工夫系统》，《中国哲学史》，2009 年第 1 期，第 38—39 页。
2　丁为祥：《践形与践行——宋明理学中两种不同的工夫系统》，《中国哲学史》，2009 年第 1 期，第 42 页。

也在思想谱系的勾连中对阳明知行合一的根本指向做出了精准定位。在此意义上，阳明学是一种作为成德追求的工夫践履，并非只是描述世界的理论系统。与此同时，以工夫论为视域的研究成果纷纷出现，代表性著作有：吴震《阳明后学研究》（上海人民出版社，2003 年版）、彭国翔《良知学的展开：王龙溪与中晚明的阳明学》（生活·读书·新知三联书店，2005 年版）、陈多旭《教化与工夫——工夫论视阈中的阳明心学系统》（巴蜀书社，2010 年版）、张卫红《由凡至圣：阳明心学工夫散论》（生活·读书·新知三联书店，2016 年版）、陈立胜《入圣之机：王阳明致良知工夫论研究》（生活·读书·新知三联书店，2019 年版）。诸多研究虽然研究对象与研究方向各有不同，但都是基于工夫论进路发掘阳明学的内在特质。值得注意的是，在工夫论日益被关注与阐发的同时，也有学者警醒地认识到工夫论泛化运用的潜在危险："功夫论视域的泛化运用最后也就必然会导致功夫论进路本身的消解。因为严格说来，工夫是与本体相对应的概念；而功夫论也只有在本体论得到真正确立或本体之内在性得到明确确认的基础上才有可能发生。"[1]可见，本体之于工夫而言，不仅仅是底线之夯实，更是在工夫践履中指向超越价值理想的增上与开显。这无疑是对工夫论泛化问题的一种自省与拨正，确有其现实针对性意义。

当代阳明学研究的发展历程，虽以认识论、本体论、工夫论命名，却并非仅指对儒学认识、本体和工夫层面问题的展开，而是一种研究进路或是研究范式。一种研究范式的形成离不开时代境遇的具体问题，以认识论、本体论、工夫论为代表

1　丁为祥：《发生与诠释：儒学形成、发展之主体性向度的追寻》，北京：人民出版社，2015 年版，第 11 页。

的三种不同研究范式，既由良知之历史境遇透显而成，又是对历史境遇问题的步步纠偏、层层深化。因此，当代阳明学研究始终不离历史的解读与现代的诠释两个向度，在解读与诠释的话语循环中发阳明学之历史本真，扬阳明学之当代本善。

第四节　现代语境下的"真假良知"

不同的历史境遇使得人们认领良知的方式也不尽相同，而现代语境的生成是由古与今、中与西的问题相互交织在一起所构成的，在此维度下的"良知"却面临着一定程度的落实困境：在传统与现代的转型过渡中，今人之"良知"还是不是古人之"良知"？这一追问不是历史向度的差别，而是存在本身的变化，因为这既涉及良知自身的绝对价值，也关乎在现代性视野下如何认领良知本真的重要问题。所以，看似无意义的追问，却蕴含着良知本来面目的遮蔽。今人的"良知"可以是老人跌倒后扶与不扶的"利害算计"，可以是赤裸裸抢劫后的"自然坦率"，可以是浮躁现实与恶劣环境之中的"精神安宁"。此类种种良知的"呈现"正如阳明所直言疾呼的："后世良知之学不明，天下之人用其私智以相比轧，是以人各有心，而偏琐僻陋之见、狡伪阴邪之术，至于不可胜说。外假仁义之名，而内以行其自私自利之实，诡辞以阿俗，矫行以干誉；掩人之善而袭以为己长，讦人之私而窃以为己直；忿以相胜而犹谓之徇义，险以相倾而犹谓之疾恶；妒贤忌能而犹自以为公是非，恣情纵欲而犹自以为同好恶。"[1]而在现代语境下，这样一

1　王守仁：《答聂文蔚》，《王阳明全集》，上海：上海古籍出版社，2011年版，第90页。

个追求"成功"的时代已然不同于古代的"成人"追求，加之价值的多元性与道德的模糊性，让"良知"成为"冒领"的对象，即人人可以言良知，人人却又不信其良知，所言所行只是"认欲作理""认贼作子"。"良知"在现代语境中变得真假难辨，这也就成为"良知"存在的困境所在。而"真假良知"在当代的表现大致有以下三种情形：

一种是良知的知识化。儒学自形成之初就有其自身的知识系统："就传统儒学作为知识系统的功能而言，它不但包含一套完整的世界观，也包含安排社会秩序与政治秩序的制度性思考。"[1]而良知在现代知识论的解释中逐渐蜕化为一种知识性的存在，从切于身心的实有诸己渐渐成为学院化的理论与社会化的道德规范，表现出价值层面的断裂。这早在熊十力先生与冯友兰先生争论良知是"假设还是呈现"的问题中，就已经表现出来。所谓"假设"即是在经验知识层面的理论推演与预设，良知在此层面只是一种直觉的知识，本身不具有呈现之可能。良知也因此成为一种无具体生命情实的外在伦理规范。更进一步而言，知识化使得良知成为人们心中一种陈旧、过时的道德条目，人们生活在良知人人本有而受遮蔽之中，认为良知非人之本有，仅为外在道德规范之论。而当人人讲道德、讲良知时，也就如孟子所言的"率天下之人而祸仁义者"。真正的"良知"之于人一定是真实无妄与真实拥有的。其"真实"并非认识论意义上的求客观事物之"真"，而是对其所是的真实拥有。不论是"乍见孺子入井"的当下直感，还是"求仁得仁"的内在本

1　李明辉:《儒学的知识化与现代学术》,《中国人民大学学报》, 2010 年第 6期，第 2 页。

己，都是落于生命情感与意志中而为人所内在实有。这也是为什么阳明在《拔本塞源论》的结尾坚定地说："所幸天理之在人心，终有所不可泯，而良知之明，万古一日。"[1]即一旦良知成为知识性的存在后，就仅仅表示主体的一种知识性拥有，至于自己是否真实认同良知便是另一码事，其认同或是由利益决定的。

一种是良知的鸡汤化。"鸡汤化"的指谓无疑是良知之于现代人有"精神补品"的效用。现代人信奉"知识就是力量"，或者"知识服务于力量"，多以工具理性的方式看待知识与道德，从而对"良知"的认识走向了功利主义的现代追求，成为追求"成功"的一种力量与工具。因此，在急于"成功"的功利主义笼罩下，心学成为讲之于口耳的心灵修养之学，它是"欲成大事，必读王阳明"的秘籍宝典，是"浮躁现实里最好的心灵解药"，更是"恶劣环境中强大的精神武器"。心学俨然成为无所不通、无所不能的"成功学"与"心灵鸡汤"。但殊不知鸡汤化让良知成为"光中之景""海中之浪"，"景"虽美丽，"浪"虽可爱，却离不开光之折射与海之翻腾，如若醉心于"光中之景"与"海中之浪"，心学工夫也就沦为一种"作秀"与"表演"。正如阳明在拈出"良知"时就说："某于此良知之说从百死千难中得来，不得已与人一口说尽，只恐学者得之容易，把作一种光景玩弄，不实落用功，负此知耳。"[2]我们可以说，心学确有其事功之用，但与其说心学能打仗，破山中贼，不如说心学在不断地夯实人生底线，破心中贼。因为

1　王守仁:《语录》二,《王阳明全集》,上海:上海古籍出版社,2011年版,第64页。

2　钱德洪编:《年谱》二,《王阳明全集》,上海:上海古籍出版社,2011年版,第1412页。

人生底线的夯实，正是做人主体精神的挺立。朱宸濠初反时，阳明与弟子曾对其相互熟悉的人有一番讨论，弟子问："彼从濠，望封拜，可以寻常计乎？"先生默然良久曰："天下尽反，我辈固当如此做。"[1]真正的良知正是一种不动心的大丈夫人格。心学也确有"心灵解药"之功效，但与其说心学可以让你逃于浮躁现实而归于心态安宁，不如说心学让你知是知非、心有所主。"古之人所以能见善不啻若己出，见恶不啻若己入，视民之饥溺犹己之饥溺，而一夫不获若己椎而纳诸沟中者，非故为是而以蕲天下之信己也，务致其良知求自慊而已矣。"[2]真正的良知是在视人犹己、公是公非中有其"当生则生，当死则死"的义理担当。

一种是良知的权威化。现代语境中，权利意志的凸显为良知的权威化提供了可能。尼采从权力意志的角度揭示出人类道德谱系中的非道德，他认为权力意志在"主人道德"是内在生命的赞扬，在"奴隶道德"则是对本己生命的扼杀。尼采对"主奴道德"的划分以及对"权力意志"的推崇虽然意在强调权力意志的生命动力，却涉及了本真良知与权威良知问题。就此而言，主人在权力意志的凸显下成为价值的决定者，凡对他有害的，其本身就是恶的，凡对其有利的，其本身就是善的，此时的良知就成为最高的价值权威。而权威对于个体生命的规范不在于伦理领域，而在于是否服从权威。在这样一种道德规范中，良知也就丧失其本来面目的个体有效性，成为"为人类谋

1　钱德洪编：《年谱》二，《王阳明全集》，上海：上海古籍出版社，2011年版，第1393页。
2　王守仁：《答聂文蔚》，《王阳明全集》，上海：上海古籍出版社，2011年版，第90页。

福利"而牺牲个人"小爱小利"的"高尚价值"。这样一种"权威良知"无疑是对"本真良知"的非道德性裹挟，而"本真良知"一定是建立在每一个个体生命的内在情志之中，即使是圣人之爱，也是对个体生命的感通与尊重："夫圣人之心，以天地万物为一体，其视天下之人，无外内远近，凡有血气，皆其昆弟赤子之亲，莫不欲安全而教养之，以遂其万物一体之念。"[1]正是基于对个体生命的感通与尊重，真正的良知决不会与权威主义的世俗权力意志合作，反而是以主体做人精神冲破权威主义。正如阳明在与罗钦顺的激辩中所言："夫学贵得之心。求之于心而非也，虽其言之出于孔子，不敢以为是也，而况其未出及孔子者乎！求之于心而是也，虽其言之出于庸常，不敢以为非也，而况其出于孔子者乎！"[2]毫无疑问，"不以孔子之是非为是非"是基于人生底线而挺立的主体道德精神，以此冲破权威主义的"假大空"，这可以说是一种真正的致良知精神。

阳明说："良知之在人心，无间于圣愚，天下古今之所同也。"[3]知是知非的"良知"就当下落实于每个愚夫愚妇心头，个个心中有仲尼，即良知人人本有而亘古不变。然而，如果将其放置在当代的价值语境中，不禁要问：致良知的内在品性是否会随着时代变迁、文明进程而发生变化？更进一步而言，成德成人的教化价值追求在现代儒学的困境中是否还有效？

儒学在中国古代传统社会中不仅仅是一种义理学说的存

1　王守仁：《语录》二，《王阳明全集》，上海：上海古籍出版社，2011年版，第61页。

2　王守仁：《答罗整庵少宰书》，《王阳明全集》，上海：上海古籍出版社，2011年版，第88页。

3　王守仁：《答聂文蔚》，《王阳明全集》，上海：上海古籍出版社，2011年版，第90页。

在，还是基于政治、社会、经济、教育种种制度，关乎社会礼仪礼俗与生活方式的文化意识，浸透在传统社会的人伦日用。但随着近代以来传统社会制度的崩溃与西学的冲击，儒学失去了它原有的社会制度载体，而逐渐成为学院化的学科、专业与知识。换言之，儒学因社会制度的消解而失去了与社会生活的关联性，从而丧失其原有文化生命的精神活力。这也成为儒学在近代中国社会转型中面临的困境与危机。关于这一点，美国学者列文森在《儒教中国及其现代命运》中认为，近代中国由传统农业社会的政教合一向现代社会职业化、专业化与理性化的转型中，儒学在知识理论与社会价值方面都失去了相应的有效性，必然会走进博物馆成为历史的陈列品。同样作为对儒学现代困境的描述，余英时先生则在承认儒学离开传统社会制度的基础上，进一步将儒学的现代困境落在儒学价值的现代游离。他在《〈现代儒学论〉自序》中明确说："把现代儒学比喻为'游魂'，首先便承认它可以离开传统的历史情境而独立存在。但对于传统儒学有常识性理解的人也无不深知儒学自孔子以下都不尚'托之空言'而强调'见之行事'。换句话说，儒家的价值必求在'人伦日用'中实现，而不能仅止于成为一套学院式的道德学说或宗教哲学。"[1] 可见，余英时先生对现代儒学境遇的忧虑在于：建制化的崩溃，使得儒学践履性格也会随之丧失，而作为知识形态的现代儒学能否发挥儒学的传统核心价值？换言之，儒学成德成人的价值传统在当下道德模糊的时代，是否已然成为一种"远古道德"的呼唤？

1　余英时：《现代儒学的回顾与展望》，北京：生活·读书·新知三联书店，2004 年版，第 266 页。

答案是否定的。如果从器物制度发展的文明史角度来看，儒学在现代社会确实面临着"博物馆"说与"游魂"说的困境。但这并不意味着儒学就已经成为博物馆的历史陈列品，我们不能以制度文明的古今变迁来消解文化传统的价值存在。因为自周公制礼作乐以来，儒学便有文明制度层面的礼乐仪式与文化精神层面的价值系统两个向度。当孔子面对礼坏乐崩、人伦失范的时代境遇时，就已经意识到礼乐制度在形式上难以维系其内在价值，进而对礼乐的根本价值进行叩问："人而不仁，如礼何？人而不仁，如乐何？"（《论语·八佾》）也就是说，礼乐制度没有内在之仁作为精神支撑，自然成为一套空洞的制度形式。孔子对礼乐的维护是退守至礼乐之为礼乐的根本，进而以人之为人的内在角度支撑礼乐制度，这实现了对礼乐制度的维护与落实，同时也促使人向着人之为人的方向提升。可见，孔子并没有因为礼乐制度文明的崩塌而否定礼乐的存在价值，反而沿着人之为人的内在性方向夯实并激活了礼乐精神。这也就是孔子所谓的"殷因于夏礼，所损益可知也；周因于殷礼，所损益可知也。其或继周者，虽百世，可知也"（《论语·为政》）。儒学发展的连续性就见诸历史"因革变动"的价值损益之上，也正是基于此，孔子才会明确"虽百世，可知也"的文化方向。由此来看，孔子对礼乐制度的突破，无疑是我们解决儒学现代困境中成德传统失效问题的重要启示。

孔子对礼乐制度的突破就在于从人之为人的方向实现了个体道德的自觉。因此，孔子所确立的儒学传统，其思想的重心始终在于成就人的道德人格，而非知性理论体系的建构。《论语·学而》："子曰：弟子入则孝，出则弟，谨而信，泛爱众，而亲仁，行有余力，则以学文。"孔子所教以成德修养为主要内容，其旨在于成就人之所以为人的根本。后世历代大儒无出其左右，孟子讲："学问之道无他，求其放心而已矣。"(《孟子·告子上》) 学问之道，在于反求诸己、复归本心以成德成人。宋明理学的发展是建立在先秦儒学的思想脉络之上，面对汉唐儒学的弊病与佛道二教的挑战，从天道与性命相贯通的角度完成的对佛道二教与汉唐儒学的双遣双取。而在此视域中展开的"新儒学"，一方面重视天道本体的价值确立，另一方面又强调成己成物的工夫践履，二者互为根据又相互成就，但其共同的关注点则在于何为人，以及如何成就自我，达致理想人格。阳明与朱子学的分歧点也就在于此。从理学的基本走向来看，朱子学"性即理"的提出，是从人之为人的根本规定（天理）而言性，强调天理作为人普遍规定的优先性。这一点可以说是理学之共法共识，而问题的关键在于天理如何在现实的人生得以具体落实。由于朱子"理一分殊"的宇宙本体论将天理落实于万事万物中，那么人对于万事万物之理的认识，也就必须通过"格物致知"的方式实现。换言之，朱子本想通过天地万物之所以然来支撑人伦行为之所当然，却不得不面临"所以然"与"所当然"分裂的困境。[1] 阳明正是在实践朱子格物之法的过程中（格竹事件），试图通过穷其所以然的事物之理而达到人伦道德行为，但终究未能"学为圣人"。最后反思而得

---

[1] 关于"所以然"与"所当然"，朱子有所表达："天下之物，则必各有其所以然之故，与其所当然之则，所谓理也。人莫不有知，而或不能使其精粗隐显，究极无余，则理所未穷，知必有弊，虽欲勉强以致之，亦不可得而致矣。故致知之道，在乎即事观理，以格夫物。"(朱熹《大学或问》) 简言之，"所以然"主要是从天地万物所以生化之理的角度展开；"所当然"是从人伦日用之理的角度展开。

"纵格得草木来，如何反来诚得自家意"[1]。在此方向上的扭转，也就意味着朱子外在客观面相的格物致知，被阳明扭转为内在主体道德实践的问题，并且将超越的普遍性规定（天理）落实于个体。阳明讲"格物之功，只在身心上做，决然以圣人为人人可到，便自有担当了"[2]。此"担当"便是就天理落实在主体道德实践中的作用而言，只有在此意义上的个体，才能真正将道德自觉与道德理性落实于日用常行中。这无疑是对个体主体最大限度的道德之自我实现，也彰显出阳明对朱子学的扭转与对宋明理学的重大推进。

鉴于上述思考，本书将致良知教视为一种思想史事件，关注从阳明到龙溪、泰州两系围绕致良知教所展开的具体实践，为何会呈现出"风行天下"与"渐失其传"的张力。对此问题的讨论，本书有以下主要内容：

第一，龙溪、泰州两系在发展阳明致良知教过程中所引发的"风行天下"与"渐失其传"张力，根本在教化。从思想效应上看，"风行天下"是由于阳明开辟"觉民行道"之路，其后又有龙溪、泰州学派具体的亲民教化实践，无不显发致良知教在重塑社会人伦秩序方面的意义。"渐失其传"则表现为晚明王学流弊滋生，以及明代心学家的平民性、社会性和生活性在明清转型之间逐步消逝。从思想根据上看，不论是"风行天下"还是"渐失其传"，本身是一个教化的突破与折戟过程。换言之，阳明学派的整体发展，突破在教化，折戟亦在教化，

1　王守仁：《语录》三，《王阳明全集》，上海：上海古籍出版社，2011年版，第135页。

2　王守仁：《语录》三，《王阳明全集》，上海：上海古籍出版社，2011年版，第136页。

而此张力所呈现的逻辑脉络就在良知从见在到现成的演变。这一问题探讨不仅关涉对阳明学教化困境的根本反思，更是对"致良知"何以为"教"的究竟回答。

第二，作为一次教化的突破，阳明学派的具体突破有二：其一，阳明"致良知"的提出是进一步夯实"良知"作为个体德性根基，以"随时知是知非"的方式落实并推至于每一个愚夫愚妇心头，由此冲破朱子学对圣贤之路的"专断"，以"个个人心有仲尼"的方式接续儒家成德教化之路。其二，龙溪、泰州以见在化与现成化的方式认领良知，使得"良知"或"道"进一步下落、遍在化为百姓日用本身，民众直接从自然明觉中获得道德意识的自觉，在自我道德意识觉醒的基础上，成为与士大夫共同承担觉民行道、教化万民的行道主体，从而让天下有道在教化的维度中成为可能。这既是觉民行道得以落实的关键，也是中晚明王学在社会教化层面得以风行天下的重要原因。

第三，致良知教风行天下的同时，良知的见在化与现成化也逐渐显露其弊。如果说龙溪是从一念见在良知的角度出发，不仅将"人人皆可成尧舜"的教化根基变为一种理论可能性，还导致一念灵明在掺杂感性欲望与习心习境中失去教化的有效性，那么，泰州一系在此方向上的现成化拓展，则最终消解了教化之应有的超越性维度，所教只是在感官欲望与人伦日常上打转，也就无所谓真正意义的教化。与此同时，面对晚明朱子学与政治生态的双重重压，阳明学派的教化之道未能真正实现。总体而言，阳明学派教化的折戟是，一方面在王门后学的流弊中逐渐失去真实意义，另一方面受到了专制君权与朱子学的双重重压，使得"觉民行道"的教化之道虽然在民众个体道德意识方面有所唤醒作用，但真正民众政治主体意识的自觉还是难以真正实现。

第四，阳明后学从见在到现成的教化困境，并不意味着"法病"，反而是在具体落实中偏离了阳明致良知教内在法度所形成的"人病"。阳明所论"良知见在"，是基于天人体用不二的结构，所谓"见在"是依据良知本体在人伦日常中的当下显现。四句教更是从"一无三有"的结构中明确工夫教化的界限。而见在、现成化的认领方式表明龙溪、泰州较之于阳明更加聚焦于内在性的探索，由此折射出中晚明儒学世俗化的问题，即道德精神超越性与内在性的张力。儒家历来强调日用常行的价值取向，但当超越的天理世界完全内在化于日用常行，日用常行之中不再有超越的世界，世俗生活本身构成存在意义的实质时，还能否确保日用常行的价值有效性？这一问题作为阳明学派致良知教的历史效应，不仅涉及阳明学自身特质与明清儒学转型，更关乎现代儒学在转型困境中如何更好地回归生活世界。

第一章　作为思想史事件的致良知教

致良知教是阳明学派内进德以修己、外亲民以教化的共同宗旨。[1]其重要性不仅限于理学核心观念的更新，更是一次影响深远的社会思潮。自阳明提出"致良知"后，王门后学就将其作为具有普遍性的学问宗旨而加以诠释与实践。因此，所谓"致良知教"，并非专指阳明自身的学问宗旨，而是由阳明后学对其不同维度的诠释与实践所共同构成。可以说，阳明后学既是阳明致良知教的最初诠释者，也是致良知教的意义建构者。对于致良知教的把握，后世学者或从阳明自身的学问宗旨出发，或以致良知教为核心展开的王学分化问题，这些研究在厘清致良知教作为一种哲学概念的基本内涵时，不可避免地涉及如何定位致良知教的作用与影响。本章首先聚焦于致良知教的真实历史影响，即它是在 16 世纪的中国掀起巨大社会思潮的一次有思想价值的历史事件。而作为思想史事件的致良知教有何特殊性，以及在此特殊性中致良知教又是如何生成其思想价值的，都是亟待探讨的问题。

1　"致良知教"一语并非出自阳明自身的语境。但自阳明晚年提出"致良知"，钱德洪等弟子门人就将其视为王门教法，在年谱中称之为"致良知之教"，其后明清士人多沿用此称谓，但其义已经由最初的教法转向对王学宗旨的整体性概括。近人牟宗三先生以现代语言将其简化为"致良知教"，表征儒家道德践履的内在义路。因此，"致良知教"在语义结构、问题结构上与"致良知之教"同义，其基本内涵有二：其一，指谓良知本身的自我肯定以及由此发为致良知的工夫。其二，指谓阳明学问宗旨的整体性特征。本书在此意义上使用"致良知教"。

第一节　致良知教与王学分化

阳明拈出"致良知"后，就将其视为圣人教人的第一义，甚至更加直截地表达为："致良知之外无学矣，自孔孟既没，此学失传几千百年，赖天之灵，偶复有见诚千古之一快！"[1]致良知也因此成为阳明及其门人后学的学问宗旨，而对致良知的不同理解与诠释直接造成王门三派的分化[2]，正如黄宗羲在《姚江学案》中所言："然'致良知'一语，发自晚年，未及与学者深究其旨，后来门下各以意见掺和，说玄说妙，几同射覆，非复立言之本意。"[3]王学的分化虽缘起于王门弟子对致良知的不同理解，如天泉桥证道中关于四句教的理解，但其所关涉的问题则在致良知的本体与工夫之辩，由此引发的实践效应就表现为阳明学派在觉民行道方向上的突破与折戟，这也成为中晚明思想转折的重要环节。致良知教中所蕴含的问题张力为何会引发王学分化？由分化所带来的突破与折戟实质是什么？这些都是我们要去思考的重要问题。

一　从见在、现成良知看王学分化

"致良知"作为学问宗旨，阳明早在生前就有明确表达——"吾平生讲学，只是'致良知'三字"[4]。在王门后学对

1　王守仁：《书魏师孟卷》，《王阳明全集》，上海：上海古籍出版社，2011 年版，第 312 页。

2　冈田武彦先生将王门后学划分为三派：现成派、归寂派、修正派。具体内容参见冈田武彦：《王阳明与明末儒学》，吴光、钱明、屠承先译，上海：上海古籍出版社，2000 年版。

3　黄宗羲：《姚江学案》，《明儒学案》，北京：中华书局，1985 年版，第 178 页。

4　王守仁：《寄正宪男手墨二卷》，《王阳明全集》，上海：上海古籍出版社，2011 年版，第 1091 页。

第一章　作为思想史事件的致良知教

致良知的理解中，天泉证道四句教的讨论引发了最初的王学分化，而阳明去世后，王学分化的迹象越发明显，王龙溪对此有所概括：

> 先师首揭良知之教以觉天下，学者靡然宗之，此道似大明于世。凡在同门得于见闻之所及者，虽良知宗说不敢有违，未免各以其性之所近拟议掺和，纷成异见。有谓良知非觉照，须本于归寂而始得，如镜之照物，明体寂然而妍媸自辨，滞于照则明反眩矣。有谓良知无见成，由于修正而始全，如金之在矿，非火符锻炼，则金不可得而成也。有谓良知始是从已发立教，非未发无知之本旨。有谓良知本来无欲，直心以动无不是道，不待复加销欲之功。有谓学有主宰、有流行，主宰所以立性，流行所以立命，而以良知分体用。有谓学贵循序，求之有本末，得之无内外，而以致知别始终。[1]

龙溪将王门后学一分为六：一是良知本于归寂；二是良知由修正来；三是良知从已发立教；四是良知本来无欲；五是良知分体用；六是以致知别始终。此六派的形成皆是围绕如何把握良知本体，即致良知工夫中良知本体如何呈现的问题。其致思方向虽有不同，但无外乎两种路径：从本体上说工夫与从工夫上说本体。而此问题在阳明生前的天泉证道与严滩答问中，都以本体与工夫的张力呈现出来。

---

[1]　王畿：《南游会纪》，《王畿集》（第一册），杭州：浙江古籍出版社，2023年版，第838页。

阳明四句教的提出引发了王龙溪与钱德洪的"四无""四有"之辩。二者的差别在于，龙溪主张直悟心体，心、意、知、物皆是无善无恶的。他在《天泉证道纪》中说："体用显微，只是一机，心意知物，只是一事。若悟得心是无善无恶之心，意即是无善无恶之意，知即是无善无恶之知，物即是无善无恶之物。"[1]龙溪之所以用心体的无善无恶确保意、知、物的无善无恶，是因为作为有善有恶之意的发动无法使得心体必然呈现无善无恶。换言之，如果意之动有善有恶，其心体也就会有善有恶。他在与友人的书信中说："意即心之流行，心即意之主宰，何尝分得。但从心上立根，无善无恶之心，即是无善无恶之意，先天统后天，上根之器也。若从意上立根，不免有善恶两端之抉择，而心亦不能无杂，是后天复先天，中根以下之器也。"[2]所以，龙溪将其致良知的工夫入手处始终放置于本体层面，即如何直契心体本身。如果从龙溪的"四无说"出发，似乎并不需要具体的工夫次序作为支撑。但并非如此，龙溪的工夫着力点主要诉诸"悟"，他说：

> 子常教人须识当下本体，更无要于此者。虽然这些子，如空中鸟迹，如水中月影，若有若无，若沉若浮，拟议即乖，趋向转背，神机妙应，当体本空，从何处去识他？于此得个悟入，方是无形象中真面目，不著纤毫力中大著力处也。[3]

---

1 黄宗羲：《郎中王龙溪先生畿》，《明儒学案》，北京：中华书局，2008 年版，第 238 页。

2 王畿：《答冯纬川》，《王畿集》（第一册），杭州：浙江古籍出版社，2023 年版，第 278 页。

3 王畿：《留都会纪》，《王畿集》（第一册），杭州：浙江古籍出版社，2023 年版，第 108 页。

由于本体是不具有任何相状的，如空中鸟迹、水中月影，从具体工夫入手，所得便并非无形无象的本体之真面目。因此，龙溪在"悟"的过程中必须诉诸一念灵明，而此一念灵明可以确保良知的当下呈现，不被外物所遮蔽。在龙溪看来，这样一种工夫方式恰恰是源于良知本体自身的特性，所以将此工夫称为"无修证"："良知不学不虑，本无修证，格物正所以致之也。学者复其不学之体而已，虑者复其不虑之体而已，乃无修证中，真修证也。"[1]可见，龙溪所谓的"致知"工夫实则是保此一念灵明，复其不学、不虑之体，在无修证中实现真修证。如此一来，良知的呈现便是活泼泼的当下见在。如果说，龙溪对于良知"不学不虑"的规定是指良知在本体意义上的存有，那么其所强调的"神感神应，益然出于天成"[2]便是揭示良知本体在感应状态中无差别的呈现。在此意义上，见在良知说便呼之欲出。他说："先师提出良知两字，正指见在而言，见在良知与圣人未尝不同，所不同者，能致与不能致耳。"[3]见在良知与圣人同的主张就意味着，在龙溪看来，圣人是良知本体的具体化身，而当下见在之良知即是良知本体的活动与呈现。换言之，见在之良知与良知本体同。

龙溪对于见在良知的看法在王门后学中引发了巨大的争议，王门三派的形成实则是围绕龙溪见在良知的问题而展开，不论是对见在良知多有批评的归寂派（聂双江、罗念庵）与

1　王畿：《答吴悟齐》，《王畿集》（第一册），杭州：浙江古籍出版社，2023年版，第284页。

2　王畿：《书同心册卷》，《王畿集》（第一册），杭州：浙江古籍出版社，2023年版，第145页。

3　王畿：《与狮泉刘子问答》，《王畿集》（第一册），杭州：浙江古籍出版社，2023年版，第98页。

修证派（邹守益、欧阳德）[1]，还是对其有更进一步发展的现成派（王心斋、罗近溪），都聚焦于以下主要问题：其一，由一念灵明的心悟契入本体，是否会有脱略工夫之嫌。其二，当下见在的良知如何判定良知心体与感性经验、自然本能的区别。换言之，良知可以见在，但见在的是否都可以称为良知。对于前者，早在天泉证道中钱德洪就对此有所批评："若原无善恶，功夫亦不消说矣。"[2]而聂双江亦有"以见在为具足，不犯做手为妙悟"[3]"乐超顿而鄙坚苦，崇虚见而略实功"[4]的批评语。虽然钱德洪与聂双江批评的方向一致，但其所持论点的基础则不同。钱德洪主后天诚意之学，强调在已发上做诚意工夫的重要性。聂双江则不认同钱德洪为善去恶的诚意之学，他认为："若在意上做诚的工夫，此便落在意见。不如只在良知上做诚的功夫，则天理流行，自有动以天的机括。故知致则意无不诚也。"[5]可见，聂双江在追求工夫的情况下，强调工夫的着力点在于本体，即"寂""未发""静"的良知本体状态。对于后者，王门后学的讨论主要聚焦于良知与知觉的关系问题。良知在后天感性经验活动中是否能够具足完满地呈现，在王门后学的讨论中主要在于良知与知觉，罗念庵曾有一比喻："譬之于水，良知源泉也，知觉其流也；流不能不杂于物，故须静以澄汰之，与出于源泉者，其旨不能以不殊。"[6]念庵以源流比喻

1　归寂派与修证派虽然不同，但都强调在真切的工夫实践中追求良知本体。尤其是以此为基础，对龙溪见在良知说的批评是一致的。

2　钱德洪编：《年谱》三，《王阳明全集》，上海：上海古籍出版社，2011年版，第1442页。

3　黄宗羲：《致知议辨》，《明儒学案》，北京：中华书局，2008年版，第260页。

4　黄宗羲：《双江论学书》，《明儒学案》，北京：中华书局，2008年版，第375页。

5　聂豹：《答戴伯常》，《聂豹集》，南京：凤凰出版社，2007年版，第351页。

6　罗洪先：《读困辨录抄》，《罗洪先集》（上），南京：凤凰出版社，2007年版，第474页。

良知与知觉，认为当下见在的良知并不必然是本体的良知，在他看来，良知本体的发用流行虽然可以表现为感性经验，但不能够全然从见在的感性经验出发认取良知。之所以如此判定，是因为他认为良知在发用流行的经验活动中无法完满具足的呈现。在对见在良知的批评中，罗念庵、聂双江等人放大"见在"的完成状态，多将其表述为"现成"。但在现有文献中，龙溪很少正面论及"现成良知"，多以"见在"表征良知作为本体存在的自身完满性。[1]对于龙溪而言，始终坚持良知本体与感性经验的见在良知具有同一性，即良知本体可以确保其在发用流行中同样具足完满地表现于后天的感性经验活动中。之所以如此，是基于良知的体用一源结构："良知原是无中生有……虚寂原是良知之体，明觉原是良知之用。体用一源，原无先后之分。"[2]

如果说归寂派与修证派对见在良知的批评聚焦于良知的具足，那么王心斋、罗近溪为代表的泰州学派对见在良知的发展则基于良知的呈现。首先，他们同龙溪一样坚持见在良知与良知本体具有同一性，王栋说："盖吾心灵体，本有良知；千古不磨，一时不息；而气禀物欲，不能拘之蔽之，所谓本明之德，莫之或昏者也。"[3]良知一时不息使得其不为气禀所拘所蔽，如此良知便可以始终以现成的方式存在于主体，同时，由于良知无蔽，自然也就不用做致知工夫。其次，相较于龙溪的

1　关于"见在良知"与"现成良知"，学界多以二者近义或同义使用。本书认为"现成"不同于"见在"，关于二者的差异关系，在后面章节由详细的讨论。

2　王畿：《滁阳会语》，《王畿集》（第一册），杭州：浙江古籍出版社，2023年版，第45页。

3　王栋：《王一庵先生遗集》卷一，《四库全书存目丛书》子部第十册，济南：齐鲁书社，1995年版，第52—53页。

见在良知，泰州学派更加强调良知的实现状态，而非停留在一念灵明的思辨意识中。所谓良知的实现，即在百姓日用上呈现良知，将良知的现成性与日用伦常联系起来。泰州学派对于百姓日用即道的强调便是建立在良知的现成性。王心斋与友人的一段对话中反映这一特点：

> 有学者问"放心难于求"，先生呼之即起而应。先生曰："尔心见在，更何求心乎？"[1]
>
> 只心有所向便是欲，有所见便是妄；既无所向又无所见，便是无极而太极。良知一点分分明明，亭亭当当，不用安排思索，圣神之所以经纶变化而位育参赞者，皆本诸此也。[2]

在心斋看来，良知是呼之即应的，之所以如此是因为良知心体当下现成，现成状态中的良知当下呼之便当下应之，其自身也就表现为"不用安排思索"的现成性存在。可见，王心斋的良知现成状态是以自然感应知觉代替良知作为先天性体的结果，即由自然明觉化而实现良知的现成存在。由此来看，现成良知与龙溪见在良知之间，最为关键的逻辑节点在于泰州一系顺着良知的见在性，进一步将其自然明觉化。这也成为泰州学派能够将阳明学派所奉行的觉民行道之路引向世俗化的重要根据。

总之，见在良知所展开的问题，始终是推动王学分化的内

1　王艮：《语录》，《王心斋全集》，南京：江苏教育出版社，2001年版，第17—18页。

2　王艮：《与俞纯夫》，《王心斋全集》，南京：江苏教育出版社，2001年版，第43页。

在动力。但这并不意味着，龙溪之学是促成此分化的根本原因，因为在阳明那里已经孕育着这一可能，正如杨国荣先生所总结："王阳明的致知过程论同时又以良知的先天性为其理论预设，这就决定了它不可避免地包含着内在张力：一方面，良知作为先验之知，其内容不仅是通过天赋而一次完成的，而且具有终极的性质；另一方面，达到良知（对良知的自觉把握）又必须经历一个'未有止'的过程；'致'突出了过程性，而良知的天赋性又排斥过程性，正是这种张力，从另一个侧面赋予王学以二重性。"[1]龙溪、泰州正是通过见在、现成良知最大限度地拓展了阳明的觉民行道之路，成为阳明学派在中晚明儒学转型最大的回响。

二　致良知教的定名

阳明"致良知"的提出，据钱德洪给阳明撰述的《年谱》记载：

> 是年（正德十六年）先生始揭致良知之教。……自经宸濠、忠、泰之变，益信良知真足以忘患难，出生死，所谓考三王，建天地，质鬼神，俟后圣，无弗同者。乃遗书守益曰："近来信得'致良知'三字，真圣门正法眼藏。往年尚疑未尽，今日多事以来，只此良知无不具足。譬之操舟得舵，平澜浅濑，无不如意，虽过遇头风逆浪，舵柄在手，可免没溺之患矣。"[2]

---

[1] 杨国荣：《王学通论：从王阳明到熊十力》，上海：华东师范大学出版社，2018年版，第2页。

[2] 钱德洪编：《年谱》二，《王阳明全集》，上海：上海古籍出版社，2011年版，第1411—1412页。

但在《传习录》陈九川所录"庚辰往虔州"条目中所论"致知"内容，其时间"庚辰"为正德十五年（1520年），故学界多取致良知的提出时间为正德十五年[1]，所载内容为："尔那一点良知，是尔自家底准则。尔意念着处，他是便知是，非便知非。更瞒他一些不得。尔只要不欺他。实实落落依着他做去。善便存，恶便去。他这里何等稳当快乐！此便是格物的真诀，致知的实功。若不靠着这些真机，如何去格物？我亦近年体贴出来如此分明。初犹疑只依他恐有不足。精细看无些小欠阙。"[2]可见，阳明在这里以"致良知"为格物的"真诀"，面对朱子学即物穷理的格物方式而就《大学》言其致良知之旨。但此工夫体贴并非学理演绎所能得，而是如《年谱》所记"从百死千难中得来"。所以，"致良知"的提出既是阳明基于生存境遇的主体内向澄澈，也是对朱子学成德困境的彻底扭转。

实际上，阳明早在龙场悟道以后，便确立了为学成德的方向，而其方向已不出"良知"说大义："吾'良知'二字，自龙场已后，便已不出此意，只是点此二字不出，于学者言，费却多少辞说。今幸见此意，一语之下，洞见全体，真是痛快，不觉手舞足蹈。"[3]但龙场以来的"良知"二字与正德十五年提出"致良知"，就时间差序而言，前者要明显早于后者，但更为重要的是二者内在逻辑的必然性，即在良知的当下自觉中，必然蕴含着身心一体的功夫落实，同样也可以表达为：知善

1　陈来先生对此有考证，具体参见陈来：《有无之境——王阳明哲学的精神》，北京：生活·读书·新知三联书店，2009年版，第181—186页。

2　王守仁：《语录》三，《王阳明全集》，上海：上海古籍出版社，2011年版，第105页。

3　钱德洪编：《刻文录叙说》，《王阳明全集》，上海：上海古籍出版社，2011年版，第1747页。

知恶与为善去恶的一时并在，就表现于良知的自知自能。也就是说，良知之所致是良知的内在必然要求。因此，从其二者的联系与区别来看，"良知"说是作为学问方向的"教义"而言，"致良知"说的提出则标志着阳明学问宗旨之"教法"的确立。所以，后来学者所言"良知教"是就阳明学的基本方向与大义而言（"教义"），至于"致良知教"则指由方法与法度所构成的阳明学问宗旨（"教法"）。

　　翻阅文本，我们很难发现阳明自己将"良知"或"致良知"定义为"教"，但从弟子门人的记载中，可以见到其义。钱德洪的《年谱》明确表达了作为教法义的致良知，并在此后更加直接地将"致良知"视为阳明"为教三变"中的一变。如果说致良知教的教法义是弟子门人在"致良知"提出之始就已经确立的，那么其后随着阳明及其弟子门人实践活动的展开则赋予了致良知教更为丰富的含义，比如黄绾在受教阳明的过程中，以"受教者"的身份对"致良知教"所提及的：

　　　　先生（黄绾）初师谢文肃，及官都事，闻阳明讲学，请见。阳明曰："作何功夫？"对曰："初有志，工夫全未。"阳明曰："人患无志，不患无工夫可用。"复见甘泉，相与矢志于学。阳明归越，先生过之，闻致良知之教，曰："简易直截，圣学无疑。先生真吾师也，尚可自处于友乎？"乃称门弟子。[1]

黄绾所闻所受为致良知教，说明当时阳明已经以致良知为教，

1　黄宗羲：《尚书黄久菴先生绾》，《明儒学案》，北京：中华书局，2008年版，第280页。

在讲学教育与觉民教化的实践活动中行此教法，所以此时的教法也逐渐由工夫方法走向教化的价值关怀。除此之外，亦有清人汤潜庵从阳明学的流变来看"致良知之教"，其谓：

> 王守仁致良知之教，返本归原，正以救末学之流弊。然或语上而遗下，偏重而失中，门人以虚见承袭，不知所以致之之方。至王畿四无之说出，益洸洋恣肆，失其宗旨，其流弊有甚焉者。[1]

汤潜庵作为孙奇逢的弟子，承师法而宗程、朱，其从王学分化流变的角度将致良知视为王门教法宗旨，并以此揭示了致良知教在中晚明社会的影响。应当说，汤潜庵的这一看法已经超出了钱、黄二人将"致良知之教"仅仅视作一种讲学教义的认识，而更加表现出一种具有普遍意义的思想史事件特征。

从上述致良知教的意涵构成来看，其基本内涵有二：其一，指良知本身的自我肯定以及由此发为致良知的工夫。其二，指阳明学问宗旨的整体性特征。值得注意的是，这两层内涵均由阳明及其后学共同形塑。一般而言，学界多关注阳明与王门后学各自对致良知教的不同理解。本书则基于阳明及其后学对此问题的差异性理解，试图揭示致良知教关注的核心问题是什么。从整体来看，阳明学派对致良知教的具体落实与推进，根本指向在教化，具体表现在阳明学派从个体道德自觉的讲学到社会伦常秩序建构的觉民。在此意义上，致良知教的作用在阳明学派的落实与推进中表现为重构儒家成德教化之路，

---

[1] 徐世昌：《潜庵学案》，《清儒学案》，北京：中华书局，2008年版，第442页。

这是对两宋以来儒家士大夫行道方向的彻底改变。

致良知教最初被弟子门人视为一种教法，主要是就阳明的讲学宗旨与教化工夫而言的。阳明之所以以讲学为载体，以成德教化为旨归来落实致良知教，其原因就在于致良知教的提出与落实是建立在阳明对儒家成德教化之路的重构之上。阳明从"学为圣贤"的为己之志出发，面对朱子学格物以穷理的为学进路，而始终无法实现天理实有诸己地内在于人的现实人生，成就道德人格。这便是遇到朱子学对圣贤之路的专断之后，阳明不断萦绕心头又不得不解决的问题。而阳明的解决方式，就是将朱子学外向求索的知性进路扭转为主体道德实践的内向澄澈，从龙场大悟对人内在道德自足性的肯定，到"心即理"主体与本体同质同一原则的确立，无不表征着阳明内向性主体道德实践的作圣追求。而从"知行合一"身心并到的工夫落实再到提出致良知教，既是对成德工夫有效性问题的解决，也是立足于每一个个体德性自觉，重开儒家"为仁由己"的成德之路。所以，从整个理学发展的进程来看，阳明对于朱子学以及整个宋明理学的重大推进，就在于以致良知教冲破了朱子学知性进路对圣贤之路的专断，转而从个体人性之平等走向主体道德人格之挺立的角度接续了儒家成德之教。这也就是黄宗羲所说："自姚江指点出良知，人人现在，一返观而自得，便人人有个作圣之路。故无姚江，则古来之学脉绝矣。"[1]

当致良知教所开辟的成德教化之路得以确立时，讲学对于阳明及其弟子门人而言，就是据德以成业、安顿自我精神生命的重要实践方式。而阳明学派讲学教育活动在进一步的展开过

---

1 黄宗羲:《姚江学案》,《明儒学案》,北京:中华书局,1985 年版,第 178 页。

程中，逐渐从个体道德意识的自觉走向以唤醒民间大众良知为己任的觉民行道。这也使得整个阳明学派的讲学成为一种面向民众的社会教化活动。而其教化的目的就在于让民间大众在道德意识方面获得充分自觉，从而让每一个人都真正"活"起来。如此一来，致良知教的方向就成为阳明学派实现觉民行道的重要宗旨，而阳明及其弟子门人对致良知教的学理阐发与道德实践也都不离觉民教化的维度。这也使得王门后学对致良知教不同向度的发展，成为觉民行道的实现之路，尤其是为以王艮为代表的泰州学派加以充分拓展。在此意义上，我们可以说，从王阳明到王艮的思想转进与发展，展现了一条阳明学派觉民教化何以落实与推进的内在理路。但致良知教作为觉民行道的具体落实，其意义生成是由整个阳明学派所共同构筑完成的。不论是以王龙溪为代表的浙中学派从"良知见在"的角度承接、发展阳明"个个人心有仲尼"，还是以聂双江为代表的江右学派纠偏泰州学派将良知自然明觉化，都在觉民教化的展开过程中发挥了承上启下的作用。因此，阳明后学的不同思想主张与实践构成了阳明学派教化之道的具体转进与落实，并在互绌互补中实现了对致良知教的发展。

在觉民行道的实践落实中，经由王龙溪、王心斋等人的发展而使致良知教风行天下，其落实也就具体表现为，一方面从"良知之在人心，无间于圣愚"的层面实现了民众在主体道德意识上的自觉，另一方面，良知之学"必由此而后天下可得而治"，使得天下有道在良知教育与教化的维度成为可能。但在龙溪、泰州最大限度发展、实现觉民行道的同时，也因对良知见在、现成化的处理，不仅在掺杂感性欲望与习心习境中失去了"教"的有效性，还消解了教化应有的超越性维度，所觉只是在感官欲望与人伦日常上打转，也就无法实现真正意义的教化觉民。并且，在晚明朱子学与政治生态的双重重压之下，阳明教化之道最终并未真正实现。

面对阳明后学发展中的教化困境，也就不得不逆向叩问：什么是真正能够支撑阳明学教化之道并且不使其滑转的内在依据与动力？从致良知所昭示的实现良知教化的主体道德工夫进路，到四句教以"一无三有"的内在结构作为接引中人上下的"定法"，无不蕴含着致良知教作为人文教养的内在根据与规矩。而在此意义上，良知教化反而成为致良知教在不同层面显发其功用的拱心石，维系着其作为"教"的价值维度。因此，从王学教化的困境来逆向澄清致良知教得以实现的内在准则与底线，这既是对阳明后学教化困境的根源性反思，也是对"致良知"何以为"教"的究竟回答。

第二节 思想史事件的诠释面向

致良知教在历史上并非只是观念的突破，更重要的在于行为方式与生活方式的改变。在此意义上，致良知教所揭示的核心问题可以将其作为一思想史事件加以定位。思想史事件的特殊性就在于方法本身即是目的，换言之，从思想史事件的历史之具体性与思想之普遍性的角度把握致良知教，本身就是对致良知教在历史思潮中发挥实际作用的定位。这也意味着，致良知教不仅是一个工夫论的问题，更为根本的是明代中期以来儒家作为成德之教所面临的教化危机。而思想史事件的方法可以更好地帮助我们澄清，致良知教作为观念突破如何完成，并实现对于当时人们行为方式与生活方式的改变。

一 何谓"思想史事件"

思想史事件是指有思想价值的历史事件。[1]致良知教能否作为有思想价值的历史事件？这一问题不仅是就阳明学派致良知教展开的影响而言，还有对思想史事件自身规定的叩问。从概念的构成来看，思想史事件是"思想史"和"事件"的结合，就"事件"本身而言，它并非偶然性状况的发生，而是基于思想史的事件，强调具体性与生动性，或者说是一种回到"现场"的境遇。如此一来，作为构筑事件发生现场的思想史，它此时所讨论的是刺激思想的历史环境、知识基础，以及思想在不同社会环境与历史时期的变迁，这也就决定了我们所谓的"事件"是基于思想史的一种有思想价值的历史事件，并非一次偶然性的（非思想）事件。在思想史事件中，有思想价值的历史事件被进一步界定，从而兼具历史之具体性与思想之普遍性。显然，致良知教在中晚明掀起的浪潮同时兼具历史之具体性与思想之普遍性。值得注意的是，阳明学诸多问题的讨论，并非都是如此。作为阳明学派的学问宗旨，致良知教构成"事件"的核心要素不仅是观念的突破，还在于行为方式与生活方式的改变。从历史之具体性的角度来看，致良知教在中晚明社会思潮中具体发挥作用的，是黄宗羲所说的"阳明先生之学，有泰州、龙溪而风行天下，亦因泰州、龙溪而渐失其传"[2]。这句评语是就王学的分化而论，但其本身也代表着王学

---

1 陈少明先生将"思想史事件"划分为造成思想史影响的事件与有思想价值的历史事件两个类型。参见陈少明：《什么是思想史事件？》，《江苏社会科学》，2007 年第 1 期，第 8 页。

2 黄宗羲：《泰州学案》一，《明儒学案》，北京：中华书局，1985 年版，第 703 页。

第一章 作为思想史事件的致良知教

在中晚明掀起的社会思潮是由泰州、龙溪对阳明学问宗旨的进一步拓展和落实而实现，由此构成其作为一种思想史事件的明线。

一般意义上的思想史研究是从历史视角出发，对其思想之形成的社会环境与历史条件进行梳理，以明确思想历史之如此发展的必要性土壤。可以说，追求历史之"真"是思想史研究的第一要义，这里的"真"并非逻辑之"真"与观念之"真"，而是"回到历史场景，在知识史、思想史、社会史和政治史之间"[1]，所呈现出的客观历史的"真"。因此，思想史研究的"真"，既是其方法也是目的。如此一来，"真"就成为思想史研究的最大特点与限制条件。从最大特点来说，思想史的研究往往有纠偏哲学史、概念史研究的意味与指向，如余英时先生在《朱熹的历史世界——宋代士大夫政治文化的研究》一书中，这样谈及思想史对哲学史研究的纠偏意义："理学的'哲学化'也必须付出很大的代价，即使它的形上思维与理学整体分了家，更和儒学大传统脱了钩。我在'绪说'中则企图从整体（holistic）观点将理学放回它原有的历史脉络（context）中重新加以认识。这绝不是想以'历史化'取代'哲学化'，而是提供另一参照系，使理学的研究逐渐取得一种动态的平衡。"[2]不难看出，这里的纠偏主要是指警惕哲学概念的抽象化诠释对思想历史的真实性有削足适履之嫌，以至于丧失思想原有的历史语境意义。不得不说，对于思想历史真

1　葛兆光：《道统、系谱与历史——关于中国思想史脉络的来源与确立》，《文史哲》，2006 年第 3 期，第 60 页。

2　余英时：《朱熹的历史世界——宋代士大夫政治文化的研究》，北京：生活·读书·新知三联书店，2004 年版，第 3 页。

实性的遮蔽，既有哲学概念的抽象演绎，也有思想历史中被定型化的表达，如朱子的道统论便是对北宋理学的定型化表达，而这样一种定型化表达使得思想面貌因诠释者的问题意识而改变，最终丧失对思想史的客观叙事。[1]这也是思想史研究坚持以"真"为方法和目的的原因所在。

如果从"真"作为思想史的限制条件来看，思想史研究所追求的客观真实的历史，使得社会环境与历史条件成为思想之如此呈现的第一推动力。在此意义上的思想并不具有超越的普遍性，其普遍性只是历史经验层面的。换言之，思想史研究所呈现出的思想意义只是作为一种历史经验，是特定社会环境与历史条件的产物，自身也就无法具备超越时空、地域的普遍性价值与影响。这既是思想史自身不可避免的限制条件，也是思想史与哲学史的根本区别，如丁为祥先生说："哲学史的评价则往往可以超越于一定的社会历史条件——虽然其作为思想也总是在一定的社会历史条件下产生的，但其所蕴含的价值、意义却并不以一定的社会历史条件为限，而是可以超越于特定的社会历史条件的限制。从这一意义上说，有没有超越性视角，能否对某种思想从超越的角度作出分析和诠释，正是哲学史有别于思想史的一个本质特征。"[2]因此，思想史从历史之"真"出发不能够形成关乎是非善恶的价值判断，而这也是哲学史之于思想史的不可替代性。

1　土田健次郎认为："首先通过对个别思想的产生状况进行具体的把握，来确认其实际形态，其次再追踪这些思想如何作为思想史的内容被记忆的过程，将以上两者区分开来。"参见土田健次郎：《道学之形成》，上海：上海古籍出版社，2010 年版，第 3—4 页。

2　丁为祥：《简议哲学史与思想史之别——兼与葛兆光先生商榷》，《文史哲》，2013 年第 3 期，第 78 页。

在此意义上折射出的思想史与哲学史之间的张力，就集中体现在思想史事件之中。作为有思想价值的历史事件，它首先是一种尊重客观性的历史经验，"事件"本身也强调回到历史经验"现场"的真实性。但如果仅仅是回归真实就可以称之为"事件"，那么它无法构筑作为"事件"本身的意义。我们能够称之为"事件"，一定是基于其客观真实性上形成的思想价值，这一思想价值并非只是经验性的历史价值，而是具有超越社会环境与历史条件显发其自身的普遍性价值。如此一来，所谓的思想史事件才能因其思想价值而显发作为事件本身的意义，从而兼具历史的真实性与思想价值的超越性。对于如何处理二者的关系，对应于思想史与哲学史之间的张力，即是以思想史的进路发现问题，以哲学史的进路解决问题。发现问题本身就意味我们需要回归问题发生的现场，让问题如其所是地真实再现，需要冲破诠释者自身思维方式与问题意识的表达、被定型化表达的思想史诠释，才可能进入思想发生的实际形态，实际形态首先是历史经验的真实性。解决问题则是在以历史经验的真实性为基础的同时，又不以此为进路，具体表现为发掘与诠释历史事件所蕴含的思想价值，这一思想价值虽然能够超越具体时空、地域而表现为普遍性，但又并非抽象的独立存在，而是在内在于具体的、动态的思想脉络中，构成问题变动的内在动力。这也就是作为方法与视角的思想史事件的重要意义。

二　致良知教的三种诠释

作为思想史事件的致良知教，在"风行天下"与"渐失其传"的张力之间，是什么样的内在规定性，让它能够掀起一场影响深远的社会思潮与运动？ 20 世纪以来，阳明学逐渐成为"显学"，对于这一问题的思考也形成具有代表性的三种诠释视角，可以帮助我们更好地定位致良知教的价值。

其一，牟宗三以人文宗教定位致良知教的内涵，揭示致良知教的道德形上学意蕴。

> 吾心之良知即天理，"致吾心良知之天理于事事物物，则事事物物皆得其理"，此即致知正物也。此义亦与致吾心之良知于事事物物同。知至意诚，则内则心正，外则物正。成己成物，各正性命。故云"致知焉尽矣"。（《大学古本序》）致知即致吾心良知之天理。此天理必系于意与知（皆心之发用）而言之，故知其必为道德形上学中之道德实践之意志律，即心律也。[1]
>
> 天道高高在上，有超越的意义。天道贯注于人身之时，又内在于人而为人的性，这时天道又是内在的（Immanent）。因此，我们可以康德喜用的字眼，说天道一方面是超越的（Transcendent），另一方面又是内在的（Immanent 与 Transcendent 是相反字）。天道既超越又内在，此时可谓兼具宗教与道德的意味，宗教重超越义，而道德重内在义。[2]

牟先生在这里以致知诚意的道德实践言成己成物，明确地揭示出儒家道德形上学的特质。一方面，儒家道德形上学的超

1　牟宗三：《王阳明致良知教》，《牟宗三先生全集》第 8 册，台北：台湾联经出版公司，2003 年版，第 16—17 页。
2　牟宗三：《中国哲学的特质》，台北：台湾学生书局，1974 年版，第 30—31 页。

越义，建立在成德成人的道德实践之路上。这也就意味着儒家
由达致超越而显现出的宗教性是以道德为进路，并非以宗教为
进路。诚如张载《正蒙·乾称篇》言："儒者则因明致诚，因
诚致明。故天人合一，致学而可以成圣，得天而未始遗人。"[1]
另一方面，儒家道德形上学之所以成立的根基在于"吾心良
知"，有此内在性的本原，才会指向成就自我道德行为，这也
是为什么阳明会说"圣人无所不知，只是知个天理，无所不
能，只是能个天理。圣人本体明白，故事事知个天理所在，便
去尽个天理。不是本体明后，却于天下事物都便知得，便做得
来也"[2]。由此可见，牟先生所谓的"致良知教"并非宗教立意
的判语，而是就致良知的内圣践履进路以明即道德即宗教的道
德人文教义。

其二，余英时以觉民行道定位致良知的历史意义，揭示阳
明学重建政治秩序以及人间秩序的方向。余英时先生以政治文
化视角贯穿宋、明两代理学发展，并且明确指出在政治生态环
境的具体变化之下，从朱熹到王阳明的理学发展完成了从"得
君行道"到"觉民行道"的重大转折，而此转折也就成为阳明
致良知教具有重要时代意义的表征。

> 阳明立"致良知"之教自始即与"觉民行道"相表
> 里，所以他才说："偶有见于良知之学，以为必由此而后
> 天下可得而治。"他发明"致良知"之学最后是为了"治
> 天下"，绝不能止于个别士大夫的"自得"。换句话说，

---

1 张载：《正蒙·乾称》，《张载集》，北京：中华书局，1978 年版，第 65 页。
2 王守仁：《语录》三，《王阳明全集》，上海：上海古籍出版社，2011 年版，
 第 110 页。

> 他是要重回宋代道学"为己而成物"的大传统，不过不
> 再走"得君"的上行路线，而改走"觉民"的下行路线。
> 因此《拔本塞源论》中理想秩序的建立，必须预设人人
> 都能"复其心体之同然"。所谓"复其心体之同然"当然
> 便是良知。[1]

余英时先生在这里从政治文化的角度，揭示出阳明致良知教
走向"觉民行道"之路的必然性，可谓独具慧识。明代政治
生态的变化让作为儒家士大夫代表的阳明深受其苦，正德元
年（1506 年）他因上封事而受廷杖，两年后又被放逐至龙场，
正是在政治力量的重压下，阳明直至龙场中夜大悟才彻底放
弃"得君行道"的幻想，不再把"平治天下"的理想寄托于皇
帝，转而诉诸唤醒社会大众的良知。从"得君行道"到"觉民
行道"，虽然是行道所诉诸的对象发生了变化，但其行道的终
极指向并没有改变，即"重回宋代道学'为己而成物'的大传
统"，由此实现的"平治天下"也就转向了自觉觉他的教化意
义，而非德性政治的"王天下"。因此，在余英时先生看来，
阳明致良知教的突破在于从政治生态的重压下将儒家士大夫阶
层的政治关怀，从"得君行道"扭转为"觉民行道"[2]。但值得

1　余英时：《明代理学与政治文化发微》，《宋明理学与政治文化》，桂林：广西
　　师范大学出版社，2006 年版，第 48 页。
2　余英时先生从政治文化角度提出阳明良知教的转折意义后，引起学界广泛关
　　注与讨论。其中，彭国翔先生认为："觉民行道"的转折带来的是政治主体
　　的转换，政治主体不再是单向度的由君主或儒家士大夫来承当，而是扩展到
　　了整个社会大众。在此意义上，儒家士大夫所承当的社会政治理想便有了新
　　的落实方式。而这样一种转向不仅意味着对君主作为政治主体的消解，还使
　　得民众作为政治主体的意识得以觉醒。参见彭国翔：《阳明学的政治取向、
　　困境和分析》，《深圳社会科学》，2019 年第 3 期。

注意的是，如果沿着这一扭转所形成的历史影响来看，阳明致良知教所显发的意义已经远远超出其作为儒家政治关怀向度的落实。

其三，吕妙芬以社会关系（政治、社会、文化意义脉络）定位致良知教对于阳明学派自身的建构，揭示致良知教在社会关系中的作用。吕妙芬对阳明学的研究首先是社会史视角的转换，将阳明学派的发展放置在明代政治、社会、文化意义脉络中进行探讨，虽然较少涉及致良知教的哲学内涵，却已然更加真实地贴近阳明学派在中晚明社会实际影响。她说：

> 希望能够因著研究视角的不同而在这个以个人思想家及观念史为主导的领域中，在众多已有的研究成果之后，找到一个可以发挥的空间、提出一些新的想法。我第一个关切的问题是：王阳明（1472—1528）个人的思想为什么能够在短暂的时间内发展成为一个新的学派，而且快速蔓延、转化？怎样的政治、社会、学术环境提供了这波学术运动以如此的方式展开？新学派的建构又如何冲击着既有的学术和政治版图？这样的问题，势必无法单单以思想内涵来解释，虽然思想内涵也绝非无关紧要。对这些问题的思索，引导我选择分析阳明学派建构与发展的历史来呈现它与明代政治、社会间的互动关系，并发现地方性的讲会活动是阳明学扩展的关键机制。[1]

---

1 吕妙芬：《阳明学士人社群——历史、思想与实践》，台北：台湾"中央研究院"近代史研究所，2003年版，第2—3页。

在社会史的视角之下，阳明学派的建构与社会政治、文化、经济的互动是密不可分的。这样一种视角已然不是社会背景性的描绘，而是支撑阳明学派得以发展的前提条件，以及新观念与新实践形成后对现有社会结构与环境的影响。因此，在阳明学派发展与社会秩序建构的互动中，可以看到阳明学为士大夫与庶民阶层在伦常角色与礼法身份方面带来的新变化。

上述三种诠释视角与定位不同程度地揭示出致良知教的内涵与价值，但值得注意的是，它们都有一个不可回避的根本指向：教化。牟宗三先生以人文宗教定位致良知教的内涵，将致良知的道德实践作为学以成人的展开，而在展开过程中，又涉及所"学"为何，即所"学"应有所"本"，同时也涉及所"学"何"化"，即所学之本如何落实。而将这两个向度统合而论，即是关于"本体"与"工夫"的关系问题。宋明理学的义理取向基本可以概括为：一方面重视天道本体的价值确立，另一方面又强调成己成物的工夫践履，二者互为根据又相互成就，但其共同的关注点则在于何谓人，以及如何成就自我，达致理想人格。因此，所谓的学以成人就是一种德性的自觉，而这种"觉"是由教化工夫实现的："具体说，就是通过推己及人的'忠恕'工夫而达到人我、物我的一体相通。"[1]由此可见，牟宗三先生所揭示的即道德即宗教的人文教，其本真在于个体学以成人的道德教化。余英时先生在政治文化方面敏锐地捕捉到致良知教所带来的作用与意义，在谈及致良知教所开辟的"觉民行道"之路时指出，阳明所希冀的儒家社会道德理想的落实，是通过唤醒社会大众的主体道德意识来完成。但

---

1 李景林：《教化儒学论》，贵阳：孔学堂书局，2014 年版，第 85 页。

第一章　作为思想史事件的致良知教

殊不知，致良知教实现的从"得君行道"到"觉民行道"的突破，政治文化虽然扮演了重要推动力量，但在政治生态的重压之下，阳明为什么会选择以觉民行道的方式实现转向与突破，其根据就在良知教化。而这也就成为致良知教之所以能够走向觉民行道的内在必然性。换言之，余英时先生所指出阳明学派觉民教化的走向本身就是教化突破。至于吕妙芬先生，则通过阳明学派的发展与社会秩序建构的互动，揭示出地方性的讲会活动是阳明学扩展的关键机制，而讲会活动是以讲学的方式移风易俗，重塑社会人伦秩序，无不指向致良知教的社会教化意义。20世纪以来具有代表性的三种诠释与定位，虽然有其自身的独立视角与证成，但都指向了一个更为根本的内在规定性：教化。换言之，教化成为上述三种诠释与定位得以展开的基础。所谓教化，不是名词，指对人的行为产生强制作用的外在伦理道德规范，如高台教化；而是作为动词，表征经由道德工夫实践而达致生命情态的转化与提升。阳明致良知思想中一个"致"字最为显现此教化的动态义。[1]而阳明对致良知教在教化义上的阐发，并非平地起土堆式的思想创新，而是在儒家成德成人的价值追求传统中做出的损益。从《中庸》开篇直立儒家"教化"的内涵："天命之谓性，率性之谓道，修道之谓教。"以"修道"为"教"，此"教"便是道德教化，旨在通过反身而诚的修身工夫以成其德。后经由思孟学派《五行》篇

---

[1] 关于"致良知"的"致"字解，蔡仁厚先生承其师牟宗三先生而表达为："阳明所谓'致'，直接地是'向前推致'之意，等于孟子所说的'扩充'。所谓'致良知'，即是将良知之天理或良知所觉之是非善恶，不使它为私欲所间隔，亦不使它昏昧滑过，而能充分地呈现出来，以见之于行事，以成就道德行为。"参见蔡仁厚：《王阳明哲学》，北京：九州出版社，2013年版，第23页。

"仁形于内，谓之德之行"，以此明教化的内外合一之道。至孟子《知言养气》章提出"以志帅气"与"集义"而确立"教化"义，孟子始终坚持既要"持其志"又要"无暴其气"的内外交养之道，在此意义上，"集义"也就不仅仅是外在的善行积累，而是诚中形外的志气合一、身心合一的教化工夫。因此，所谓"教化"，就是本人之内在心性而形著于外在行为的身心一体、内外并在之涵养。而阳明提出的"知行合一""致良知"等思想无不在此教化义上透显。在此意义上的"致良知教"也就是根植于内在心性本原而显发的学以成人、自觉觉他的良知教化。这也成为本书在思想史事件的视角下重探阳明学派致良知教的逻辑起点与价值目的。

第二章　成德之路：格物悖论与致知重构

后世在评价王阳明其人其学时，无不注目于其事功与学问。就事功而言，阳明平定江西匪患、宁王之乱和广西匪患，以事功获封"新建伯"，《明史》对此评价为："终明之世，文臣用兵制胜，未有如守仁者也。"[1]在人们看来，如此事功全然系于其学问之具体落实，所以，对阳明所提"心即理""知行合一""致良知"无不进行细致入微的理论诠释，以洞悉阳明实现道德、文章、事功"三不朽"的诀窍。但就此问题而言，阳明早在生前就有明确的态度表达，并为其弟子所记载："当时有称先师者曰：'古之名世，或以文章，或以政事，或以气节，或以勋烈，而公克兼之。独除却讲学一节，即全人矣。'先师笑曰：'某愿从事讲学一节，尽除却四者，亦无愧全人。'"[2]在关涉阳明一生定位的对话中，讲学教化成为其一生学问与志业所在。对于阳明而言，可以不做官、不造论，却不能不以讲学来立身。因此，"某愿从事讲学一节，尽除却四者，亦无愧全人"的自我定位，无疑是阳明昌明圣学的希冀与一生精神的凝结。

作为思想史事件的致良知教，虽然是由阳明学派不同维度

1 张廷玉：《列传第八十三·冀元亨》，《明史》，北京：中华书局，1974年版，第5170页。
2 邹守益：《阳明先生文录序》，《王阳明全集》，上海：上海古籍出版社，2011年版，第1739页。

的诠释与实践所构成，但它的提出首先是建立在阳明自我成德的工夫困境上。在龙场大悟以前，阳明心头始终萦绕的难题是依照朱子"格物致知"之法求为圣贤而不得，即"物理吾心终判为二"的成德困境。这样一种困境意味着朱子学对成德之路的阻塞，阳明指点出致良知，良知作为知是知非的个体道德原则，为每一个个体实现德性的教化提供了基础与可能，由此重开儒家成德教化之路。所以，在以致良知为宗旨的讲学实践活动中，从个体成德到觉民行道无不彰显致良知教作为一种人文教化的精神特质。

第一节　"格物"的问题意识

阳明与朱子学的分歧始于"格竹"事件。据《年谱》记载，阳明二十一岁居越"格物"失败，到三十四岁在京师与湛甘泉共倡"身心之学"，以昌明圣学为志。在这期间，阳明学兵法、谈养生、渐悟佛老之非，看似陷入"格竹"失败带来的"格草木"与"诚自家意"的工夫背反中，实则是在出入佛老与察明时弊的过程中对此问题进行逆向澄澈。所以，"格物"作为阳明学问起始的核心问题意识，并不仅仅是其自身成德之路的阻塞，更是折射出社会与学界内外背反之风的时弊。

一　身心之学与内外背反

阳明一生以讲学为志业，于弘治十七年（1504年）在京师结识湛甘泉，二人志趣相投，对程颢《识仁篇》"仁者以天地万物为一体"的思想格外推崇，并结为至交，共同约定以"发明圣学"为志。也正是在弘治十八年（1505年），阳明开

第二章 成德之路：格物悖论与致知重构

始授徒讲学，首倡"身心之学"。"身心之学"的提法并非凭空随意之说，而是基于阳明早年精神生命的探索与当时学界的时弊所发。但其解决问题的基本进路则是贯穿阳明学问始终，因为不论是阳明讲学之始因"学者溺于词章记诵"[1]而首倡身心之学，还是晚年在与朱学后劲罗钦顺的激辩中直言"讲之以身心，行著习察，实有诸己者也，知此则知孔门之学矣"[2]，其旨一以贯之。在此意义上的"身心之学"既是阳明与朱子学分道扬镳形成其学问进路的肇始，也是对致良知教实现价值的精准定位。所以，相比较于学界多在理学发展视域下关注阳明与朱子学的分歧与差异以及阳明心学的基本学理走向，从阳明讲学内容与形式之所"指"来溯其所"源"，对"身心之学"的理解与把握也就显得格外重要。

人们通常认为"身心之学"的提出是由针砭时弊而发，这无可厚非。但在此之前，阳明有出入佛老的个体精神生命探索历程。湛甘泉将其概括为"五溺"：

（王阳明）初溺于任侠之习；再溺于骑射之习；三溺于辞章之习；四溺于神仙之习；五溺于佛氏之习。正德丙寅，始归正于圣贤之学。[3]

"五溺"说明确地指出阳明在希慕圣学的过程中对任侠、骑

---

1 钱德洪编：《年谱》一，《王阳明全集》，上海：上海古籍出版社，2011年版，第1352页。
2 王守仁：《答罗整庵少宰书》，《王阳明全集》，上海：上海古籍出版社，2011年版，第85页。
3 湛若水：《阳明先生墓志铭》，《王阳明全集》，上海：上海古籍出版社，2011年版，第1538页。

射、辞章、神仙、佛氏的种种"陷溺"，但这种"陷溺"并非溺失其志，而是阳明在作圣之路不通时不得不曲线的表现。早在阳明"格竹"失败后，就有记载："先生自委圣贤有分，乃随世就辞章之学。"[1] 由此来看，不论是辞章，还是佛老之学，都构不成一般意义上的"陷溺"，因为阳明始终没有放弃"学为圣人"的志向。

我们进一步追问：在"学为圣人"志向的支撑下，阳明为什么不会走向"陷溺"？换言之，在"五溺"的磨砺倒逼下，阳明"学为圣人"的志向表现出什么样的内在品性？阳明少时便立成圣成贤为人生第一等事的志向，如果说对于世俗以"读书登第"为人生第一等事的超越，更多的是对状元父亲生存境遇的观察所致，那么，其所立圣贤之志在方向上则是沿袭宋代以来"内圣外王"的圣人观。[2] 其后拜谒理学家娄谅，便是对此圣贤之志如何能够实现的具体落实。娄谅与之"语宋儒格物之学，谓圣人必可学而至，遂深契之"[3]。这里不仅指明了"何以成圣"的方法，还由此方法进而肯定圣人可学。可见，从成圣成贤之方向的确立到圣人可学而致的方法落实，阳明的圣贤之志无疑是在主体道德人格确立的内在性维度下展开。当然，这一点在当时阳明并未有明确的自觉，而是在其出入佛老、格

1　钱德洪编：《年谱》一，《王阳明全集》上海：上海古籍出版社，2011 年版，第 1349 页。

2　随着宋代士大夫阶层的崛起，"圣人"在理学家的眼中，不仅仅是内在道德人格的成就，还在于"修齐治平"的外王实践。朱熹将古本《大学》"亲民"改为"新民"最能体现此点，在朱熹的道学理想中，《大学》是一个系统的从个体之格致诚正到关乎天下国家之修齐治平的纲领，由此将《大学》确立为四书之首，以此明道学理想。

3　钱德洪编：《年谱》一，《王阳明全集》上海：上海古籍出版社，2011 年版，第 1348 页。

第二章　成德之路：格物悖论与致知重构

竹失败以及经历龙场大悟后才得以明晰。[1]但正是此方向性的
确立，使得阳明其后的精神探索无出此规矩。在其放弃辞章与
佛老之学时的反思中，可以看到这一点：

> 使学如韩、柳，不过为文人，辞如李、杜，不过为
> 诗人。果有志于心性之学，以颜、闵为期，非第一等德
> 业乎！[2]

> 既乃稍知从事正学，而苦于众说之纷纭疲病，茫无
> 可入，因求诸老、释，欣然有会于心，以为圣人之学在
> 此矣！然于孔子之教间相出入，而措之日用，往往缺漏
> 无归；依违往返，且信且疑……而世之儒者妄开窦径，
> 蹈荆棘，堕坑堑，究其为说，反出二氏之下。宜乎世之
> 高明之士厌此而趋彼也。[3]

在阳明看来，辞章之练达虽然可使人成为"诗人""文人"，但
圣人之特性就在于第一等的德业。而以德业为主的圣学也就
表现为"孔子之教间相出入，而措之日用"的儒家人伦日用关
怀。这一关怀不仅仅是儒家建制化[4]的东西，更是阳明在精神

1　关于王阳明的圣人观问题，请参阅方旭东：《为圣人祛魅——王阳明圣人阐释
　　的"非神话化"特征》，《中国哲学史》，2000年第2期。
2　黄宗羲：《浙中学案》二，《明儒学案》，北京：中华书局，1985年版，第
　　252页。
3　王守仁：《朱子晚年定论·序》，《王阳明全集》，上海：上海古籍出版社，
　　2011年版，第127页。
4　关于儒家的"建制化"，余英时先生认为："所谓'建制化'或陈寅恪所谓'法
　　典化'，都是取其最广义而言，并不如近人所说，儒家的建制化完全出于政治
　　的动机，即为帝王统治而设计的。这种简单的概括与历史事实不符。广义的建
　　制化是在长期历史演变中逐渐形成的，其动力主要来自社会与民间。"参见余
　　英时：《现代儒学论》，上海：上海人民出版社，2010年版，第195页。

徘徊之际的真切体会，他之所以从对佛老"欣然有会于心，以为圣人之学在此矣"，再到最终的放弃，其重要原因就在于无法释怀人本身的血缘亲亲之情，认为此等爱亲之爱是"种性"，不可断灭，故由此心性而肯认儒家人伦之本。因此，阳明在出入于辞章、佛老之学时，越是深入其中，越深觉儒家道德人伦之真切。而所谓的"陷溺"更多是一种对"学为圣贤"之志的反向澄澈。直至三十三岁在京师主考山东乡试，阳明才正面确立其儒家道德立场。据《年谱》记载，阳明在山东乡试中表现出儒家经世之学的关怀："其策问议国朝礼乐之制：老、佛害道，由于圣学不明；纲纪不振，由于名器太滥，用人太急，求效太速。及分封、清戎、御夷、息讼，皆有成法。"[1]可见，经世之学的提出是阳明在出入辞章、佛老之学后对成圣成贤的圣人之志的具体表达，主体道德的内在性进路也就成为阳明判佛老学、针砭时弊的根据与方向，所以《年谱》记载："学者溺于辞章记诵，不复知有身心之学。先生首倡言之，使人先立必为圣人之志。"[2]毫无疑问，在阳明看来，儒家的经世维度不仅能辨儒家与佛老之别，还能确立其本以纠偏时弊。因此，从山东乡试的经世之学到京师讲学的身心之学，看似是从经世之"外王"转为身心之"内圣"，但实则是基于主体道德进路的身心内外并在，一时并到。可见，阳明讲学所讲"身心之学"是基于个体与时代相干性问题对其学问方向所做出的贞定。

　　如果我们从缘于个体意识与时代相干性问题来看身心之

1　钱德洪编：《年谱》一，《王阳明全集》，上海：上海古籍出版社，2011年版，第1352页。

2　钱德洪编：《年谱》一，《王阳明全集》，上海：上海古籍出版社，2011年版，第1352页。

第二章　成德之路：格物悖论与致知重构

学，这便涉及在具体时代境遇中，阳明讲学的目的与宗旨是什么。钱德洪对此有明确的表达：

> 后世士之所趋日流于富贵声利之习，而道德性命之理日微，任道者忧之，乃出而纲纪道脉，指悟人心，而四方通知翕然归德，故邹鲁濂洛而降，天下始有讲会之名。吾师（王阳明）倡明《大学》宗旨，数十年来，四方同学讲会日博，有司之良任风化之责者，又能为厚廪饩、广斋舍以作成之。[1]

讲会作为阳明及其弟子门人开展讲学活动的重要形式[2]，其目的在于"纲纪道脉，指悟人心"，阳明也正是通过讲学活动来实现正人心以昌明圣学。而昌明圣学的意义不仅仅在于儒家士大夫身份使然，而是对世道人心扭转的希冀。当时"所趋日流于富贵声利之习"的现实情况，使得阳明在初入官场对明孝宗的疏陈边务中就谈到当时的官场之风："今之大患，在于为大臣者外托慎重老成之名，而内为固禄希宠之计；为左右者内挟交蟠蔽壅之资，而外肆招权纳贿之恶。习以成俗，互相为

1　钱德洪：《贺程后台序》，转引自彭国翔：《钱绪山语录辑逸与校注》，《中国文哲研究通讯》第13卷第2期，2003年6月，第52页。

2　关于"讲会"，学界多有讨论：吕妙芬先生认为："何谓讲会？广泛地说，讲会就是讲学的聚会。但是明代的讲会有许多形式，例如书院中日常的讲学，朋友们不定期的交游、相晤问学的聚会，教化地方大众、类似于乡约的社会讲学，以及地方缙绅士子们组成的定期讲学活动等。"（吕妙芬：《阳明学讲会》，《新史学》第9卷第2期，1998年版，第46—47页。）陈来先生认为据当时的使用习惯而言，"讲会"指会聚讲学的组织，"会讲"指聚会讲学的活动。（参见陈来：《明嘉靖时期王学知识人的会讲活动》，《中国学术》第四辑，2000年版，第1页。）

奸。"[1]从"大臣"到"左右"，无不是内外背反，相互为奸，皆以"固禄希宠""招权纳贿"为实。而在学界则更是有过之而无不及："世之学者，如入百戏之场，欢谑跳踉，骋奇斗巧，献笑争妍者，四面而竞出，前瞻后盼，应接不遑，而耳目眩瞀，精神恍惑，日夜遨游淹息其间，如病狂丧心之人，莫自知其家业之所归。"[2]学者为学"从册子上钻研，名物上考索，形迹上比拟"[3]，全然落在"欢谑跳踉，骋奇斗巧"，不复知有身心之学。可见，不论是在官场还是学界，内外背反使得为人与为学都成为一种见之于口耳的表演之学。这便与阳明"立志做圣贤"的为己之志形成了直接冲突。在首倡身心之学的十五年后，阳明在与罗钦顺的激辩中揭示出为己之学与为人之学的差异："世之讲学者有二：有讲之以身心者；有讲之以口耳者。讲之以口耳，揣摩测度，求之影响者也；讲之以身心，行著习察，实有诸己者也，知此则知孔门之学矣。"[4]身心之学与口耳之学的对举，让身心之学落在"实有诸己"的向度，这样一种道德实践工夫也就真正有益于子之身心，绝非口耳之学。而此向度的确立正是阳明在现实时弊的夹逼下，所形成的主体道德的内在性进路，它不仅是"圣人可学而至"的两宋理学根本精神的沉淀，也是讲学以淑世的经世之志的体现。

通过上述讨论可见，"身心之学"作为阳明讲学生涯的开

---

1 王守仁：《陈言边务疏》，《王阳明全集》，上海：上海古籍出版社，2011 年版，第 316 页。

2 王守仁：《答顾东桥书》，《王阳明全集》，上海：上海古籍出版社，2011 年版，第 63 页。

3 王守仁：《语录》一，《王阳明全集》，上海：上海古籍出版社，2011 年版，第 32 页。

4 王守仁：《答罗整庵少宰书》，《王阳明全集》，上海：上海古籍出版社，2011 年版，第 85 页。

始，无疑出自阳明在"立志做圣贤"的为己之志下，对佛老之学与社会内外背反之风的针砭与反思。虽然阳明在讲学之始并未赋予"身心之学"明确而丰富的内涵，但其后一生思想的探讨，都是围绕身心之学以及如何贯彻身心之学展开的。在此意义上，阳明首倡"身心之学"，既涉及解决问题的方式及其进路形成，也包含阳明试图讲明圣学以扭转世道人心的希冀。

二　成德悖论与朱子学遗产

对于当时整个社会与学界所表现出的身心与口耳的内外背反之风，阳明深谙其弊。但对于阳明自我精神之觉解而言，内外背反不仅仅作为一种社会风气而存在，同时也是他学以成圣过程中心、理内外为二的工夫症结。这就成为阳明在追求成圣成贤之路上的最大阻塞。阳明与朱子学的分歧点始于"格竹事件"，而"格竹"过程中所表现出的内外背反，无疑成为阳明成圣道路中所面临的不得不解决的问题。人们对此问题的解决往往认为阳明之"格物"非真实的朱子"格物"之法，故以阳明的"误解"而各表其不同内涵。但就阳明格竹事件的问题缘发来看，阳明在顺承、实践朱子学的基本理路中遇到了什么困难，为什么一定要以"另辟蹊径"的方式解决困难？如果从此问题意识的发生角度出发，我们就可以既从思想转折的节点揭示阳明突破方向的必然性与有效性，也可以还原朱子学之为朱子学的内核及其留给阳明的"遗产"，从而避免以朱裁王或是以王裁朱。

自娄亮"语宋儒格物之学，谓圣人必可学而至"[1]，阳明便

1　钱德洪编：《年谱》一，《王阳明全集》，上海：上海古籍出版社，2011年版，第1348页。

深信朱子学的格物之法，将其视为入圣之门径。但经过反复切己实践，格竹的格物之法却成为阳明成圣之路上的最大困惑。关于"格竹"，《年谱》记载有二：

> 五年壬子，先生二十一岁，[1]在越举浙江乡试。……是年为宋儒格物之学。先生始侍龙山公于京师，遍求考亭遗书读之。一日思先儒谓"众物必有表里精粗"，"一草一木，皆涵至理"，官署中多竹，即取竹格之，沉思其理不得，遂遇疾。先生自委圣贤有分，乃随世就辞章之学。[2]

> 十一年戊午，先生二十七岁，寓京师。是年先生谈养生。先生自念辞章艺能不足以通至道，求师友于天下又不数遇，心持惶惑。一日读晦翁《上宋光宗疏》，有曰："居敬持志，为读书之本；循序致精，为读书之法。"乃悔前日探讨虽博，而未尝循序以致精，宜无所得；又循其序，思得渐渍洽浃，然物理吾心终判而为二也。沉郁既久，旧疾复作，益委圣贤有分。偶闻道士谈养生，遂有遗世入山之意。[3]

阳明之所以试图通过格竹的方法而进阶圣人之志，其学理依据就在于先儒谓"众物必有表里精粗"，"一草一木，皆涵至

1　关于阳明"格竹"时间，据钱德洪编《年谱》记载为阳明二十一岁。陈来先生经过考证认为：格竹发生在阳明十五六岁之时，以《遗言录》下卷第49条的记载为证。
2　钱德洪编：《年谱》一，《王阳明全集》，上海：上海古籍出版社，2011年版，第1348—1349页。
3　钱德洪编：《年谱》一，《王阳明全集》，上海：上海古籍出版社，2011年版，第1349—1350页。

理"。所以阳明在整个格竹事件中，试图通过对竹子的穷格以达到对天地万物之理的洞悉。而作为天地万物之本原的"天理"，自二程"体贴"出来后，朱子将其作为形上本体的超越性概念，从人之为人的根本规定（天理）而言性，强调天理作为人普遍规定的优先性。自此以后，"天理"就成为其后理学所公认的概念，无论是狭义上的程朱理学还是陆王心学，都不否认其本体性的指谓。所以说，阳明心学的崛起并非另辟蹊径，而是在天理话语系统下实现的突破与转进。在此意义上，当阳明展开"格竹"实践时，他的目的与指向并非对竹子做出物理存在意义上的所以然之理的探究，而是围绕其成圣成贤的为己之志，指向人伦道德的所当然之行为。所以说，格一草一木之理只是作为入圣之方法，并非目的。但当阳明以穷格一草一木之所以然之理而求得德性行为之所当然之则时，就形成了直接的冲突：通过格物致知的外在求理能否实现人内在德性的圣贤追求？换言之，外在物理的求索是要通过主知面向的认知进路来获得，但认知性所求得的所以然之理能否实现人伦道德的自觉？这一问题的冲突性就成为阳明格竹以成圣的最大困惑。

从宋明理学天道性命相贯通的共法来看，主要是以"尽心知性以知天"的进路实现"天人合其德"，最终落实为成己成物的德性成就。因此，阳明在格竹事件中所遇到的问题并非成圣成贤的成德之目的，而是实现目的的进路与手段。由此返观朱子学，朱子对此成德之目的也同样有着清醒的认识：

格物之论，伊川意虽谓眼前无非是物，然其格之也，亦须有缓急先后之序，岂遽以为存心于一草木器用之间

> 而忽然悬悟也哉？且如今为此学而不穷天理、明人伦、讲圣言、通世故，乃兀然存心于一草木、一器用之间，此是何学问？如此而望有所得，是炊沙而欲其成饭也。[1]

可见，朱子所提"格物"之法，其终极指向并不在于穷究天地万物所以然之物理，直言"兀然存心于一草木、一器用之间，此是何学问"。如果仅从草木、器用之间去求得天理，就如同用沙子煮饭还盼望着饭可以煮熟。而在格物穷理的缓急先后次序中，朱子真正指向的是"穷天理、明人伦、讲圣言、通世故"，即成圣成贤的道德行为。在此意义上，我们不禁要追问：朱子为什么在明确成德的道德人伦行为的指向时，会选择以"即物"而"穷理"的方式落实、解决成德之何以可能的问题？

这就不得不从朱子对"格物致知"的基本规定出发，他在《大学》的诠释中将"格物致知"作为工夫下手处而作了一段"补传"：

> 所谓致知在格物者，言欲致吾之知，在即物而穷其理也。盖人心之灵，莫不有知，而天下之物，莫不有理；惟于理有未穷，故其知有不尽也。是以《大学》始教，必使学者即凡天下之物，莫不因其已知之理而益穷之，以求至乎其极。至于用力之久，而一旦豁然贯通焉，则众物之表里精粗无不到，而吾心之全体大用无不明矣。

1　朱熹：《答陈齐仲》,《朱熹集》, 成都：四川教育出版社，1996年版，第1792页。

第二章　成德之路：格物悖论与致知重构

此谓物格，此谓知之至也。[1]

朱子在这里明确"格物致知"的基本进路在于"即物而穷其理"。"穷理"之所以要"即物"而穷之，是因为"天下之物，莫不有理；惟于理有未穷，故其知有不尽也"，所以他提出要"必使学者即凡天下之物，莫不因其已知之理而益穷之，以求至乎其极"。可见，在朱子的哲学体系中，格物致知作为一种认知方式，是联结天理本体的宇宙论与心性修养论的中枢，而格物致知的认知属性与方向则是由天理本体所决定的。朱子在天理本体的规定上始终强调超越性的形上本体意蕴，以及天理本体的"公共性"面向。他将此表达为：

> 人人有一太极，物物有一太极。周子所谓太极，是天地人物万善至好底表德。……太极非是别为一物，即阴阳而在阴阳，即五行而在五行，即万物而在万物，只是一个理而已。因其极至，故名曰太极。[2]
>
> 若以天地为主，则此性即自是天地间一个公共道理，更无人物彼此之间、死生古今之别。虽曰死而不亡，然非有我之得私矣。[3]

朱子对"天理"的界定首先是作为"公共道理"而存在，天理

1　朱熹：《大学章句》，《四书章句集注》，北京：中华书局，2012年版，第6—7页。
2　黎靖德编：《周子之书·太极图》，《朱子语类》六，北京：中华书局，1986年版，第2371页。
3　朱熹：《答连嵩卿》一，《朱熹集》，成都：四川教育出版社，1996年版，第1792页。

虽然表现出超越性形上本体的公共性，但就如何落实现实世界与人生而言，则是以万物分殊为众理的方式，"即万物而在万物"，"人人有一太极，物物有一太极"。如此一来，"天理"也就通过理气关系实现以"其性""其形"的方式内在于事事物物之中。可见，朱子正是在宇宙论的规模下以"理一分殊"作为其内在结构，解决天理本体的具体落实问题。在朱子看来，"天地之间，理一而已。然乾道成男，坤道成女，二气交感，化生万物，则其大小之分，亲疏之等，至于十百千万而不能齐也"[1]，又说："盖仁也者，天地所以生物之心，而人物之所得以为心者也。惟其得夫天地生物之心以为心，是以未发之前，四德具焉，曰仁、义、礼、智，而仁无不统。"[2]值得注意的是，朱子在这里虽然在"众理"中明确区分了自然与人伦，但其对"公共道理"的天理落实始终是以宇宙论的进路实现的。所谓宇宙论的进路是指沿着宇宙自然生化之变而追溯其本源性的本体，反之亦构成本源性本体落实为宇宙自然生化之变而遍在于天地万物。[3]而这样一种宇宙本体论的进路本身存在其自身的问题："沿着宇宙论进路所形成的实际只是宇宙之始源，无论这个始源是指其时空形式及其原点还是指创生实体之原点，也都只能作为实然存在之始源而存在。因为所谓宇宙论进路不仅没有摆脱时空形式的限制，而且也始终是沿着时空的维度才得以形成的；同时，所谓宇宙论也始终没有摆脱创生实体之创生表现——所谓实然的生化之流及其时空形式的限制，

1　朱熹：《西铭论》，《张载集》，北京：中华书局，1978 年版，第 410 页。
2　朱熹：《克斋记》，《朱熹集》，成都：四川教育出版社，1996 年版，第 4034 页。
3　关于宇宙本体论与本体宇宙论，请参阅丁为祥先生：《宇宙本体论与本体宇宙论——兼论朱子对〈太极图说〉的诠释》，《文史哲》，2018 年第 4 期。

因而也就只能作为'万物之母'的宇宙之始源。"[1]

　　换言之，这样一种宇宙本体论的进路难以真正实现超越性形上本体的确立。所以，朱子在宇宙本体论的进路之下，明确自然与人伦的界限的同时，也就有了"所以然"与"所当然"的划分：

> 天下之物，则必各有其所以然之故，与其所当然之则，所谓理也。人莫不有知，而或不能使其精粗隐显，穷极无余，则理所未穷，知必有弊，虽欲勉强以致之，亦不可得而致矣。故致知之道，在乎即事观理，以格夫物。[2]
>
> 问："《或问》，物有当然之则，亦必有所以然之故，如何？"曰："如事亲当孝，事兄当弟之类，便是当然之则。然事亲如何却须要孝，从兄如何却须要弟，此即所以然之故。"[3]

所谓"所以然"，主要指谓万物存在之自然生化之理，而所谓的"所当然"则主要指人伦之理。在朱子看来，就宇宙生化的演进而言，必须从具体之"形"而指向其"性"，也就是要从"所以然"的角度来穷究天地万物之理。而对于人的行为及其认知而言，则又必须从"所当然"的角度以更求其"所以然"。因为在宇宙本体论的进路中，"所以然"必然是支撑

1　丁为祥：《宇宙本体论与本体宇宙论——兼论朱子对〈太极图说〉的诠释》，《文史哲》，2018年第4期，第45页。

2　朱熹：《大学或问》，《朱子全书》第六册，上海：上海古籍出版社、合肥：安徽教育出版社，2002年版，第512页。

3　黎靖德编：《大学五》，《朱子语类》二，北京：中华书局，1986年版，第414页。

"所当然"的第一视角或是更为根本的天地万物之理。这也就决定了，人只有在先认知了天地万物自然生化的"所以然"之理，才会更为有效地实现"所当然"之则的道德行为之实践。而当朱子以自然之"所以然"来支撑人伦之"所当然"时，便必然走上主知主义的知性进路。因为，对于自然生化之"所以然"之理的认识，只能通过对象性认知的方式才能实现。在此意义上，宋儒以来所讲"尊德性"与"道问学"的并列关系，在朱子这里则是通过知性进路的"道问学"来促进"尊德性"的实现。

因此，从上述问题意识的发生还原中，我们可以看到，朱子在宇宙本体论的进路中必然走向以自然之"所以然"来认知人伦之"所当然"，而这一困境反映在阳明顺承、实践朱子学的基本理路过程中，就表现为：通过格物致知的外在求理难以实现人内在德性的圣贤追求。格竹以成圣的思想实验虽然以失败而告终，但阳明已经意识到"物理吾心终判而为二也"的成德困境，并且作为其后竭力探索的重要问题。与此同时，这也反向说明了朱子知性进路的问题所在。阳明在经历龙场大悟后回忆起"格竹事件"时有如下所论：

> 先儒解格物为格天下之物，天下之物如何格得？且谓一草一木亦皆有理，今如何去格？纵格得草木来，如何反来诚得自家意？[1]
>
> 及在夷中三年，颇见得此意思，乃知天下之物本无

1　王守仁：《语录》三，《王阳明全集》，上海：上海古籍出版社，2011年版，第135页。

可格者。其格物之功，只在身心上做，决然以圣人为人
人可到，便自有担当了。[1]

显然，阳明在这里将格物的方向，从之前外在的知性进路扭转
为"只在身心上做"的内向性澄澈，其所谓的成圣成贤追求，
也就成为主体道德实践中当下自我担当的问题，无关乎外在认
知性知识的摄取。虽然知性的认知补充会有益于德性自觉的转
进、提升，但并不起决定性作用。对于"只在身心上做"的所
悟之道并非理学发展中石破天惊之语，因为在阳明之前，周
敦颐、二程、张载都有关于道在内的讲法，如程颐所言："学
也者，使人求于内也。不求于内而求于外，非圣人之学。"[2]对
于一心成圣成贤的阳明，为学的基本方向与路径不可能不知
晓，但问题就在于越是熟悉的"常识"，越有沦为讲之于"口
耳"的风险。如此一来，龙场大悟对于阳明来说，关键在于从
体之于身心的角度见"吾性"。在此基础上，从主体道德实践
的进路叩问"天理"，"天理"也就成为主体的当下道德自觉
与承担，如阳明所言："此心无私欲之蔽，即是天理。不须外
面添一分。以此纯乎天理之心，发之事父便是孝，发之事君便
是忠，发之交友治民便是信与仁。只在此心去人欲存天理上用
功便是。"[3]由此来看，阳明在将朱子知性进路扭转为主体道德
实践进路的同时，在朱子所建构的天理话语系统中，将天理落

1　王守仁：《语录》三，《王阳明全集》，上海：上海古籍出版社，2011年版，
　　第136页。
2　程颢、程颐：《伊川先生语十一》，《二程集》，北京：中华书局，1981年版，
　　第319页。
3　王守仁：《语录》一，《王阳明全集》，上海：上海古籍出版社，2011年版，
　　第3页。

实在本心、良知上，从而实现以"心即理""天理即良知"的方式体证天理本体，如此"天理，并不是外在的抽象之理，而是内在的本心之真诚恻怛；由此真诚恻怛之本心，昭明地自然地朗现出来，便是天理。所以天理之朗现，就在本心良知处发见"[1]。在此意义上，阳明对天理的主体性的落实与担当，也就成为对朱子哲学问题的进一步突破与发展。

阳明在成德之路的困境及其对朱子学的扭转，不仅明确了儒家"圣人之道，吾性自足"的成德基本进路，还找到了社会与学界的内外背反之风形成的内在根源：

> 记诵之广，适以长其敖也；知识之多，适以行其恶也；闻见之博，适以肆其辨也；辞章之富，适以饰其伪也。是以皋、夔、稷、契所不能兼之事，而今之初学小生皆欲通其说，究其术，其称名僭号，未尝不曰吾欲以共成天下之务，而其诚心实意之所在，以为不如是则无以济其私而满其欲也。[2]

在阳明看来，对于知识的追求，并不意味内向性的道德自觉，反之却会阻塞、遮蔽"体之于身心"的为己向度，使得"知识愈广而人欲愈滋，才力愈多，而天理愈蔽"[3]，最终沦为无关乎个体生命的口耳之学。因此，阳明在突破自我成德之困境的同

1　蔡仁厚：《王阳明哲学》，北京：九州出版社，2013 年版，第 19 页。
2　王守仁：《答顾东桥书》，《王阳明全集》，上海：上海古籍出版社，2011 年版，第 63 页。
3　王守仁：《语录》一，《王阳明全集》，上海：上海古籍出版社，2011 年版，第 32 页。

时，也找到了社会、学界盛行内外背反之风的根源。在此意义上的讲学活动，旨在以明圣学之道而对整个世道人心进行根本性的扭转。

第二节　成德教化之路的接续

黄宗羲曾这样评价阳明："自姚江指点出良知，人人现在，一返观而自得，便人人有个作圣之路。故无姚江，则古来之学脉绝矣。"[1]在黄宗羲看来，阳明之所以能够承接儒家学脉并使其延续，关键在于当下指点良知，人人因此而有自我成圣成贤之路。而阳明所指点出的作圣之路，就在于从心体上立论，不仅以天理为根据，还将情、意等主体意识的内容纳入人的存在，在此意义上的个体是主体最大限度的道德之自我实现。所以，阳明对于朱子学以及整个宋明理学的重大推进就在于，冲破了朱子学对圣贤之路的"专断"，以"个个人心有仲尼"的方式重开儒家成德教育之路。从阳明少年立"学为圣人"之志，到"格竹"失败，再到"龙场大悟"，无不是对此成德之路的探索。因此，揭示阳明如何重构儒家成德之路，也就是对致良知教形成的原因与内在价值的双重把握。

一　"心即理"：主体性的方向

"心即理"作为阳明思想的基础性命题，最能够体现其"心学"特色。而这一命题也无疑是其思想方向得以确立的转折点。"心即理"因此成为人们解读阳明心学的第一关隘，其

---

[1]　黄宗羲：《姚江学案》，《明儒学案》，北京：中华书局，1985 年版，第 178 页。

中不乏各种进路与视角。但对于一个思想命题的解读而言，不能脱离其原发语境而进行抽象的解剖分析，因为思想命题只有还原在具体性的境遇中才可能真正发现其内在理路。也就是说，当我们面对一个人的思想命题时，应当从其作为一个活泼泼的人的角度来理解其学，从中既能看到一个人在现实生存世界中肩挑手提的艰难，也能看到他在精神困苦中的徘徊与挣扎。而在其精神生命之转折点上去理解当时所提出的思想，无疑是真切而鞭辟入里的。这样一种具体性的解读方式既是孟子所开辟的"知人论世"与"以意逆志"的认知进路，也是中国传统哲学作为一种具体性智慧的内在要求。因此，对于阳明"心即理"的把握，我们不仅要界定其基本内涵，还要探明阳明为什么会走向"心即理"，以及"心即理"的提出之于阳明思想之转进的意义何在。

阳明以"身心之学"作为其讲学志业的开始，表明他在整个社会、学界内外背反与成德困境的重压下找到了一个新的方向，这个方向在当时虽未形成根源性的认识，却昭示了一个重要的向度，即阳明所追求的圣贤之志并非通过对自然生化之理的穷究，而是在现实人生中通过道德实践的当下承担得以实现的。在此基础之上，阳明虽然未能找到道德实践方向中根源所在，却已经与朱子学"格物致知"的知性进路分道扬镳。而这样一种困扰无疑是自觉到朱子学成德困境后的徘徊与摸索，直到龙场大悟，才实现了真正的突破与确立。这一突破就具体表达为"心即理"，"心即理"作为阳明龙场悟道的基本结论，其具体表述最早见诸阳明与弟子徐爱的对话。这也意味着，只有在充分理解龙场大悟对于阳明精神危机的转进意义，才能把握"心即理"命题的基本内涵与方向。龙场大悟作为阳明人生及其思想发展中的一个重要节点，其所悟之内容已为人们所熟知，但人们往往止步于其内容的分析，而忽略阳明为何会有此大悟。龙场大悟从形式看是一种具有神秘主义的精神体验，但就阳明思想发展之进路来看，则有其发生的必然性。就此而言，阳明为什么会龙场大悟的问题，不仅涉及阳明思想形成的内在原因，还决定着悟道内容的基本走向。因此，阳明龙场大悟的内在动力，以及走向"心即理"的内在必然性，就成为我们不得不叩问的问题。

阳明自少年立圣贤之志始，便实践朱子读书、格物之法，从"格竹"失败到龙场大悟，在其心头始终萦绕的难题就是依照朱子"格物致知"之法求为圣贤而不得。这也就成为促发阳明"龙场大悟"的前因。后来阳明将早年的成德困境以及对朱子学弊病的总结归结为"析心与理为二"，并且认为心、理二分使得明初士人在"此亦一述朱，彼亦一述朱"[1]的僵化学风中逐渐丧失成圣成贤的有效性，让圣贤之学沦为一套口耳之学。阳明对此多有批评：

> 晦庵谓："人之所以为学者，心与理而已。心虽主乎一身，而实管乎天下之理，理虽散在万事，而实不外乎一人之心。"是其一分一合之间，而未免已启学者心理为二之弊。此后世所以有专求本心，遂遗物理之患，正由不知心即理耳。夫外心以求物理，是以有暗而不达之处；此告子"义外"之说，孟子所以谓之不知义也。[2]

1　黄宗羲：《姚江学案》，《明儒学案》，北京：中华书局，1985年版，第178页。
2　王守仁：《答顾东桥书》，《王阳明全集》，上海：上海古籍出版社，2011年版，第48页。

朱子所谓"格物云者，在即物而穷其理也"。即物穷理，是就事事物物上求其所谓定理者也，是以吾心而求理于事事物物之中，析心与理为二矣。夫求理于事事物物者，如求孝之理于其亲之谓也。求孝之理于其亲，则孝之理其果在于吾之心邪？抑果在乎亲之甚邪？假而果在于亲之身，则亲没之后，吾心遂无孝之理玙？……以是例之，万事万物之理，莫不皆然。是可以知析心与理为二之非矣。夫析心与理为二，此告子义外之说，孟子之所深辟也。[1]

阳明所引朱子论心与理关系的这一段话，颇能见得朱子关于心与理关系的基本看法。朱子所谓"人之所以为学者，心与理而已"，一方面指明了人之所"学"在于心与理的合一，另一方面也揭示出心与理合一的方式是"心虽主乎一身，而实管乎天下之理"。也就是说，心与理虽然彼此不可分离，但其合一是心具众理而合，并非等同或融合为一。在此意义上，朱熹也可以将心理关系表达为"理即是心，心即是理"[2]，但其依旧是在心具众理而合一上言。返观而论，朱子之所以在心、理异质层面表达心具众理的合一，原因在于对心的界定。在朱子看来，"心者，人之知觉，主于身而应事物者也。指其生于形气之私者而言，则谓之人心；指其发于义理之公而言，则谓之道心"[3]。心是作为

1 王守仁：《答顾东桥书》，《王阳明全集》，上海：上海古籍出版社，2011年版，第50页。
2 黎靖德编：《论语十九》，《朱子语类》二，北京：中华书局，1986年版，第985页。
3 朱熹：《尚书·大禹谟》，《朱熹集》，成都：四川教育出版社，1996年版，第3436页。

虚灵明觉的知觉而存在，犹如容器一般。人心、道心的显现完全取决于生发之"形气之私"还是"义理之公"。在此意义上的"心"已经全然不同于有内在本原性规定的"性"，只能是不断后天地、认知地具，在工夫上达到心与理的具而合一，而不是先天本有之具。这也是阳明批评朱子心理为二的原因所在。

在朱子学的成德工夫论中，"心"作为虚灵明觉的知觉具有认知功能的同时，也显发其工夫之涵养义。朱子在继承小程"涵养须用敬，进学则在致知"[1]的工夫修养基础上，认为"涵养穷索，二者不可废一，如车两轮，如鸟两翼"[2]。所谓涵养，是就心而言，通过心之主敬，涤除思虑，使心达到如镜之明，而此时心摄取众理就会无所遮蔽，从而达到道心恒在："以道心为主，则人心亦化而为道心矣。"[3]如此涵养完全不同于孟子所讲的涵养本心本性，孟子所"养"为"集义"而养，"集义"不仅仅是外在的善行积累，更是本人之内在心性形著于外在行为的身心一体、内外并在之涵养。如此，道德行为皆为内在道德心性之自觉扩充、显发。在此意义上，朱子在心的知觉活动中虽然可以居敬涤除私欲，但以后天的、认知的方式具合天理，终究使得天理外在于人心，不能为人心所有。所以说，心虽可以外向求索而具众理，却终究难以实现实有诸己的天理内在，从而丧失儒家成德工夫的真实有效性。

如果说，朱子将心界定为虚灵明觉的知觉义，使得成德

1　程颢、程颐：《伊川先生语四》,《二程集》,北京：中华书局，1981年版，第188页。

2　黎靖德编：《学三》,《朱子语类》一，北京：中华书局，1986年版，第150页。

3　朱熹：《答黄子耕》,《朱熹集》,成都：四川教育出版社，1996年版，第2515页。

工夫丧失其有效性，那么，在朱子心、理二分的内在结构下，我们也可以从"理"的角度来看其成圣成贤的缺失所在。朱子对天理本体的高扬是落实在性的层面而言，他说："性只是理，万理之总名，此理亦只是天地间公共之理，禀得来后便为我所有。"[1]朱子将天理本体落在性上讲，意在确立儒家道德性善的本体依据。在此意义上的"性即理"，自然强调人的道德本性与宇宙普遍法则的一致性。但朱子对理学的形而上与形而下有严格划分："天地之间，有理有气。理也者，形而上之道也，生物之本也。气也者，形而下之器也，生物之具也。"[2]在此"分明"的基础上，天理作为道德法则的超越性、普遍性，虽然可以使其确立一个"净洁空阔"的天理世界，但也因天理难以落实于心而有挂空的危险，正如陈亮在与朱子的"王霸义利"之辩中对朱子的讽刺："若谓道之存亡非人所能与，则舍人可以为道，而释氏之言不误矣。"[3]朱子绝对的道德理性精神难以落实在具体的现实社会与人生，就会成为无切己之内容的道德空想。[4]后来戴震批评朱子学"以理杀人"也是在道德理性不能落实于现实人生的层面而言。因此，天理只在"性"上讲，而未能落实于"心"，使得"天理"成为高高在上的道德理性法则，而这样的道德法则因未能诉诸个体生命情实，最终成为空洞的形式，与个体生命毫不相干。

1　黎靖德编：《朱子十四》，《朱子语类》六，北京：中华书局，1986年版，第2816页。
2　朱熹：《答黄道夫》，《朱熹集》，成都：四川教育出版社，1996年版，第2947页。
3　陈亮：《犹乙巳春书之一》，《陈亮集》，北京：中华书局，1987年版，第345页。
4　参见丁为祥：《道德与自然之间——朱子与陈亮的争论及其分歧的再反思》，《哲学分析》，2013年第3期。

可见，在朱子学"析心与理为二"的基础上，不论是从"心"上言，还是从"理"上言，二者共同指向的困境，在于天理如何实有诸己地内在于人的现实人生，以实现成德成人。这便是阳明在意识到朱子学对圣贤之路的堵塞、专断之后，不断萦绕心头而又不得不解决的问题。如果说，这不得不解决的问题是阳明"龙场大悟"发生的内在思想动因，那么，作为本身因政治事件而贬谪龙场所发生的悟道，自然也与当时的政治生态环境有密切关系。

阳明因抗疏救铣而被廷杖四十、下诏入狱，最终贬谪贵州龙场。在此之前，阳明从初入官场的《陈言边务疏》到正德元年（1506 年）上《乞宥言官去权奸以章圣德疏》，无不感受到官场内外背反之风与严峻的政治生态环境。自有明以来，士大夫阶层所面临的政治生态就全然不同于宋代，如余英时先生所揭示："由于政治生态的极端相异，宋、明理学家首先在政治取向方面几乎是背道而驰。宋代理学家全面继承并发展了孔子的'儒家整体规划'，要从'内圣'中推出'外王'，重建一个合乎'道'的人间秩序。……与宋代相对照，明代理学家大体上都是从个人受用的角度，探讨性、命、理、气的'内圣'之学，而往往能自得其乐。"[1]明代理学家之所以将学问诉诸个体受用层面，与明代政治生态环境不无关系：

> 古之为士者，以登仕为荣，以罢职为辱。今之为士者，以涵迹无闻为福，以受玷不录为幸，以屯田工役为必获之罪，以鞭笞捶楚为寻常之辱。其始也，朝廷取天

---

[1]　余英时：《宋明理学与政治文化》，桂林：广西师范大学出版社，2006 年版，第 352 页。

> 下之士，网罗捃摭，务无余逸，有司敦迫上道，如捕重
> 囚。……洎乎居官，一有差跌，苟免诛戮，则必在屯田
> 工役之科。率是为常，不少顾惜。[1]

明代自太祖以来，不仅将士大夫阶层的生存空间压缩到极致，还发明"廷杖"，让士大夫在朝堂当众受辱。足以见得明代士大夫的政治生态已经不允许他们有如陆象山、朱熹等宋人，寄儒家道德理想于君主而得君行道。而在此专制政治集权的重压之下，明代士人只能放弃传统儒家士大夫"得君行道"的政治关怀，转而走向内圣内求之路，明代理学的一元内在化走向也正是在此背景下形成的。[2]同样在政治力量的重压之下，阳明早年在政治上的经世之志在龙场的居夷处困之中，已经彻底被击碎。所以余英时先生说："从正德元年上封事、下诏狱、受廷杖到三年贬逐至龙场，这是王阳明生平最大的一次精神危机，所以他用'百死千难'四个字来形容它。为什么说它是危机呢？这是因为一方面在巨创深痛、奇耻大辱之余，他的'得君'残梦即已彻底破灭，而另一方面他的儒家立场又不允许他完全抛弃'行道'的承诺；他陷入了进退两难、无所适从的绝境。"[3]所以，正是在明代专制政治集权的重压之下，阳明的精

1　张廷玉：《列传第二十七·叶伯巨》，《明史》，北京：中华书局，1974 年版，第 3991 页。

2　明代理学一元内在化的走向成为宋、明理学发展中的重要转向：一方面由曹端、罗钦顺等人走向了"理气是一"的"深悟于造化之理"方向；另一方面，由陈白沙、王阳明等人走向了"心性是一"的主体性方向。参见丁为祥：《从"得君行道"到"觉民行道"——阳明"良知学"对道德理性的落实与推进》，《学术月刊》，2017 年第 5 期。

3　余英时：《宋明理学与政治文化》，桂林：广西师范大学出版社，2006 年版，第 356 页。

第二章　成德之路：格物悖论与致知重构

神危机再一次被推到了极致。

可以看出，不论是格物致知所造成的成德工夫之困境，还是明代专制政治集权的重压，都迫使阳明不得不解决内外背反的成德困境，以安顿自我精神生命。朱子学与专制政治的双重重压也就成为阳明在"龙场大悟"中实现自我救赎的第一推动力。在此意义上来理解"龙场大悟"的悟道内容就显得尤为真切：

> 时瑾憾未已，自计得失荣辱皆能超脱，惟生死一念尚觉未化，乃为石墩自誓曰："吾惟俟命而已！"日夜端居澄默，以求静一；久之，胸中洒洒。……因念："圣人处此，更有何道？"忽中夜大悟格物致知之旨，寤寐中若有人语之者，不觉呼跃，从者皆惊。始知圣人之道，吾性自足，向之求理于事物者误也。[1]

阳明在"吾惟俟命而已"的生存境遇之下，依然探索"圣人处此，更有何道"的问题。这是真正将学为圣贤的志向全然贯注在精神生命的生死关头。换言之，严峻的政治生态环境将阳明逼迫至内圣内求的方向，而在格物致知以求圣的过程中又难以实现真正的实有诸己。这已经将阳明逼迫至不能再后退的悬崖。在此意义上，所谓"圣人处此，更有何道"的叩问，已然不是对光风霁月的圣贤上乘境界的追求，而是真实地解决心与理如何合一的成德困境。所以，龙场大悟"圣人之道，吾性

---

[1] 钱德洪编：《年谱》一，《王阳明全集》，上海：上海古籍出版社，2011年版，第1353页。

自足，向之求理于事物者误也"，也就成为对朱子学外向格物致知进路的根本性扭转。阳明在此不仅明确了天理本为人心所有，无须外求的方向；也确立了落实于"吾性自足"主体道德实践的成德进路。正是在此基础上，阳明提出了"心即理"的主张："心即理也。此心无私欲之蔽，即是天理，不须外面添一分。以此纯乎天理之心，发之事父便是孝，发之事君便是忠，发之交友治民便是信与仁。只在此心去人欲、存天理上用功便是。"[1]在阳明看来，事父、事君与朋友交所讲求的孝、忠、信、仁之理都是发于道德主体，并非存在于行为对象而后去认知穷理，因为只要此心纯乎天理，依循此心，便见父自然知孝，见兄自然知悌。而此时的道德工夫践履就在于使此心不受遮蔽而天理常存。可见，阳明一方面将天理本体落实于道德主体，使得道德至善根植于人的内在本心本性，由此打破朱子心理为二，为成德提供了内在根据；另一方面，由主体内在的本心本性而在道德实践中实现成己成物，挺立道德人格。因此，在"心即理"的思想中蕴含着本体与主体的内在统一。也就是说，阳明在主体的本体化与本体的主体化的双向回环中实现天理的落实与挺立，天理既超越而又内在于本心本性，本心本性既内在而又超越地上达天理，此即阳明所谓"心即理"的基本内涵。

"心即理"的提出意味着阳明冲破了朱子学对圣贤之路的堵塞与专断，而其重新构筑的就是儒家成德教化之路，即让个体在德性上的成圣成贤成为可能。所以阳明对儒家圣学的贡

1　王守仁：《语录》一，《王阳明全集》，上海：上海古籍出版社，2011年版，第3页。

献，就在于从个体人性之平等而走向主体道德人格之挺立的角度接续了儒家成德之教，重新回归了孔子所开创的教育文化之儒的方向。在此基础上"心即理"所代表的主体性方向在相应的时代政治背景之下，才会走向一条以讲学教育、觉民教化为经世之志的道路。余英时先生认为："王阳明放弃了'得君行道'的旧路，皈依'理'在'心'而不在'天地万物'的新信仰之后，立即面对如何落实'儒家的整体规划'的新挑战。变'天下无道'为'天下有道'仍然是他所肯定的儒学的基本功能，并未因信仰改易而动摇。但'得君行道'之途既断，'内圣'又将如何能推出'外王'，而通向'治天下'呢？"[1]阳明在政治生态的重压之下，绕开荆棘丛生的"得君行道"，转而从"内圣"出发，将"行道"落实在讲学教育，试图通过自觉觉他的方式实现自我塑造与自我实现，从而扭转世道人心。这也成为"心即理"之于阳明思想之转进的意义所在。

二　"知行合一"：身心并到的工夫

如果说"心即理"的提出意味着阳明冲破了朱子学对圣贤之路的堵塞与专断，由此为个体成德教化之路提供了内在根据与可能，那么，在龙场悟道第二年，阳明讲学于贵阳书院始论"知行合一"，则是对龙场大悟所确立主体性方向的具体工夫落实。所以，"知行合一"所要解决的问题就在于如何实现行之有效的主体道德实践，所谓"行之有效"是指道德工夫实践能够真实地提升、转化自我生命实存，而这本身便是对儒家教化的进一步落实。

1　余英时：《宋明理学与政治文化》，桂林：广西师范大学出版社，2006 年版，第 359 页。

"知行合一"作为思想命题，自提出至今受到历代学者的广泛关注。从最初闻者"纷纷异同，罔知所入"[1]，到后世学者的批评（以王夫之为代表），再到当代学者不同视角的立体诠释[2]，无不说明此问题之重要与难解。历代不同的解读与批评不断丰富着"知行合一"的哲学意蕴，但与此同时，这也提醒我们如何真正做到以"知人论世""以意逆志"的方式把握阳明"知行合一"的内在理路。正如李明辉先生在清理"知行合一"的研究前见时说："无论是'知行合一'说，还是'知先行后'说，都不能从字面上来确定其真正意涵，而只能根据持论者的义理系统来判定之。因此，阳明'知行合一'说的意义只能透过其义理系统及他与朱子的义理系统间的根本区别来理解。"[3]

1　钱德洪编：《年谱》一，《王阳明全集》，上海：上海古籍出版社，2011年版，第1357页。

2　20世纪以来，"知行合一"的问题已然成为学界一个聚讼不已的热点问题，随之也出现一批具有重要学术价值的研究著作、论文，在此陈列，以简略勾勒此问题的研究现状：牟宗三：《从陆象山到刘蕺山》，上海：上海古籍出版社，2001年版；劳思光：《新编中国哲学史》，北京：生活·读书·新知三联书店，2015年版；蔡仁厚：《王阳明哲学》，北京：九州出版社，2013年版；陈来：《有无之境——王阳明哲学的精神》，北京：生活·读书·新知三联书店，2009年版；吴震：《〈传习录〉精读》，上海：复旦大学出版社，2011年版；冈田武彦：《王阳明与明末儒学》，吴光、钱明、屠承先译，上海：上海古籍出版社，2000年版；耿宁：《人生第一等事：王阳明及其后学论"致良知"》，北京：商务印书馆，2014年版；陈立胜：《入圣之机：王阳明致良知工夫论研究》，北京：生活·读书·新知三联书店，2019年版；李明辉：《从康德的实践哲学论王阳明的"知行合一"说》，《中国文哲研究集刊》，1994年第4期；郁振华：《论道德形上学的能力之知——基于赖尔与王阳明的探讨》，《中国社会科学》，2014年第12期；丁为祥：《王阳明"知行合一"之内证内解》，《哲学与文化》，2016年第8期；吴震：《作为良知伦理学的"知行合一"论——以"一念动处便是知亦便是行"为中心》，《学术月刊》，2018年第6期；郑宗义：《再论王阳明的知行合一》，《学术月刊》，2018年第8期；丁为祥：《宋明理学的三种知行观——对理学思想谱系的一种逆向把握》，《学术月刊》，2019年第3期。

3　李明辉：《儒家与康德》，台北：台湾联经出版公司，2018年版，第207页。

李明辉先生在这里提出了解读"知行合一"的重要原则，即"不能从字面上来确定其真正意涵，而只能根据持论者的义理系统来判定之"。也就是说，对于思想命题的把握，不能仅仅从字句上进行对象化的抽象解剖，因为脱离其问题的原发境遇可能会走向说之愈详而失之愈远的弊病。所以，要基于义理系统的内在理路来判定其论其学的思想特质。更进一步说，所谓的判定义理系统就是要追溯其思想形成的基本进路与价值指向，以此贞定命题的基本内涵。而在具体性语境的思想发生、形成过程中把握其内在义理系统，不仅可以避免从概念枝节上误入，还可以在明确其基本内涵的同时从不同视角、进路损益其思想价值。

从阳明思想的转进历程来看，不论是早期的"心即理"还是后来所讲的"良知"，都有观念的变化与调整。但对"知行合一"的基本界定与强调，则贯阳明一生。至于其原因，或许我们可以从阳明对"知行合一"的自我定位中窥得一斑：

> 逮其后世，功利之说日浸以盛，不复知有明德亲民之实。士皆巧文博词以饰诈，相规以伪，相轧以利，外冠裳而内禽兽，而犹或自以为从事于圣贤之学。如是而欲挽而复之三代，呜呼！其难哉！吾为此惧，揭知行合一之说，订致知格物之谬，思有以正人心，息邪说，以求明先圣之学，庶几君子闻大道之要，小人蒙至之泽。[1]

基于当时的社会现实，阳明提出知行合一的目的就在于"订致

1　王守仁：《书林司训卷》，《王阳明全集》，上海：上海古籍出版社，2011年版，第313页。

知格物之谬，思有以正人心，息邪说"。所谓"订致知格物之谬"，在某种意义上，"心即理"的提出就是一种"订谬"，它是从本体与主体同质同一的角度，根本性地扭转了外向格物穷理的进路。而"知行合一"作为成德工夫的具体落实，则明确指向由朱子学的外向求索所导致的"终身不知，亦遂终身不行"的问题。在此意义上来看，阳明提出知行合一是要从工夫落实上解决朱子学所造成的内外背反问题，并通过进德工夫（知行合一）的有效性来实现"正人心，息邪说"。因此，理解"知行合一"的基本内涵也就不得不从其问题的立根处入手：

> 今偏举格物而遂谓之穷理。此所以专以穷理属知。而谓格物未尝有行。非惟不得格物之旨，并穷理之义而失之矣。此后世之学所以析知行为先后两截。日以支离决裂，而圣学益以残晦者，其端实始于此。[1]

> 此须识我立言宗旨。今人学问只因知行分作两件，故有一念发动虽是不善，然却未曾行，便不去禁止。我今说个知行合一，正要人晓得一念发动处，便即是行了。发动处有不善，就将这不善的念克倒了，须要彻根彻底，不使那一念不善潜伏在胸中，此是我立言宗旨。[2]

在阳明看来，知行的二分最大的危害是人们在道德行为中只知

---

1 王守仁：《答顾东桥书》，《王阳明全集》，上海：上海古籍出版社，2011年版，第54页。
2 王守仁：《语录》三，《王阳明全集》，上海：上海古籍出版社，2011年版，第109—110页。

第二章　成德之路：格物悖论与致知重构

不行，也就会产生纵说得千万道理出来，亦只是一套无关乎生命情实的知识表达，最终沦为"外冠裳而内禽兽"。而在知行的道德践履过程中之所以会有如此"先用知之之功而后行，遂致终身不行"的弊病，其端始在于格物穷理的外向知性认知。朱子在为《大学》作的"补传"中明确提出即物穷理的致知方式："《大学》始教，必使学者即凡天下之物，莫不因其已知之理而益穷之，以求至乎其极。至于用力之久，而一旦豁然贯通焉，则众物之表里精粗无不到，而吾心之全体大用无不明矣。"[1]以已知之理而穷究天理，以朱子来看，这样一种认知并非简单地指向以已知求索未知，而是达致"明人伦、讲圣言、通世故"。因此，所谓外向的即物穷理也就落实在"吾心之全体大用无不明矣"的道德修养，成为一种必要的进德修养之工夫。而对于进德工夫之具体落实与展开也就表现为知与行的内在关系上。

但朱子即物穷理的认知方式，自然导致在知行关系上表现为先认知，即认知"以求至乎其极"，然后实现"吾心之全体大用无不明"，由此心具众理之明而落实为道德行为之"善"。朱子将此总结为："为学之实固在践履，苟徒知而不行，诚与不学无异，然欲行而未明于理，则所践履者又未知其果何事也。故大学之道虽以诚心正意为本，而必以格物致知为先。"[2]因此，朱子对于知行关系的把握，也就表达为"知先行后"。但值得注意的是，朱子对知行关系的把握并非平列的认知先

1　朱熹：《大学章句》，《四书章句集注》，北京：中华书局，2012年版，第7页。

2　朱熹：《答曹元可》，《朱熹集》，成都：四川教育出版社，1996年版，第3012页。

后逻辑，他说："致知力行，用功不可偏……但只要分先后轻重，论先后当以致知为先，论轻重当以力行为重。"[1]这里知行相须、知先行后、行重于知的三层关系，不得不说其结构的整全性。所谓知行相须，意在实现道德之知与道德行为的一致性，这是自孔子以来就有的以"言行一致"界定君子人格。所以，知行相须的统一是成德目的的内在要求。而知先行后则表现为以什么样的方式去达到言行一致，意在以明确主客体认识的先后次序来确保道德行为的可靠性，即朱子所谓"欲行而未明于理，则所践履者又未知其果何事也"。至于"行重于知"则标示朱子穷理之知的落脚点在于道德行为之实现。从这三层关系来看，朱子将道德实践工夫的实现，全然诉诸即物穷理对从主观之知到客观之行的落实。但问题的关键在于，仅仅通过即物穷理的认知能否实现"吾心之全体大用无不明"，或者说所"知"能否保证在行为中落实为"真知真行"，以实现道德行为的有效性。

因此，阳明所谓"揭知行合一之说，订致知格物之谬"，就是要将主体与本体同一（心即理）的原则贯彻到知行工夫中去，由此解决朱子学知行二分所导致的"终身不知，亦遂终身不行"的问题。而在此问题的解决上，阳明与朱子学的分歧集中表现在对《大学》的诠释，不同的诠释进路成为其各自知行观形成的基础。在此将朱子与阳明对《大学》修身工夫的不同诠释加以比较：

> 须是先致知、格物，方始得。人莫不有知，但不能致

1　黎靖德编：《学三》，《朱子语类》一，北京：中华书局，1986年版，第148页。

知耳。致其知者，自里面看出，推到无穷尽处；自外面看
如来，推到无去处；方始得了，意方可诚。致知、格物是
源头工夫。看来知至便自心正，不用诚意两字也得。[1]

《大学》工夫即是明明德。明明德只是个诚意。诚意
的工夫只是格物致知。若以诚意为主，去用格物致知的
工夫，即工夫始有下落。即为善去恶，无非是诚意的事。
如新本先去穷格事物之理。即茫茫荡荡，都无着落处。[2]

朱子对"诚意"的理解正如上文所论，是从认知推至于外在道
德实践的角度而言，所以只有先格物致知才能实现意之所诚。
这也是朱子所谓"致知、格物是源头工夫"的原因所在。而阳
明则将格物、致知统摄于诚意之下，"诚意"由此内在地规定
格物致知的方向。正如阳明所谓："故欲诚意，则随意所在某
事而格之，其去其人欲而归于天理，则良知之在此事者无蔽而
得致矣。此便是诚意的功夫。"[3]在此意义上，修身的工夫自然
落在身心上来做，身、心、意、知、物则无内外二分，所显现
的次序是做修身工夫时所显现出来的层次条理，是个体修身活
动的内容，实为一物。而这样一种内外一时并在的诚意工夫反
映在知行关系上，就表达为：

故《大学》指个真知行与人看，说"如好好色，如恶

1　黎靖德编：《大学二》，《朱子语类》一，北京：中华书局，1986 年版，第
301 页。
2　王守仁：《语录》一，《王阳明全集》，上海：上海古籍出版社，2011 年版，
第 44 页。
3　王守仁：《语录》三，《王阳明全集》，上海：上海古籍出版社，2011 年版，
第 103 页。

恶臭"。见好色属知，好好色属行。只见那好色时已自好了，不是见了后又立个心去好。闻恶臭属知，恶恶臭属行。只闻那恶臭时已自恶了，不是闻了后别立个心去恶。[1]

可见，主体的"诚意"是表现为内在自觉的"见好色"（知）与自然推致于外的"好好色"（行）的一时并在，也就是说，知与行在诚意的工夫系统中表现为内外的一时并到性。而所谓一时并到性，就是一种无"时间差"的合一。在朱子学的"知"与"行"关系之间必然有一个先后之次序，故称之为"异质的时间差"[2]。那么，阳明的知行关系，为什么在诚意工夫系统上可以称为"无时间差"的合一？所谓诚意的工夫系统，是建立在主体与本体合一的善性基础上所形成的内在本己工夫。而以此为根据的"知行合一"也就成为内在之"善"彰显于主体外在之"善行"（显现于视听言动之间）的统一，此处虽然也表现为内外关系，却不同于朱子知行观由内及外的先后结构，而是作为一种表里结构的统一，如刘宗周在诚意系统上谈"未发已发"的问题："一曰未发已发，以表里对待言，不以前后际言。……内有阳舒之心，为喜、为乐，外即有阳舒之色，动作态度，无不阳舒者。内有阴惨之心，为怒、为衰，外即有阴惨之色，动作态度，无不阴惨者。"[3]表里结构的内外

---

1 王守仁：《语录》一，《王阳明全集》，上海：上海古籍出版社，2011年版，第4页。

2 陈立胜先生认为朱子学知行二分的先后"时间差"是一种"异质的时间差"。在"异质的时间差"中，"知"跟"行"是两种不同性质的范畴，前者属于内在的心理活动范畴，后者属于外在的举止活动范畴，故先后乃是由"内"及"外"之先后，故称"异质的时间差"。参见陈立胜：《入圣之机：王阳明致良知工夫论研究》，北京：生活·读书·新知三联书店，2019年版，第125页。

3 黄宗羲：《蕺山学案》，《明儒学案》，北京：中华书局，1985年版，第1525页。

不同于先后结构的内外，内在之善心必然彰显于外在之形色，表现为无"时间差"的内外一时并到性，而此一时并到性是体与用、本体与现象双向统一基础上纵向立体的内外关系。诚如《大学》所谓"诚于中，形于外"，《中庸》所谓"诚则形，形则著，著则明，明则动，动则变，变则化，唯天下至诚为能化"，以及《孟子·尽心上》所谓"君子所性，仁、义、礼、智根于心，其生色也睟然，见于背，盎于面，施于四体，四体不言而喻"，无不是在此主体的诚意—践形意义上言。"但对于王阳明来说，所谓'践形'只是指内在德性不容己地彰显于'面'、'背'与'四体'之间，而所谓'知行合一'则是指这一彰显过程中'自觉'与'笃行'、'行著'与'习察'的一时并在性，并且也是对其一时并到特征的明确规定。"[1]因此，阳明对《大学》的思想诠释将"格物"系统扭转为"诚意"系统，在此基础上解释知行关系，一方面矫正朱子格物致知论，另一方面通过知行关系的内外一致与当下并在来解决内在德性的落实与贯彻问题。

　　同样为知行关系的表达，却由于不同的诠释进路内含着不同意蕴，而造就了阳明与朱子学知行观的分水岭。而诠释进路与语境意义的错置，往往让人们在解读"知行合一"时会产生"冻解于西而冰坚于东，雾释于前而云滃于后"之感。因此，"对于阳明和朱子在知行观问题上的分歧，切不可将其仅仅纳入以知行关系为代表的主客观系统中来理解，而必须将其还原到《大学》的'慎独—诚意'系统中来理解"[2]。在此基础上，

1　丁为祥：《王阳明"知行合一"之内证内解》，《哲学与文化》，2016年第8期，第105页。

2　丁为祥：《践形与践行——宋明理学中两种不同的工夫系统》，《中国哲学史》，2009年第1期，第40页。

我们来看阳明对"知行合一"的基本界定：

> 爱曰：如今人尽有知得父当孝兄当弟者，却不能孝不能弟，便是知与行分明是两件。先生曰：此已被私欲隔断，不是知行的本体了。未有知而不行者，知而不行只是未知。圣贤教人知行，正是要复那本体，不是着你只凭地便罢。[1]

> 知之真切笃实处，即是行；行之明觉精察处，即是知；知行工夫本不可离。只为后世学者分作两截用功，失却知行本体，故有合一并进之说。[2]

徐爱所论知得父当孝而不能孝的知行两截，被阳明认为是"此已被私欲隔断，不是知行的本体了"。在阳明看来，知孝则当下便能行孝，之所以不能当下行孝，其原因就在于非"真知"。这里的"真知"并非客观知识之"真"，而是由道德心或良知所发出的道德之知。"道德的知则是个道德规范的意向性行动。也就是说，道德心当机而知道德或善，必有一道德的意念或欲求（即好善）与之俱起，这已是行之始，若此意念或欲求不为其他意念或欲求隔断（隔断道德意念或欲求者可名为'私'意、'私'欲，以其违反道德之'公'故），则必实现为道德行动。"[3]可见，从道德之知始到道德行动之成，本身就是

1　王守仁：《语录》一，《王阳明全集》，上海：上海古籍出版社，2011年版，第4页。

2　王守仁：《答顾东桥书》，《王阳明全集》，上海：上海古籍出版社，2011年版，第48页。

3　郑宗义：《再论王阳明的知行合一》，《学术月刊》，2018年第8期，第14—15页。

从主体内在道德意识的自觉推致于外向的形色之间。在此意义上，知的意向必然伴随着行的真切笃实而向外推致，以此避免"妄想"。而行的过程中也必然伴随着知的自我省察，以此避免"冥行"。所以，由此表现出的身与心、内与外的一时并在也就成为"知行本体"[1]的基本规定。而这既是主体诚意工夫系统下的内在必然要求，也是成德工夫有效性的重要显豁。

在阳明看来，知行合一不仅纠偏了朱子学的格物致知之蔽，还解决了圣贤追求的工夫有效性问题。所以，知行合一成为不同个体资质与成德追求的基本工夫，"知行二字即是功夫，但有浅深难易之殊耳。良知原是精精明明，如欲孝亲，生知安行的只是依此良知，实落尽孝而已；学知利行者只是时时省觉，务要依此良知尽孝而已；至于困知勉行者，蔽锢已深，虽要依此良知去孝，又为私欲所阻，是以不能，必须加人一己百、人十己千之功，方能依次良知以尽其孝。"[2]可见，知行工夫的不同层级含括了人生追求的不同道德进境，这是将道德本体（天理）落实于本心本性，而本心本性的当下承担与彰显，就在于现实人生的自我成就。在此意义上的学以成人，就是一种关乎德性的塑造与成就的成德之教。相较于阳明学的主体性进路所表征的"教"的形态，朱子学的外向穷理以致知的进路，更倾向于"学"的形态，即荀子所谓"不闻不若闻

1　关于"知行本体"，陈来先生认为："'知行本体'就是阳明用来代替真知的概念。'本体'指本来意义，是说知与行就其本来意义而言，是互相联系、互相包含的，一切使知行分裂的现象都背离了知行的本来意义。按照知行的本来意义，知包含了必能行，这是知行本体，也是真知行。"参见陈来：《有无之境——王阳明哲学的精神》，北京：生活·读书·新知三联书店，2009年版，第108页。

2　王守仁：《语录》三，《王阳明全集》，上海：上海古籍出版社，2011年版，第126—127页。

之，闻之不若见之，见之不若知之，知之不若行之，学至于行
而止矣。行之，明也；明之，为圣人"（《荀子·儒效》）。虽然
从"闻之"到"行之"，"行之"是作为道德工夫修养的最高
指向，并且成为落实、兑现"闻之"的最终依据，但此道德之
所成是以"积跬步"而"致千里"的方式完成的，这无异于朱
子从"则众物之表里精粗无不到"的角度以实现"吾心之全体
大用无不明矣"。客观来说，朱子学与阳明学的工夫修养都属
于儒家成德之教，其各自差异只是不同进路而已。但就阳明当
时遇到"终身不知，亦遂终身不行"的时弊而言，阳明的"知
行合一"无疑是从主体诚意的工夫系统出发，将朱子格物穷理
以成德的"学"的系统，扭转为正心诚意以成德的"教"的系
统。这不仅为重构儒家成德系统奠定了坚实的工夫基础，也为
接续作圣之路提供了工夫向度的可能。

三 "致良知"：个体德性的觉醒

"致良知"作为阳明一生学问的宗旨，如何理解致良知的
基本内涵，也就成为从古到今争论不已的重要问题。而从五百
年来"致良知"的诠释史来看，阳明弟子在听闻、接受与实践
"致良知"的过程中，首先将其视为"教法"。钱德洪将阳明一
生教法总结为三变，即从知行合一、静坐到致良知。之所以定
位为"教法"，一方面是将其作为接、引教育众人以成就德性
的方法；另一方面在于明确学问宗旨与内在法度，以表彰致良
知的重要性。因此，从阳明教法的转进来看致良知的形成，不
仅可以明确致良知提出的逻辑必然性，也可以由此必然性进一
步逆向澄清致良知形成的基本进路与指向。所以说，以致良知
具体发生的存在境遇来把握其内涵也就更为鞭辟入里。

第二章 成德之路：格物悖论与致知重构

如果从阳明思想发展的历程来看，致良知的提出与之前的心即理、知行合一关系密切。从龙场大悟对人内在道德自足性的肯定，到"心即理"主体与本体同质同一原则的确立，这无疑代表着阳明所追求的作圣之路，是基于内向性的主体道德实践。因此，在龙场大悟之后，阳明讲学的首要宗旨就是"知行合一"，意在将主体与本体同一（心即理）的原则贯彻到知行工夫中去，由此解决成德工夫的有效性问题。这里的"有效性"就表现在成德工夫的"实有诸己"向度，即通过自身的体认与践履，使道德意识成为主体的内在德性，如阳明所言"讲之以身心，行著习察，实有诸己者也"[1]。所以在此之后，阳明的讲学教法多以内向澄澈、收放心的工夫为主。

> 语学者悟入之功。……悔昔在贵阳举知行合一之教，纷纷异同，罔知所入。兹来乃与诸生静坐僧寺，使自悟性体，顾恍恍若有可即者。既又途中寄书曰："前在寺中所云静坐事，非欲坐禅入定也。盖因吾辈平日为事物纷拏，未知为己，欲以此补小学收放心一段功夫耳。"[2]
>
> 客有道自滁州游学之士多放言高论，亦有渐背师教者。先生曰："吾年来欲惩末俗之卑污，引接学者多久高明一路，以救时弊。今见学者渐有流入空虚，为脱落新奇之论，吾已悔之矣。故南畿论学，只教学者'存天理，去人欲'，为省察克治实功。"[3]

---

1 王守仁：《答罗整庵少宰书》，《王阳明全集》，上海：上海古籍出版社，2011年版，第85页。

2 钱德洪编：《年谱》一，《王阳明全集》，上海：上海古籍出版社，2011年版，第1357页。

3 钱德洪编：《年谱》一，《王阳明全集》，上海：上海古籍出版社，2011年版，第1364页。

"静坐"与"省察克治"既是龙场大悟以后知行合一之旨的延续，也是阳明提出"致良知"之前的主要教法。因此，作为过渡时期的教法，无疑在承上启下中表现出互补互救的特征，而这也成为理解"致良知教"形成的重要内容。阳明对"静坐"教法的提倡，直接原因在于补知行合一之教的"纷纷异同，罔知所入"。这里并非指知行合一本身的弊病，而是人们从朱子学为代表的主客观知行关系角度去理解阳明的知行合一时，就会产生"纷纷异同，罔知所入"，诸如徐爱等弟子皆不免于此。阳明正是在人们理解知行合一之旨遇到困难时，教人静坐。"教人静坐的意义很简单，就是离开一切事为动作，断绝了一切的用，而回到体上来，是一种收放心的工夫。"[1]这也就意味着，"静坐"教法一方面延续着龙场大悟以来"吾性自足"的主体内向性工夫，而另一方面也由此做收放心的工夫，使得心体自然明白，成为理解知行本体的必要前提。所以说，静坐所表征的内在自省工夫，既是悟入心学的初步工夫，也是心学方向的不二门径。但由于静坐容易导致"流入虚空，为脱落新奇之论"的弊病，阳明自南京讲学开始转入"存天理，去人欲"的省察克治实功，意在纠偏"静坐"教法之弊。[2]他说："初学时，心猿意马，拴缚不定，其所思虑，多是人欲一边，故且教之静坐息思虑。久之，俟其心意稍定，只悬空静守，如

1　钟彩钧：《王阳明思想之进展》，台北：文史哲出版社，1983年版，第57页。
2　阳明南京讲学时期主张"省察克治"之功，除了纠偏上一阶段的教法之弊外，还有南京作为朱子学的大本营与阳明的思想交锋的原因。阳明说，"我在南都已前，尚有些子乡愿的意思在。我今信得这良知真是真非，信手行去，更不着些覆藏"，说明南京时期与朱子学的交锋成为阳明致良知思想形成前的重要时期。

槁木死灰，亦无用，须教他省察克治。"[1]可见，省察克治之功是在静坐心定的基础上进一步在心体上用功，通过念念存天理而灭人欲，达到心体纯明。阳明这里的"省察克治"之功，有明显的下学而上达的工夫进路特征，意在避免高明一路的虚空工夫。

如果从教法的进展来看，自静坐与省察克治以后，阳明便提出"致良知"作为其整个学问的头脑与立言宗旨。但省察克治为什么会走向致良知，致良知的提出又是在何种意义上被阳明称为"正法眼藏"，这就不得不追溯致良知形成的基本进路。关于良知说的提出，阳明有明确的记述：

> 先生尝曰："吾良知二字，自龙场已后，便已不出此意，只是点此二字不出。于学者言，费却多少辞说。今幸见出此意，一语之下，洞见全体，真是痛快，不觉手舞足蹈。学者闻之，亦省却多少寻讨功夫。学问头脑，至此已是说得十分下落，但恐学者不肯直下承当耳。"又曰："某于良知之说，从百死千难中得来，非是容易见得到此。此本是学者究竟话头，可惜此理沦埋已久，学者苦于闻见障蔽，无入头处。不得已与人一口说尽，但恐学者得之容易，只把作一种光景玩弄，孤负此知耳。"[2]

阳明所谓"良知二字，自龙场已后，便已不出此意"，无疑是

1　王守仁：《语录》一，《王阳明全集》，上海：上海古籍出版社，2011年版，第18页。

2　钱德洪编：《刻文录叙说》，《王阳明全集》，上海：上海古籍出版社，2011年版，第1747页。

说良知的内涵大抵不离由"心即理"所确立的主体与本体同一的原则，但我们也可以说，"知行合一""静坐""省察克治"的基本教法也都是在此基础上提出的。如此一来，什么是促使致良知形成的第一推动力也就成为我们关注的核心问题，因为教法变化的逻辑推演不足以支撑致良知的独特价值，其价值是在具体生存境遇中层层逼显出来的，在此意义上，阳明所谓"从百死千难中得来"的生存精神危机也就成为我们解开阳明良知说的形成的真正钥匙。

对于阳明而言，四十八与四十九岁是其人生关键性的两年，先有平定朱宸濠叛乱，后有张忠、徐泰的谗毁，而与朱学后劲罗钦顺的激辩，则进一步将其精神危机推向了顶峰。这无疑是阳明所谓良知"从百死千难中得来，非是容易见得到此"的原因所在。宸濠之乱的平定离不开阳明军事、政治才能的天才发挥，但更重要的是支撑其才的内在做人底线。宸濠初反时，其势迅猛，在有人倒戈的危难之际，弟子邹守益与阳明对话，"彼从濠，望封拜，可以寻常计乎？先生默然良久曰：'天下尽反，我辈固当如此做'。"[1] 阳明并未计较战争局势的成败，甚至将身家性命全部托付出去，其立定的根源就在于做人的真是真非。而这样一种基本的做人底线也成为阳明恪守不悖的内在行为准则，在忠、泰之难中，阳明受尽馋毁，性命系于一念，不禁感慨："以一身蒙谤，死即死耳，如老亲何？谓门人曰：'此时若有一孔可以窃父而逃，吾亦终身长往不悔矣。'"[2]

1　钱德洪编：《年谱》二，《王阳明全集》，上海：上海古籍出版社，2011 年版，第 1393 页。
2　钱德洪编：《年谱》二，《王阳明全集》，上海：上海古籍出版社，2011 年版，第 1402 页。

其后在巡按江西监察御史程启宪与户科给事毛玉上疏弹劾王阳明一事中，阳明再次受谤，弟子陆原静为其师辩护。阳明听闻此事后，以"无辩止谤"劝阻陆原静上疏辩解："昔之君子，盖有举世非之而不顾，千百世非之而不顾者，亦求其是而已矣。岂以一时毁誉而动其心邪！惟其在我者有未尽，则亦安可遂以人言为尽非？"[1]可以看出，在关乎自我身家性命的危机面前，阳明始终坚信其内在道德的是非善恶，因为真是真非并不由外在口耳是非来判定，而是系于内在道德原则的确立。所以说，生存境遇的危机倒逼出阳明所信的真是真非的道德本心。

如果说宸濠之乱与忠、泰之难更多的是在军事与政治斗争中的性命之忧，那么，与罗钦顺的激辩则成为阳明全副生命的精神危机，因为罗钦顺的辩难将阳明作为安顿自我生命的主体性精神，逼迫到了不得不自我否定的生死路途上。这也就关乎阳明主体性精神的合理性问题。罗钦顺的辩难从文献到义理，将阳明逼迫到不是"决与朱子异"就是"禅学窠臼"的境地。阳明离开南京以后，编《朱子晚年定论》与复《大学古本》。而这也成为罗钦顺批评阳明的主要的两部文本依据。从文献的角度，罗钦顺批评阳明《朱子晚年定论》将朱子中年未定之说与晚年定论相倒置，直言"窃恐考之欠详，而立论之太果也"[2]。而面对罗钦顺从文献角度的刚性批评，阳明不得不做出解释："盖不忍抵牾朱子者，其本心也；不得已而与之抵牾者，道固如是，不直则道不见也。"[3]阳明承认其学与朱子学相

1　王守仁：《与陆原静》，《王阳明全集》，上海：上海古籍出版社，2011年版，第210页。

2　罗钦顺：《与王阳明书》，《困知记》，北京：中华书局，1990年版，第110页。

3　王守仁：《答罗整庵少宰书》，《王阳明全集》，上海：上海古籍出版社，2011年版，第88页。

异，但此异绝非标新立异之说，而是道之曲直，不得不如此。既然阳明所循之道如此，那么作为代表朱子学的权威，罗钦顺从不同的为学进路与方向围攻，宣判阳明所持之道落入"禅学窠臼"：

> 溺于外而遗其内，俗学是已；局于内而遗其外，禅学是已。[1]

> 窃惟圣门设教，文行兼资，"博学于文"，厥有明训。颜渊称夫子善诱，亦曰"博我以文"。文果内耶，外耶，是固无难辨者。凡程朱之所为说，有戾于此者乎？如必以学不资于外求，但当反观内省以为务，则正心诚意四字，亦何不尽之有？何必于入门之际，便困以格物一段工夫也？[2]

罗钦顺首先批评阳明"是内非外"，过分强调主体内向性的工夫，不免有禅学之嫌。紧接着，罗钦顺又从内外相异而又相成的角度，反问孔子的"博学于文"与颜渊的"博我以文"如何从阳明所谓的内在性而言；并且进一步质疑阳明仅从内在性的"正念头"论格物，难以解决格物与正心诚意之间的逻辑矛盾。显然，罗钦顺是从内外相异而又相成的思想坐标出发定位阳明，认为阳明的格物说缺乏客观面相，最终只能走向"局于内而遗其外"的禅学境地。而这样一种批评也就意味着宣判了阳明所持主体性精神的"死刑"，在此精神危机中，阳明不

1　罗钦顺：《与王阳明书》，《困知记》，北京：中华书局，1990年版，第111页。
2　罗钦顺：《与王阳明书》，《困知记》，北京：中华书局，1990年版，第108页。

得不展开绝地反击：

> 　　夫理无内外，性无内外，故学无内外；讲习讨论，
> 未尝非内也；反观内省，未尝遗外也。夫谓学必资于外
> 求，是以己性为有外也，是义外也，用智者也；谓反观
> 内省为求之于内，是以己性为有内也，是有我也，自私
> 者也：是皆不知性质无内外也。[1]

> 　　夫学贵得之心。求之于心而非也，虽其言之出于孔
> 子，不敢以为是也，而况其未及孔子者乎？求之于心而
> 是也，虽其言之出于庸常，不敢以为非也，而况其出于
> 孔子者乎？[2]

阳明前面的内外之辨，作为回应罗钦顺"局于内而遗其外"
的批评，无疑是立足于体用的表里结构之内外而言，即强调
"内"作为"体"在体用结构中的先在性与逻辑优先性。这也
就意味着阳明以一种纵贯的体用之内外坐标，冲破了罗钦顺横
摄的先后之内外坐标。这无疑是在跳出罗钦顺的批评逻辑环
节，立足于自身理路而对其进行的反戈一击。关于这两种思想
坐标的差异性，阳明以对举"身心之学"与"口耳之学"的方
式表达为："夫道必体而后见，非己见道而后加体道之功也；
道必学而后明，非外讲学而复有所谓明道之事也。然世之讲学
者有二，有讲之以身心者，有讲之以口耳者。讲之以口耳，揣

1　王守仁：《答罗整庵少宰书》,《王阳明全集》, 上海：上海古籍出版社, 2011
年版, 第86页。

2　王守仁：《答罗整庵少宰书》,《王阳明全集》, 上海：上海古籍出版社, 2011
年版, 第85页。

摸测度，求之影响者也；讲之以身心，行著习察，实有诸己者也，知此则知孔门之学矣。"[1]这不仅扭转了罗钦顺的思想坐标，还迫使其从纵贯的体用之内外坐标系统来审视其学。而对于阳明来说，路径的选择与思想坐标的差异并非门户之见或是标新立异之举。所以在面对罗钦顺"决与朱子异"的批评时，他讲"不以孔子之是非为是非"，一语冲破所谓朱子学与阳明之异，而将评判权交付于个体"求之于心"的检验。这里的"心"不是朱子学意义上作为气之虚灵而兼具众理的认知心，而是在主体与本体同一原则下，所表征的知是知非之天理良心。这样一来，不论是孔子与朱子的圣贤，还是以庸常处世的每一个个体，所言之是非全然系于内在心体的是非准则。阳明正是以作为支撑个体存在的真是真非，彻底推翻了外在标准而又全然将外在标准落于每一个个体的是非准则之间。这样一种以内在心体是非为根据的绝地反击，正是致良知精神的显现，也是致良知形成的根本动力。

在此意义上，阳明将主体与本体同一的主体性原则凝结为"良知"，并以"良知"作为个体内在德性的根本规定。如此良知不仅成为个体内在德性的根本规定，也是人生全副精神的根本支撑。

> 是非之心，不虑而知，不学而能，所谓良知也。良知之在人心，无间于圣愚，天下古今之所同也。[2]

1　王守仁：《答罗整庵少宰书》，《王阳明全集》，上海：上海古籍出版社，2011年版，第75页。

2　王守仁：《答聂文蔚》，《王阳明全集》，上海：上海古籍出版社，2011年版，第90页。

第二章　成德之路：格物悖论与致知重构

> 尔那一点良知，是尔自家底准则。尔意念着处，他是便知是，非便知非，更瞒他一些不得。尔只不要欺他，实实落落依着他做去，善便存，恶便去。他这里何等稳当快乐！[1]

> （良知）是乃天命之性，吾心之本体，自然灵昭明觉者也。凡意念之发，吾心之良知无有不自知者。其善欤，惟吾心之良知自知之；其不善欤，亦惟吾心良知自知之。是皆无所与于他人者也。[2]

良知作为人内在是非善恶的道德原则，就表现在个体随之感应的道德知觉中。而这样一种是非善恶之心的根本依据则在于人的至善之性。阳明所谓："性无不善，而知无不良，良知即是未发之中，即是廓然大公，寂然不动之本体，人人之所同具者也。"[3]也就是说，良知之所以有知是知非的道德价值判准，就在于至善之性内在于每一个个体之中，成为"自家底准则"。而良知所表征的知是知非的道德价值判断能力，既是致良知教的基本特征，也是阳明教法与思想轨迹变化的重要推动力。这一点在阳明《大学古本》的改序中就可以窥得一斑。阳明在四十七岁（戊寅）时作《大学古本序》，主张以"诚意"为《大学》宗旨，意在扭转朱子学格物穷理所致心理为二的弊

1　王守仁：《语录》三，《王阳明全集》，上海：上海古籍出版社，2011 年版，第 105 页。

2　王守仁：《大学问》，《王阳明全集》，上海：上海古籍出版社，2011 年版，第 1070 页。

3　王守仁：《答陆原静书》，《王阳明全集》，上海：上海古籍出版社，2011 年版，第 71 页。

病。他说："大学之要，诚意而已矣！"[1]但在经历百死千难之后，阳明将《大学》头脑由"诚意"推进至"致知"：

> 大学之要，诚意而已矣！诚意之功，格物而已矣！诚意之极，止至善而已矣！止至善之则，致知而已矣！[2]
>
> 致其本体之知，而动无不善，然非即其事而格之，则亦无以致其知。故致知者，诚意之本也；格物者，致知之实也。[3]
>
> 不本于致知，而徒以格物诚意者，谓之妄。[4]

可见，阳明将儒家的至善追求全然落实于致知，而致知是作为诚意之何以可能的根据来立论。从义理转进来看，阳明在提出良知说后将《大学》头脑落在致知，意在此次补偏诚意说的不足。缘由在于："心发动而为意，意如果不善，则意本身必不能自知，这时诚意就是缺乏根据，成为空谈了。依照改序，则心虽发而为意，本体之知（即良知）却恒在。意之动如果有不善，良知就立刻知觉到。"[5]在此意义上，良知也就成为意之所诚的根据所在，由此支撑个体的道德行为。

因此，良知作为知是知非的道德内在原则，也就为每一个

---

1 王守仁：《大学古本序》，《王阳明全集》，上海：上海古籍出版社，2011年版，第270页。

2 王守仁：《大学古本序》，《王阳明全集》，上海：上海古籍出版社，2011年版，第270页。

3 王守仁：《大学古本序》，《王阳明全集》，上海：上海古籍出版社，2011年版，第271页。

4 王守仁：《大学古本序》，《王阳明全集》，上海：上海古籍出版社，2011年版，第271页。

5 钟彩钧：《王阳明思想之进展》，台北：文史哲出版社，1993年版，第77页。

个体人格的自觉与独立提供了德性的可能。换言之，良知不仅仅是一种内在知是知非的道德意识，更是个体德性自觉与人格独立的基石。所以阳明才会说："良知之在人心，无间于圣愚，天下古今之所同也。"在此意义上的儒家圣贤成德之路就变得清晰可见，因为不论圣人还是庸常，立足于良知本心，便可随才成就其道德行为。所以阳明在发出"孰无是良知乎？但不能致之耳"[1]的感慨的同时，又说："心之良知是谓圣。圣人之学，惟是致此良知而已。自然而致之者，圣人也；勉然而致之者，贤人也；自蔽自昧而不肯致之者，愚不肖者也。愚不肖者，虽其蔽昧之极，良知又未尝不存也。苟能致之，即与圣人无异矣。"[2]可见，阳明拈出致良知教的意义，就在于从每一个个体德性自觉的角度，重开儒家"为仁由己"的成德之路。这不仅仅是工夫论上何以有效的问题，更是关涉儒家以什么样的方式确立个体德性与人格独立的重大问题。

第三节　讲学实践的价值指向

　　阳明自京师首倡"身心之学"而开始讲学生涯，伴随着其思想的发展与转进，讲学宗旨也随之变化。从龙场大悟吾性自足所确立的主体与本体同一的主体性方向，到知行合一强调工夫向度的身心内外一时并在，无不是对其讲学根据与方向的内在规定。如果说，阳明在此内向性基础上的讲学，重在扭转朱子学弊病，以此昌明学术，此义基本不离儒家传统讲学的规

1　王守仁：《语录》三，《王阳明全集》，上海：上海古籍出版社，2011年版，第211页。

2　王守仁：《书魏师孟卷》，《王阳明全集》，上海：上海古籍出版社，2011年版，第312页。

矩，那么致良知的提出，则是以"个个人心有仲尼"与"良知之在人心，无间于圣愚"的方式，实现了对讲学内涵与意义的变革。也就是说，在致良知以后，阳明及其弟子门人已经不仅仅将讲学视为传播学问的方式，而是真正赋予了讲学内修己成德、外正世道人心的教育、教化意义。这也是为什么明代讲学虽然自曹端、薛瑄而始，但直至明代中期王阳明而有一大变，此变就是突破传统讲学辨明学术的局限，而获得更为普遍化、平民化的意义。在此意义上，我们也就不得不思考，阳明的致良知教赋予了讲学什么样的意义，而讲学又是如何激活致良知教的内在精神。这既涉及阳明讲学教化的根本内涵，也关乎致良知教的根本精神。

一 讲学与觉民的行道转向

从阳明对儒家成德之路的重构来看，讲学对于他而言，既不是师生之间的传道施教，也不是"决与朱子异"的表达形式，而是真正关乎阳明精神生命与平生志业的具体落实问题。如果说在致良知提出以前，阳明的讲学事业更多的是一种讲明学问宗旨的载体，其中不乏明圣学的希冀，那么，在致良知教形成以后，阳明的讲学则获得了全新的意义，即以唤醒个体道德良知的方式开启儒家自觉觉他的行道关怀，这也使得两宋以来儒家士大夫的行道方向得以彻底改变，使得讲学教化成为阳明据德以成业、安顿自我精神生命的重要形式。但这样一种转向并非空穴来风，必有其形成原因。

关于其原因，余英时先生在《宋明理学与政治文化》一书中，从社会政治环境的角度有创见性的阐发：

　　阳明"致良知"之教和他所构想的"觉民行道"是

> 绝对分不开的；这是他在绝望于"得君行道"之后所杀
> 出的一条血路。"行道"而完全撇开君主与朝廷，转而单
> 向地诉诸社会大众，这是两千年来儒者所未到之境，不
> 仅明代前期的理学家而已。[1]

换言之，阳明从"得君行道"到"觉民行道"的转向直接源于
宋、明两朝政治生态环境的变化。二程、朱子以及陆象山就其
学问宗旨而言各有不同，但他们在宋王朝"与士大夫共治天
下"的政治诉求基础上，都共同指向参与政治与社会秩序的全
面建构。而在儒家内圣外王的传统关怀下，宋代士大夫阶层也
就自然表现出强烈的"得君行道"追求。可见，这样一种价值
追求的形成源于当时政治生态环境所提供的土壤，以及由传统
儒家家国天下一体的经世关怀所种下的种子，所以才会有"得
君行道"追求的落地生根。而一旦政治生态严峻，就会迫使士
大夫阶层的经世关怀变形，明代理学的发展大体就在此向度中
形成。明初有一则笔记对整个明初政治生态的严峻有生动记
载："时京官每旦入朝，必与妻子诀；及暮无事，则相庆以为
又活一日。"[2]在当时皇权的专制之下，人人自危、朝不保夕成
为士大夫阶层生存的常态。而阳明正是在此政治生态环境下，
走向了觉民行道的讲学之路。

　　值得注意的是，政治文化视角的成因虽然构成阳明讲学突
破与转向的第一推动力，却不是根本力量，因为对于阳明觉民

1　余英时：《宋明理学与政治文化》，桂林：广西师范大学出版社，2006 年版，
　　第 43 页。
2　赵翼：《明祖晚年去严刑》，《廿二史劄记校证》（订补本），北京：中华书局，
　　2013 年版，第 744 页。

行道关怀的形成而言，我们不得不追问：觉民何以可能？也就是说，在明代政治生态严峻的情况下，阳明为什么会必然走向自觉觉他的觉民方向？而解开这一问题的关键就在于理解致良知教与觉民的内在关系。余英时先生对此问题的看法或许可以给我们提供重要的参考。

> 阳明立"致良知"之教自始即与"觉民行道"相表里，所以他才说："偶有见于良知之学，以为必由此而后天下可得而治。"他发明"致良知"之学最后是为了"治天下"，绝不能止于个别士大夫的"自得"。换句话说，他是要重回宋代道学"为己而成物"的大传统，不过不再走"得君"的上行路线，而改走"觉民"的下行路线。因此《拔本塞源论》中理想秩序的建立，必须预设人人都能"复其心体之同然"。所谓"复其心体之同然"当然便是良知。[1]

在这里，余英时先生直接将致良知教的意义指向觉民行道，并且从致良知的价值追求揭示此向度。但进一步而言，致良知教如何能够开出觉民行道的关怀，也就成为我们把握致良知教赋予阳明讲学新意义的关键所在。

阳明在经历龙场大悟以后，从心即理到致良知的思想探索，无不是建立在主体与本体同一的原则上推进的。而致良知的提出，则是以良知作为道德善性的根据，将其贯注于每一个个体的道德心灵，让个体在主体与本体同一的原则之下，人人有道德价值的判准能力，人人可以根据良知本心成就道德人格。

---

[1] 余英时：《宋明理学与政治文化》，桂林：广西师范大学出版社，2006 年版，第 48 页。

第二章　成德之路：格物悖论与致知重构

> 孟子云："是非之心，知也。""是非之心，人皆有之。"即所谓良知也。孰无是良知乎？但不能致之耳。[1]

> 良知良能，愚夫愚妇与圣人同。但惟圣人能致其良知，而愚夫愚妇不能致。此圣愚之所由分也。[2]

> 自己良知，原与圣人一般。若体认得自己良知明白，即圣人气象不在圣人，而在我矣。[3]

阳明在这里以人人本有之良知，突破了传统士大夫阶层成圣成贤的层级，而将圣人与愚夫愚妇共同放置在个体人格的平等性上言说儒家的成德传统。毫无疑问，良知成为人人本有而无差别的本体性存在，也是人人皆可以成尧舜的根据所在。而圣人与愚夫愚妇现实道德境界的差异，则来自"为仁由己"的主体道德工夫践履。换言之，二者的差异就在于"能"与"不能"之间，这个"能"为主体道德实践之能，是"为长者折枝"之能，而非"挟泰山以超北海"之能。在此意义上，阳明将良知落实在每一个个体生命中，它既是人内在道德规定的根据所在，也由此赋予了人道德行为的最大自由限度，所以阳明以精金来喻圣："所以为圣者，在纯乎天理而不在才力也。故虽凡人，而肯为学，使此心纯乎天理，则亦可为圣人，犹一两之金，比之万镒，分两虽悬绝，而其到足色处可以无愧。故曰'人皆可以为尧舜'者以此。学者学圣人，不过是去人欲而存

1　王守仁：《与陆原静》二，《王阳明全集》，上海：上海古籍出版社，2011年版，第211页。

2　王守仁：《答顾东桥书》，《王阳明全集》，上海：上海古籍出版社，2011年版，第56页。

3　王守仁：《启问道通书》，《王阳明全集》，上海：上海古籍出版社，2011年版，第66页。

天理耳，犹炼金而求其足色。"[1]阳明区别"万镒之圣"与"一两之圣"，所同之圣在于良知人人内在而本有，而所异之分两无非在于才力以及致其良知的程度差异。也就是说，圣之为圣就在于此心是否纯乎天理，即当"体认得自己良知明白"，圣人就当下显现于对个体主体的道德承当。在此意义上的致良知教也就表现出了具有普遍意义的个体性与平民性。余英时先生也将此称为"良知"的社会含义：

> "良知"的第一层社会含义是把"理"从"士"的垄断中解放了出来，成为社会上人人所能有，因为"天理即是良知"，而"良知"本是人人都有的。……"良知"还有第二层社会含义，即将"公共"的"理"分散给每一个人。"良知"虽是"心体之所同然"，但大同至中不妨众异，因为他毕竟是依附在每一个人的身上。[2]

可见，阳明以"个个人心有仲尼"的方式，将成圣成贤的根据与可能还给了每一个个体存在，而在肯定个体的主体性基础之上，也就打破了社会阶层的身份认同壁垒，人人皆可成圣，士农工商、贩夫走卒亦是如此。这也是从人道德本性的角度实现了人最大限度的个体平等与自由。与此同时，致良知意义的生成也离不开明代社会思潮的影响，由于当时士与商互动的影响，民间社会表现出空前的活跃。阳明在为一商人写的《墓

1　王守仁：《语录》一，《王阳明全集》，上海：上海古籍出版社，2011年版，第31—32页。
2　余英时：《宋明理学与政治文化》，桂林：广西师范大学出版社，2006年版，第49—50页。

130

表》中便直言"四民异业而同道"[1]。由此也可以反向证明阳明致良知教由对人自身德性的自觉而走向更为广泛的社会意义。

因此，在阳明讲学教化的过程中，受教对象已经不拘泥于士大夫阶层，全然扩充至社会各行各业。王艮这样出身于小商人背景的不在少数。而这一平民化的特征也成为后来泰州学派走向民间社会的重要标识。这也就意味着阳明讲学所诉诸的对象发生了直接的变化，即由先前的"君主与士大夫"转向"民众与士大夫"。而这一转变的形成，无疑是来自"致良知"对朱子学与明代专制政治双重压迫的冲破，在接续"人人皆可为尧舜"的儒家作圣之路的同时，让儒家传统的讲学在自觉觉他的方向上获得了更为普遍性的意义。阳明曾借用伊尹之言来表明此志：

> 伊尹曰："天之生斯民也，使先知觉后知，使先觉觉后觉。予天民之先觉也，非予觉之而谁也？"是故大知觉于小知，小知觉于无知；大觉觉于小觉，小觉觉于无觉。夫已大知大觉矣，而后以觉于天下，不亦善乎？[2]

阳明由个体德性（良知）的自觉出发，将行道的方式诉诸自觉觉他的讲学教化，而此时讲学的意义也就不仅仅是"决与朱子异"的学问传播形式，而是指向了内正己以修身、外觉他以亲

1　关于明代士商互动与儒学转向问题，请参见余英时：《士商互动与儒学转向——明清社会史与思想史之表现》，收录于《现代儒学论》，上海：上海人民出版社，2010年版，第47—100页。

2　王守仁：《答储柴墟》，《王阳明全集》，上海：上海古籍出版社，2011年版，第895页。

民的价值追求。因此，阳明对儒家成德之路的重构（从心即理到致良知），即以唤醒个体道德良知的方式开启儒家自觉觉他的行道关怀。在此意义上，阳明的讲学获得了全新的意义，而觉民行道的转向也因此能够真正实现。

二　天性与德性的双重维度

致良知教所赋予阳明讲学的新意义，就鲜明地表现在阳明学派的讲学实践活动中。作为致良知教的妙用，讲学在走向自觉觉他的成德教化之时，也将阳明学推到了前所未有的顶峰。从阳明及其弟子门人的讲学实践轨迹来看，阳明的讲学实践始于弘治十八年（1505年），至嘉靖年间而达到顶峰。嘉靖三年（1524年），在王艮、南大吉的主持下重修稽山书院，成为阳明讲学的重要场所。嘉靖五年（1526年），阳明门人刘晓在江西吉安府安福县召集门人举行惜阴会，讲会至此成为阳明学派主要的讲学模式。所以，不论是书院还是讲会都已然成为阳明讲学的主要方式，并在这两种方式的运用中巧妙地将地域性与平民性结合在一起，由此成为整个明代讲学的转折点，影响深远。可以说，从讲学运动的历史与实践角度揭示的致良知教表征着思想史事件的历史影响。[1]但与此同时，我们也必须注意到讲学运动与致良知教内在价值指向的关系，也就是说讲学是如何激活致良知教的内在精神。这也就成为我们定位致良知教

---

[1]　关于阳明及其弟子门人的讲学运动，学界已经有较为详尽的考察，请参见吴震：《明代知识界讲学活动系年：1522—1602》，上海：学林出版社，2003年版；吕妙芬：《阳明学士人社群历史、思想与实践》，北京：新星出版社，2006年版；陈时龙：《明代中晚期讲学运动》，上海：复旦大学出版社，2007年版。

的基本内涵与特征的重要问题。

对于阳明的讲学，我们往往在整体性的社会影响层面，或是从阳明及其弟子的思想主张出发加以理解，但就阳明与弟子之间讲学的具体对话则有所忽视。因为在师生问答对谈的具体讲学场景中，不仅仅是师或者弟子各抒己见的观点陈述，而是围绕弟子读书、实践所遇到的问题展开，并以此寻找出路，所以师在对话中对弟子的指点与引导往往是随机立意、因病发药。但其目的在于唤醒道德的主体精神，走向自我成就之路。所以，在阳明门下的其他弟子，诸如徐爱（格物之辩）、邹守益（戒慎恐惧之辩）、欧阳德（良知与见闻之辩），都是在阳明的引导下对良知有一段扭转性认识，最终在各自的道德实践之路上走向成德追求。足以见得，不论是作为一种学说形式而提出，还是作为一种教法而存在，阳明"致良知"的真正关怀在于以"心之所同然"的方式唤醒每一个体的真实存在，真正回归于每一个体的生命，使其主体的精神世界真正打开。这也正是阳明在重构儒家成德教化之路后以讲学教育作为立身处的内在根据。

在讲学的师生对话中，阳明所讲并非从传授知识、接受知识的角度立意，而是涉及如何在对话过程中让弟子门人的精神有所唤醒。所谓唤醒亦不是逻辑内涵的客观之了解，而是关乎内在生命之真己的自我意识觉醒。所以说，阳明的讲学"使人各求本性，致极良知以至于至善，功夫有得，则因方设教，故人人悦其易从"[1]。在此意义上的讲学，也就不得不首先从人之

---

[1] 钱德洪编：《年谱》三，《王阳明全集》，上海：上海古籍出版社，2011 年版，第 1423 页。

当下实存出发，作为师弟子之间接引、启发、教育的起始点。而就人之生命存在无法脱离的当下实存而言，即是人们所说的"天性"。"天性"概念最早见于《尚书》"不虞天性，不迪率典"（《尚书·西伯戡黎》），意在批评殷纣不顺应天命而行。如果说《尚书》中"天性"多指向宗教性的天命之性，那么经过周公的制礼作乐与孔子的释礼归仁，宗教性的天命落实为"为仁由己"的道德天命，而这一点也就集中体现在孟子对"天性"的规定："形色，天性也，惟圣人然后可以践形。"（《孟子·尽心》上）所谓"形色"就是指人的肉身实存性，而以"形色"规定人的"天性"，意在强调人的形色实存性内在地贯通着道德的普遍性规定，并自然而然地表现为人的道德本性。

这一点意义在孟子与告子的人性之辩中得以凸显，毫无疑问，告子持有"生之谓性"的观点，认为人与禽兽有着相同的生物本性，而道德只是外在的、后天的伦理规范。道德对于人的作用只能是一种外在规范的约束或是一种道德说教的灌输。这在道家看来，无疑是对人的自然天性最大的扭曲，所以老子才会批评儒家的"道德主义"："失道而后德，失德而后仁，失仁而后义，失义而后礼。夫礼者，忠信之薄而乱之首。"（《道德经》第三十八章）如果我们沿着老子与告子所守护的"生之谓性"的自然天性，对人的生命进行层层"坐忘""心斋"，以及对人类的文明因素层层剥离、蜕化，那么最终虽然守得自然之天性，但如此人生也就完全等同于草木瓦石的世界了。这也就回到了告子所谓的"生之谓性"的自然天性。所以，在与孟子的辩论中，告子不是将爱吾人之弟与嗜好饮食的愉悦之爱相等同，就是将敬长之敬与白马之白认同为一，进而导致仁义外在，所谓人性的内在规定也就成为无善无恶的白板说。

而孟子则就此指出告子将关乎人性问题的道德原则与事实判断相混淆，并且强调"道德原则的普遍性乃内在具体的地显现于人的情感生活"[1]。他认为，义作为一种道德规范，并不抽象地外在于人的实存性，即虽然它关涉事实，如敬长必然关乎"长"的客观事实存在，但真正规定义之内涵的是"长之"的"敬长"情感与行为。所以，道德性并非作为外在于人的形色而抽象的共相规定而存在。在此意义上，孟子将形色之自然生命的本能与普遍性的道德规定统合起来，由人之自然生命的本能以显示道德规定的普遍性。这也就是孟子在持守人之天性的基础上，将人之德性引向了最大限度的发展。而对德性的培养就是"君子所性，仁义礼智根于心，其生色也，睟然见于面，盎于背，施于四体，四体不言而喻"（《孟子·尽心上》）这样一种"诚于中，形于外"的"践形"成德工夫[2]，"乃是经由转化人的实存（气质）至于精纯之存在性的实现，而非一种认知义的给予性。'践形'，是性、命的动态合一"[3]。因此，天性与德性的相即不离也就成为儒家成德教养传统中重要的两重维度，具体表现为保持天性以不破坏德性为底线，而发展德性以不扭曲天性为底线。

从讲学的两重维度来看，儒家所遵循的道德教化无疑是在尊重天性的基础上发展德性，在此意义上的教化也就是"学问

1　李景林：《教化的哲学——儒家思想的一种新诠释》，哈尔滨：黑龙江人民出版社，2006年版，第361页。
2　关于"践形"作为一种工夫系统而言，请参见丁为祥：《践形与践行——宋明理学中两种不同的工夫系统》，《中国哲学史》，2009年第1期。
3　李景林：《教化儒学论》，贵阳：孔学堂书局，2014年版，第19页。

之道无他，求其放心而已矣"（《孟子·告子上》）的德性教化。但对于阳明而言，具体的讲学教育实践活动中，皆透显着天性与德性内在关系的妙用。在阳明与诸多弟子的对话中，作为较早追随阳明的弟子，陆原静（名澄，字原静，又字清伯，湖之归安人）的所学所问特点鲜明，不仅在其性格特点中反映出其具体的为学进路以及所存在的普遍性问题，还彰显出阳明在具体指点、讲学活动中的教育关怀，因而南元善将其概括为"澄善问，师善答"[1]。陆原静在初入阳明门下时，对五经和四书表现出极大的兴趣，阳明回忆说："原静少年亦要解五经，志亦好博。"[2]但就其关注的侧重点而言，陆原静主要集中在字句及其文意的疏解方面，即只有通过不断地积累知识，才能穷究学问，由此形成了所谓"析之有以极其精而不乱，然后合之有以尽其大而无余"的知识性追求。而阳明指明"辨于言辞之间"的知识性追求，已经脱离生活境遇而不切实于自我身心，通过记诵辞章的方式所实现的知识性积累，无益于内在人格教养，反而容易走向外向求知之路，导致"章绘句琢以夸俗，诡心色取，相饰以伪"[3]的虚伪学风。阳明这里并非否定知识的存在价值，而是说，圣人之学其根本在于德性的教养，而非知识技能。一个人能够成就其德性，便能够顺应事物之理而无执着，知识也才能无碍而客观地呈现，从而实现知识对德性的滋养。阳明对此问题的认识并非出自理论思辨的演绎，而是来自切身

1　王守仁：《语录》一，《王阳明全集》，上海：上海古籍出版社，2011年版，第80页。

2　王守仁：《语录》一，《王阳明全集》，上海：上海古籍出版社，2011年版，第118页。

3　王守仁：《语录》二，《王阳明全集》，上海：上海古籍出版社，2011年版，第257页。

的实践之痛，从"格竹"失败到谪居龙场，无不是经历此精神之困境。所以，阳明的讲学教育始终是一种以成德成人为根本目的与方向的自觉觉他之实践。

阳明对陆原静在成德之方向上的指点与引导，使其由以前的博学追求转向了道德实践追求，并对所谓修养工夫产生了极大的兴趣；而在具体实践中，则又表现为喜好静坐冥想，追求所谓的洒落境界，尤其关注道家的养生工夫。这便与他资质聪明、性情略显急切以及身体羸弱的才性有关。阳明并未对其进行道德说教以砍断其喜工夫好养生的追求，而是就此出发转向如何真正实现养生之目的。在此基础上，阳明反复叮嘱："大抵养德养身，只是一事。原静所云'真我'者，果能戒谨不睹，恐惧不闻，而专志于是，则神住气住精住，而仙家所谓长生久视之说，亦在其中矣。"[1]阳明这里说得很清楚，养身亦在养德之中。"所谓'真我'，在阳明看来，那原本就是自我本有的良知，致此良知，即得'真我'。"[2]"戒谨不睹，恐惧不闻"的克己工夫本身就是对身心的收摄，所以养德、养身皆在其中。从阳明的指点中可见，对弟子个性与才性的尊重，也就成为指点与唤醒其道德心灵的前提，所以阳明反复强调"随分限所及"：

> 我辈致知，只是各随分限所及。今日良知见在如此，只随今日所知扩充到底；明日良知又有开悟，便随明日

---

[1]　王守仁：《语录》二，《王阳明全集》，上海：上海古籍出版社，2011 年版，第 208 页。

[2]　董平：《王阳明的生活世界——通往圣人之路》，北京：商务印书馆，2018 年版，第 232 页。

所知扩充到底。如此方是精一功夫。与人论学，亦须随
人分限所及。如树有这些萌芽，只把这些水去灌溉。萌
芽再长，便又加水。自拱把以至合抱，灌溉之功皆是随
其分限所及。若些小萌芽，有一桶水在，尽要倾上，便
浸坏他了。[1]

所谓"随分限所及"是从受教者的资质出发尊重个体存在
的差异性。这也就意味着儒家虽然强调德性的培养，但不仅
仅是单向度地培养人的"德性"，而是在尊重天性的同时还肯
定才性，即认识到人在禀性、气质、资质方面存在诸多差异
性。这也就是孟子所言"夫物之不齐，物之情也"（《孟子·滕
文公》上）。如果说，儒家的"德性"是由人之为人的内在
普遍性而强调人人平等的存在基础，那么，肯认"天性"与
"才性"就是对个体的独特性与差异性的尊重。这也就意味在
人"德性"的普遍性与"才性"的特殊性中，最大限度地成就
了个体人格与行为风范，正如孟子对先贤的总结："伯夷，圣
之清者也；伊尹，圣之任者也。柳下惠，圣之和者也；孔子，
圣之时者也。孔子之谓集大成。集大成也者，金声而玉振之
也。"（《孟子·万章》下）正是不同的禀赋与天性，才构成了
伯夷、伊尹、柳下惠及其与孔子不同的为人风范、行事风格与
不同的发展方向。

阳明在讲学实践活动中，诸如对陆原静这样的引导与点化
不可胜数。而阳明心学之所以有如此之大的感召力，就在于能

够充分尊重人天性的同时发展德性，如此德性就是基于个体情志的差异性所表现出的道德人格，而非对人做出外在规范的一种抽象的道德规定。但进一步而言，我们需要注意的是："最注重主体性精神的心学之所以能够认可人材的不同资质与多样化发展，也就必须从其注重自我之主体性精神以推及、拓展到同时能够尊重他人之主体性精神的跨越上来说明。"[1]而这样一种从自我之主体性推己及人到他人之主体性精神的根据，就在于"心之所同然"的良知。

> 夫人者，天地之心。天地万物本吾一体者也。生民之困苦荼毒，孰非疾痛之切于吾身者乎？不知吾身之疾痛，无是非之心者也。是非之心，不虑而知、不学而能，所谓良知也。良知之在人心，无间于圣愚，天下古今之所同也。世之君子惟务致其良知，则自能公是公非，同好恶，视人犹己，视国犹家，而以天地万物为一体，求天下无治，不可得也。[2]
>
> 夫仁者，己欲立而立人，己欲达而达人。仆之意以为，己有分寸之知，即欲同此分寸之知于人；己有分寸之觉，即欲同此分寸之觉于人。人之小知小觉者益众，则其相与为知觉也益易且明，如是而后大知大觉可期也。[3]

"心之所同然"的良知作为自我主体的道德自觉，以此推己及

1　丁为祥：《王阳明的教育思想》，《贵州文史丛刊》，2017年第4期，第10页。
2　王守仁：《答聂文蔚》，《王阳明全集》，上海：上海古籍出版社，2011年版，第89—90页。
3　王守仁：《答储柴墟》，《王阳明全集》，上海：上海古籍出版社，2011年版，第895页。

人的方式感知他人的疾苦，如此就能够实现"己有分寸之觉，即欲同此分寸之觉于人"，即从人人本有之内在德性的平等性出发而唤醒个体道德自觉意识。所以，这是一种内在的良知教养之觉，而非外在道德灌输所能致。也只有在此意义上，才能实现"公是公非，同好恶，视人犹己，视国犹家，而以天地万物为一体"的民胞物与情怀。所以，对于阳明而言，基于个体的天性来唤醒主体的道德自觉，不仅仅是其讲学教育的基本内涵，也是其由道德教育走向觉民教化而实现求治天下的内在要求。诚如其所言，"仆诚赖天之灵，偶有见于良知之学，以为必由此而后天下可得而治"[1]。

三 尽性与成物的合一之境

一般而言，传统讲学的意义范围多在于师弟子之间的解惑与授业。而阳明在此基础上对儒家教化的界定强调以成就德性为首要目的。那么如何有效地成就德性就成为阳明始终关注的问题，所以在"学为圣人"的问题意识引导下，阳明对成德的实现方式有所规定，即认为试图以知识的积累达到德性的成就，其进路本身就存在着对德性的遮蔽。这既是对儒家成德之教实现进路的内向澄澈，也是对讲学方向的贞定。因此，他不断揭示本体与知识的混淆之弊：

后世不知作圣之本是纯乎天理，却专从知识才能上求圣人，以为圣人无所不知，无所不能，我须是将圣人

1　王守仁：《答聂文蔚》，《王阳明全集》，上海：上海古籍出版社，2011年版，第90页。

> 许多知识才能逐一理会始得。故不务去天理上着工夫，
> 徒弊精竭力从册子上钻研，名物上考索，形迹上比拟，
> 知识愈广人欲愈滋，才力愈多而天理愈蔽。[1]

阳明这里并非由贬低知识而表现出一种"反智主义"，他反对的是知识与本体的关系错置，即以知识的进路求证天理本体。在阳明看来，"礼乐名物之类无关乎作圣之功"[2]，这是因为作圣之功直接关乎人的德性培养，而对于知识的获取与积累则关乎客观事物的事实认识。在此意义上的体证天理，也就必须由主体道德实践的工夫进路来完成；如果以知识探求本体，则必然导致成德过程中的心、物关系的变化，即由主观认识心去认知外在客观之物，如此一来，心、物二分对峙也就使得天理成为外在于人心的抽象形式，无关乎个体生命的情志。这也是为什么阳明总批评朱子格物"析心与理为二"的原因所在。

正是在此意义上，阳明所讲的心、物关系已然不是从人心的认知角度来否定或肯定物的客观存在，而是在道德价值的基础上明确心物一体相通的关系。他说："心外无物，心外无事，心外无理，心外无义，心外无善。吾心之处事物，纯乎天理而无人伪之杂，谓之善，非在事物上定所可求也。处物为义，是吾心之得其宜也。"[3]阳明在这里所要表达的是人心应事接物的基本进路，就是道德的价值意义，即在不断成己成物成

1　王守仁：《语录》一，《王阳明全集》，上海：上海古籍出版社，2011年版，第32页。
2　王守仁：《答顾东桥书》，《王阳明全集》，上海：上海古籍出版社，2011年版，第60页。
3　黄宗羲：《姚江学案》，《明儒学案》，北京：中华书局，1985年版，第186页。

德之工夫中，涤除私欲，复归本心之本然。以此本然之心而应接事物，则事物对人也同样敞开其应有之意义。由此来看，在心、物之无所遮蔽而是其所是的呈现过程中，"物"已非实然意义上的认知对象，而是一种价值的意义关联。但值得注意的是，这样一种成己成物的意义展开，关键点在于主体道德之自觉，即所谓"诚意"。阳明对此有详细的工夫展开：

> 但指其充塞处言之谓之身，指其主宰处言之谓之心，指心之发动处谓之意，指意志灵明处谓之知，指意之涉著处谓之物，只是一件。意未有悬空的，必著事物。故欲诚意，则随意所在某事而格之，去其人欲，而归于天理，则良知之在此事者无蔽，而得致矣！此便是诚意的工夫。[1]

意为心之所发，心体作为无善无恶的至善规定，在发而为意、应事接物的过程中表现为有善有恶，即阳明所谓"无善无恶是心之体，有善有恶是意之动"。在此意义上，物本身无所谓善恶的相对规定性，善恶与否则关乎意之诚与不诚，意诚则物正，物正则对人心显现其应有义。所以阳明将"格物"规定为"格心"："格物如孟子'大人格君心'之格，是去其心之不正，以全其本体之正。"[2]因此，在此诚意系统上看，"'心外无物'、'心外无善'的实质内涵，乃是在人性的实现，人格的

1　王守仁:《语录》三,《王阳明全集》,上海：上海古籍出版社,2011年版,第103页。
2　王守仁:《语录》三,《王阳明全集》,上海：上海古籍出版社,2011年版,第7页。

教养和完成的意义上确立心、物的关系。这也正是《中庸》所谓的以至诚之道'成己成物'。而这成己成物，正是要使人性物理皆有客观本然的显现"[1]。

《中庸》第二十五章对此成己成物的德性教养有明确的表达："诚者自成也，而道自道也。诚者物之终始，不诚无物。是故君子诚之为贵。诚者非自成己而已也，所以成物也。成己，仁也；成物，知也。性之德也，合内外之道也，故时措之宜也。"成己在于尽性，不尽性则不可成物，因为尽性由成德工夫所透显，表现出性之无所遮蔽的真实无妄。而不成物亦不能尽性，因为成物而使得天理之客观自然朗现。因此，尽性成物也就是在人格教养的过程中所实现"合内外之道"的物我合一之境。换言之，只有在尽性成物的道德教养之中，才能真正实现儒家对人的教育：一方面，因尽性成己而不为外物所逐；另一方面，因成物之完成，而避免走向片面生存过程和内向的自我体验。而物我合一的境界就表现在人文教养的过程中，在其中，人的心性乃有本然的成就，物乃有客观的显现。由此可以说，阳明的致良知，就是要把良知心体扩充至事事物物上去，使得事事物物皆在良知的感通与润泽之下，各得其宜，各得其成，以此成就个体的道德人格。因此，阳明在致良知为宗旨的讲学教育中，所确立的就是成己成物的人文教养。

1　李景林：《教化的哲学——儒学思想的一种新诠释》，哈尔滨：黑龙江人民出版社，2006年版，第446—447页。

第三章 觉民教化：行道实践与内外困境

讲学对于阳明而言，是落实致良知教，以实现学以成人与据德成业的重要载体。但在阳明及其弟子门人讲学教化活动的展开过程中，逐渐从个体道德意识的自觉走向以唤醒民间大众良知为己任的觉民行道。这也使得整个阳明学派的讲学成为一种面向民众的社会教化活动。这样一种社会教化活动，一方面表现为弟子门人在不同地域的群体性讲学或讲会实践；另一方面也关涉所讲内容的价值指向。从诸多讲学实录来看，阳明学派"觉民"的主要方式是道德教化，而其目的在于让民间大众在道德意识方面获得充分自觉，从而在为善去恶的道德实践中重塑社会伦常价值。所以，余英时先生在评价阳明"觉民行道"的意义时说："'觉民行道'是一个伟大的社会运动与传'道'运动，而不是政治运动，在十六世纪的中国曾掀起万丈波澜。"[1]显然，阳明致良知教所转向的"觉民行道"已然不是一种政治文化的关怀，而是教化之道的突破与落实，具体就表现在亲民实践、改过劝善的社会运动，以及阳明学派所承当的儒家传统教化之道。可以说，在自觉觉他的亲民实践活动中，阳明学派将儒家行道而治的"外王事业"扎根于觉民教化。而"新儒家的伦理也因阳明学的出现才走完了它的社会化的历

---

[1]　余英时：《宋明理学与政治文化》，桂林：广西师范大学出版社，2006年版，第361页。

程"[1]。这也是阳明学派为什么在十六世纪的中国产生重大影响的原因所在。

在此意义上，整个阳明学派所共同实践落实觉民教化的过程中，具体形成的内在走向与实践性格，就成为我们把握阳明致良知教作为教化之道的首要问题。因为，它不仅决定着阳明致良知教在具体的落实与转进中的价值指向，还关涉阳明后学在展开觉民教化的实践过程中为什么会产生流弊的重要问题。

第一节　觉民方向与教化的实践性格

如果说阳明致良知教所开辟的"觉民行道"之路，是一种教化的突破，那么，作为对此方向的落实与发展则是由整个阳明学派所完成。而作为觉民教化的群体性实践，致良知教无疑是王门后学所共法的活动宗旨与价值追求。如此一来，致良知教在走向民间社会的具体落实中，由觉民行道实践所表现出的教化内涵与性格，也就成为阳明学派教化之道形成的基本方向。而对阳明学派教化方向的叩问，不仅是对觉民行道特征的把握，更是对致良知教价值的澄清。

一　为何行道与何以觉民

余英时先生在讨论到宋明理学与政治文化的问题时，对以阳明学为代表的明代儒学与宋代儒学做出了学术性格与价值追求的区别。他认为在政治生态的日益严峻下，明儒更倾向于从个人受用的内向性探讨学理，而在此内向性的走向中，阳明则

1　余英时：《士与中国文化》，上海：上海人民出版社，1987年版，第517页。

走上了一条不同于宋儒"得君行道"的"觉民行道"之路。[1]
余英时先生的这一看法无疑具有重要启发，但人们往往将"觉
民行道"定位为一种政治文化取向的开辟，而由此所确立的
历史影响也就成为阳明学对政治社会理想的建构。如果说这是
对余英时先生政治文化视角的一种延续，那么，溯源而上就会
发现，余英时先生的政治文化视角是作为一种明代士人具体生
存境遇而提出，这不仅是明儒所共同面对的问题，也是孕育明
儒价值选择与义理取向的必要社会政治条件。可以说，这是促
成阳明实现"觉民行道"突破的第一推动力。但一旦阳明确立
"觉民行道"的方向，其行道的对象与主体的变化，就使得阳
明行道的主题与价值追求都已从政治转向教化。也就是说，自
龙场大悟以后，阳明已经丧失了传统儒家士大夫对政治秩序的
建构的参与感，转而将儒家的行道方向落实为民间大众的道德
教化，并由此使"觉民教化"成为整个阳明学派在讲学道德实
践活动中所共同遵守的价值追求。在此意义上，教化既是阳明
真正实现"觉民行道"转向的价值指向，也是阳明学之所以对
十六世纪的中国产生重大影响的原因所在。因此可以说，阳明
"觉民行道"的转向是一次教化的突破。

　　在此基础上，首先要面对的问题就是阳明所行之道为何，
这直接关乎阳明觉民行道的方向问题。我们以阳明的行道希冀
为例来看其道之方向：

　　　　尧、舜、三王之圣，言而民莫不信者，致其良知而

1　参见余先生的两篇文章《明代理学与政治文化发微》《从政治生态看朱熹学与
　　阳明学之间的异同》，收录于《宋明理学与政治文化》，桂林：广西师范大学
　　出版社，2006 年版。

言之也；行而民莫不说着，致其良知而行之也。是以其
民熙熙皞皞，杀之不怨，利之不庸，施及蛮貊，而凡有
血气者莫不尊亲，为其良知之同也。呜呼！圣人之治天
下，何其简且易哉！[1]

圣人有忧之，是以推其天地万物一体之仁以教天下，
使之皆有以克其私，去其蔽，以复其心体之同然。其教
之大端，则尧、舜、禹之相授受，所谓"道心惟微，惟
精惟一，允执厥中"。而其节目则舜之命契，所谓"父子
有亲，君臣有义，夫妇有别，长幼有序，朋友有信"五
者而已。唐、虞、三代之世，教者惟以此为教，而学者
惟以此为学。当时之时，人无异见，家无异习，安此者
谓之圣，勉此者谓之贤，而背此者虽其启明如朱，亦谓
之不肖。下至闾井、田野，农、工、商、贾之贱，莫不
皆有是学，而惟以成其德行为务。[2]

在阳明看来，尧舜的圣王之时，亦不过是以致良知为教，教化
万民，使得天下有治。而阳明所希冀的天下有治的图景，就是
所谓"父子有亲，君臣有义，夫妇有别，长幼有序，朋友有
信"五者而已。这五种伦常关系作为人与人之间关系的基本表
达，成为儒家传统实现教化天下理想的具体内容。如果说，早
在周公制礼作乐时期，就奠定了儒家礼乐道德教化天下的价值
追求，因为周公制礼作乐的目的就在于"纳天子诸侯卿大夫

1　王守仁：《答聂文蔚》，《王阳明全集》，上海：上海古籍出版社，2011年版，
第90页。
2　王守仁：《答顾东桥书》，《王阳明全集》，上海：上海古籍出版社，2011年
版，第61页。

士庶民以成一道德之团体"[1]，以此建构社会道德秩序，移风易俗，那么，这样一种儒家教化之道，与阳明"觉民行道"所推行之"道"是不是同一个"道"？

在基本价值取向上，阳明所希冀的推行之道无疑与此相同，共奉儒家以成德为教，教化天下。但在阳明所行之道的具体内涵上，又有所差别。因为，教化天下一方面作为儒家士大夫共同的价值理念，而另一方面，又有对此价值不同方向的落实。以朱子学与阳明学为例，朱子在宋代皇权"与士大夫共治天下"的社会政治土壤中，试图通过"得君"以实现儒家的教化之治；而阳明则在政治生态严峻的情况下，从"得君"走向"觉民"以行儒家教化之道。这一差异的形成，看上去似乎由政治生态导致的行道对象发生了变化，但值得注意的是，朱子的"得君行道"更多的是以政治的秩序安排为主导的道德教化，而阳明则完全摆脱了政治秩序建构的关怀，走向了真正意义上的民间社会道德伦常秩序的建构。在此意义上，阳明所行虽然指向儒家传统的社会教化，但其教化根基与教化方式的变化，使得阳明由此重新塑造了儒家教化之道的新内涵。

对于阳明重新塑造的儒家教化之道，我们不得不从其行道的具体落实来解读其内涵。这便涉及行道对象与行道主体的变化，以及由此双重变化所带来的新意义。众所周知，余英时先生在《宋明理学与政治文化》一书中揭示出阳明行道对象的转变，以及由此显现出致良知教的划时代重要性。如果进一步而言，我们可以说阳明觉民行道的诉求是由儒家士大夫对民间大

---

[1]　王国维：《殷周制度论》，《观堂集林》第二册，北京：中华书局，1959年版，第453—454页。

众的德道教化所实现的，而所谓"觉"就是一种自我道德意识的自觉，当民众获得自我道德意识的觉醒后，就成为行道以觉民的一分子，这也就意味着行道主体由儒家士大夫独立承担逐渐走向士大夫与民所共同构成。这在阳明及其弟子门人的讲学实践活动中有充分的体现。阳明因主张"良知之在人心，无间于圣愚，天下古今之所同也"[1]，所以不论是讲学对象还是教授弟子，皆无氏族阶层的限定。其中不乏众多社会底层出身的弟子，如王艮就是来自社会最底层的以煮盐为生的贫苦灶丁。在获得道德自觉的同时也由此走上了民间讲学觉民之路，一生云游四方，随处讲学，其弟子门人亦是"上自师保公卿，中及疆吏司道牧令，下逮士庶樵陶农吏，几无辈无之"[2]。

在此意义上可以说，觉民行道之初，阳明意在唤醒民间大众的道德自觉意识，并以此实现社会道德与人伦纲常的维系。但在通过自觉觉他的方式唤醒民众道德意识的同时，也就使得行道主体发生了变化，即由士大夫与民众所共同构成。也就是说，民间大众同样承担着行道的使命。由此来看，阳明觉民以行道的希冀是通过充分尊重愚夫愚妇的个体德性之平等，而走向了民间大众的伦常秩序建构。这也使得每一个个体当下具足良知，当下即可承担教化之道。在此意义上的觉民教化，就已然不同于儒家传统王道政治的礼乐教化，而是沿袭自孔子以来"君子儒"的人格教化。孔子在面对"礼坏乐崩"的社会现实时，"礼乐"已经不足以成为儒之为儒的标志，而是从"为

1 王守仁：《答聂文蔚》，《王阳明全集》，上海：上海古籍出版社，2011年版，第90页。
2 袁承业编：《明儒王心斋先生弟子师承表序》，上海国粹学报社民国元年铅印本，第1页。

仁"的角度落实于个人做人的层面，所谓的"仁远乎哉？我欲仁，斯仁至矣"（《论语·述而》）也就成为个体人生的一种自觉追求。阳明正是在此意义上，从肯认人人本有的道德良知出发，通过良知自教自养的道德工夫实践，最大限度地成就个体道德人格，也就是说，基于个体道德的平等性而打破社会阶层的划分，通过个体人格的独立而使得"觉民"事业获得了普遍性意义。这也成为阳明教化之道的基本内涵与方向。

二 心学教化与世俗性格

"觉民行道"作为心学教化的主要落实方向，在觉民教化的过程中，使得士大夫与民众成为共同的行道主体，以此承担教化以行道。而在阳明及其弟子门人的教化觉民实践走向中，表现出鲜明的世俗化性格特点。世俗化的性格一方面孕育于觉民行道的民间化落实；另一方面彰显于"百姓日用即道"的精神诉求。而这两方面就集中显现于从王阳明到王艮的心学教化走向之中。阳明在以讲学为载体的觉民教化实践中，直接将讲学之标准定为"与愚夫愚妇同的，是谓同德；与愚夫愚妇异的，是谓异端"[1]，以此为讲学标准意在突出讲学内容的大众化，但这里的大众化并非将学问稀释、消解为一种流俗，而是在民间大众的日用伦常中揭示良知心体，让道德教化获得更为普遍性的意义。阳明弟子、泰州学派的代表人物王艮，就在此方向上进一步提出"百姓日用即道"的思想命题，他说："圣人之道，无异于'百姓日用'。凡有异者，皆谓之'异端'。"[2]

---

1 王守仁：《语录》三，《王阳明全集》，上海：上海古籍出版社，2011年版，第121页。

2 王艮：《语录》，《王心斋全集》，南京：江苏教育出版社，2001年版，第10页。

可以说，王泰州是从"百姓日用"的角度对儒家学理进行了一种重新诠释，意在强调圣人之道在百姓日用中的落实，以及民间大众对圣人之道的当下主体承当。更有甚者，如泰州学派学者颜钧则以世俗化的方式表达"百姓日用即道"的精神追求："仰观心字笑呵呵，下笔功夫不用多。横画一勾还向上，傍书两点有偏颇。做驴做马皆因此，成佛成仙也是他。奉劝四方君子道，中间一点是弥陀。"[1]在对"心"的生动描述中，无不透显出世俗化的表达方式与精神追求。可见，在阳明学派觉民教化的发展过程中，世俗化的倾向已然成为阳明心学教化的重要特点，并影响着阳明学派教化之道的内在走向。

在此基础上，我们不禁要追问：心学教化之所以形成世俗化性格的原因是什么？如上文所述，世俗化的性格主要孕育于觉民行道的民间化落实，而民间化的落实是在16世纪中国文化、社会大变动的背景下展开的，阳明学派的"觉民行道"也本身就是这一社会大变动的一个部分。因此，民间化的社会取向也就成为世俗化性格得以形成的必要社会条件。对此，余英时先生试图从当时社会变动的力量来解释明代中晚期儒学转向民间化的必要性：

> 15、16世纪儒学的移形转步是一个十分复杂的历史现象。大体言之，这是儒学的内在动力和社会、政治的变动交互影响的结果。以外缘的影响而论，特别值得注意的是"弃儒就贾"的社会运动和专制皇权恶化所造成

---

[1] 颜钧：《心字吟》，《颜钧集》，北京：中国社会科学出版社，1996年版，第69—70页。

的政治僵局。这二者又是互相联系的：前者以财富拓展了民间社会，因而儒家的社会活动创造了新的条件；后者则堵塞了儒家欲凭借朝廷以改革政治的旧途径。这两种力量，一迎一拒，儒学的转向遂成定局。[1]

儒学民间化的转向主要来自社会与政治两个层面的推动力。社会方面表现在阶层的变化，当时士与商的互动中，士大夫的商人化成为广泛存在的社会现象。这就意味着在士大夫商人化的同时，一方面为士大夫开辟了民间社会的生存空间；另一方面在此生存空间之下新的价值追求也就呼之欲出。这为儒学转向民间社会提供了条件。因此，社会阶层的融合与变化，使得民间化的诉求不仅仅成为士大夫阶层生存方式的表达，更是当时士大夫价值观念的重要体现。

除此之外，明代政治生态的严峻本身成为推动士大夫商人化的外缘力量。因为，明代社会阶层中最直接受到政治专制集权的压迫与摧残的就是士大夫，这也导致明初理学家少有政治关怀的施展，如吴与弼、陈献章虽得荐举而不仕，即便是出仕也是稍出即归，始终不愿如宋儒一样施展政治抱负，参与政治活动。所以，在明初就有士人将目光转向民间社会，而不在朝廷君主。如方孝孺就将教化天下的希望寄托于民间的族制组织形式上，他说："士有无位而可以化天下者，睦族是也。"[2]可见，在政治集权与专制的高压下，士人的生存空间受到了极大

1　余英时：《现代儒学的回顾与展望》，北京：生活·读书·新知三联书店，2004年版，第189页。

2　方孝孺：《方孝孺宋氏世谱序》，《宋濂全集》第一册，杭州：浙江古籍出版社，2014年版，第2851页。

的压缩，这也为转向民间社会提供了可能。但值得注意的是，虽然早在明初，就已经将"化"天下的目光转向民间社会，但儒家之教真正地民间日用伦常化，是在形成士商互动的明代中晚期社会中，由阳明致良知教的展开才得以实现，即让民众在获得个体道德自觉的同时完成教化之道的民间化落实。总体而言，明代社会的士商互动与政治的集权专制交互影响，共同成为儒学转向民间化的重要推动力。

觉民行道的民间化落实作为世俗化性格赖以生存的土壤，无疑有其特定的社会、政治条件，但背景性的因素都是助缘，作为阳明及其弟子所共同遵行的讲学宗旨，致良知教的价值取向以及弟子门人的践履方向，才是心学教化世俗化性格形成的内因。在阳明学派的发展中，世俗化的性格主要集中体现在泰州学派"百姓日用即道"的思想主张，从王心斋到颜山农、何心隐、罗近溪等人无不在此宗旨下进行讲学实践，如王心斋说"百姓日用条理处，即是圣人之条理处。圣人知，便不失；百姓不知，便为失"[1]，又如罗近溪言"捧茶童子却是道也"[2]，都表达出"道"的伦常日用化，并以此伦常日用作为评判圣人之道德价值标准。在此意义上，不论是天理良知还是圣人之道，都内在于人伦生活，并且不离开"百姓日用"。泰州学派之所以如此重视"百姓日用即道"的价值追求，与其"现成良知"的主张不无关系：

或问"天理""良知"之学，同乎？曰："同。"曰："有异乎？"曰："无异也。""天理"者，天然自有之理

1　王艮：《语录》，《王心斋全集》，南京：江苏教育出版社，2001年版，第10页。
2　黄宗羲：《泰州学派》，《明儒学案》，北京：中华书局，1985年版，第773页。

也，"良知"者，不虑而知，不学而能者也。惟其不虑而知，不学而能，所以为天然自有之理；惟其天然自有之理，所以不虑而知，不学而能也。[1]

有学者问"放心难于求"，先生呼之即起而应。先生曰："尔心见在，更何求心乎？"[2]

王心斋将"天理"定义为"天然自有之理"，是落在"不虑而知，不学而能"上讲，意在揭示良知现成存在的根源，在他看来，天理、良知人人本有而自然显现，一旦良知当下现成存在，人人便可当下承担、具足天理、良知。而在点化弟子学人的过程中，更是以此现成的感应知觉之心来言天理、良知的道德"本心"。因此，在现成化的存在中，良知成为"无间于圣愚，天下古今之所同也"[3]的人人真面目，并且在人伦日用之间就可以当下致良知，当下成圣成贤。在此意义上，天理、良知的自然明觉化也就使得作为个体存在的大众，在日用伦常中具足圣人之道，而在将"道""百姓日用"化的同时，也就意味着"百姓日用"本身就是"道"的显现。这无疑是以良知现成化的方式完成对"觉民教化"的进一步落实，即当"百姓日用"本身即是"道"时，也就使得儒家士大夫所行之道彻底在民间大众生根发芽，并且获得更为普遍性的意义。这是泰州学派在价值取向上所表现出的世俗化性格特点。

---

1 王艮：《天理良知说》，《王心斋全集》，南京：江苏教育出版社，2001年版，第31页。
2 王艮：《语录》，《王心斋全集》，南京：江苏教育出版社，2001年版，第17—18页。
3 王守仁：《答聂文蔚》，《王阳明全集》，上海：上海古籍出版社，2011年版，第90页。

心学教化的世俗化性格虽然在泰州学派"百姓日用即道"的价值取向上集中地表达，但这一性格特点形成的深层原因，则与阳明致良知教在"觉民行道"之路上的落实与拓展有密切关联。阳明的"致良知"是在本体与主体同一的原则之下，实现道德理性（天理、良知）的个体化与人生实践化。这也表明"良知主要是以'是非之心'以及'随时知是知非'的方式落实于每一个愚夫愚妇心头，落实于其日常生活的是是非非之中了。所以说，儒家的道德理性与个体精神也只有到王阳明哲学中才真正成熟起来；而对儒家的道德理性而言，这也是一种真正的人生落实与实践性的推进"[1]。由此意义看，阳明在主体与本体同一原则上对道德理性的落实，不仅开辟了一条"觉民行道"之路，也在行道的价值取向上，为泰州学派从"百姓日用即道"的角度进一步落实致良知教的教化觉民提供了内在根据。这也成为阳明心学在觉民教化之路上整体性呈现出世俗化性格的原因所在。

第二节　阳明学派教化之道的逻辑转进

阳明确立致良知的讲学宗旨，转而将"行道"事业诉诸民间大众，由此开启明代中晚期阳明学派的觉民教化之路。阳明弟子门人众多，虽然在觉民教化的道德实践中共宗致良知教，却因个体的差异性，导致弟子门人在致良知教的理解上有不同的体证，正如黄宗羲在《姚江学案》中指出："然'致良知'

---

1 丁为祥：《从"得君行道"到"觉民行道"——阳明"良知学"对道德理性的落实与推进》，《学术月刊》，2017年第5期，第38页。

一语言，发自晚年，未及与学者深究其旨，后来门下各以意见掺和，说玄说妙，几同射覆，非复立言之本意。"[1]如果从阳明学派的发展及诸多弟子的学说主张来看，阳明"觉民行道"的教化理想最终在王艮的泰州学派得以充分拓展，并且使得阳明学"风行天下"。在此意义上可以说，从王阳明到王艮的思想转进与发展，展现了一条阳明学派教化之道何以落实与推进的演进脉络。但致良知教作为觉民行道的具体落实，其意义生成是由整个阳明学派所共同构筑完成的。不论是以王龙溪为代表的浙中学派从"良知见在"的角度承接、发展阳明"个个人心有仲尼"，还是以聂双江为代表的江右学派纠偏良知的自然明觉化，都在此教化之道展开过程中发挥了承上启下的作用。因此，阳明后学的不同思想主张与实践构成了阳明教化之道的具体转进与落实，并在互绌互补中实现了对致良知教的发展。所以，从阳明及其后学思想的整体性进展中聚焦阳明学派教化之道的逻辑转进，也就成为我们把握致良知教作为一种觉民教化之道的必要环节。[2]

一 从阳明到龙溪：见在化的落实

如果说，阳明的致良知教开辟了一条"觉民行道"之路，那么阳明后学从不同层面对"觉民行道"的落实与推进，也就

---

1 黄宗羲：《姚江学案》，《明儒学案》，北京：中华书局，2013年版，第178页。
2 学界对阳明后学的整体性研究，著作颇丰，新意叠出。代表性的著作有，冈田武彦：《王阳明与明末儒学》，吴光、钱明、屠承先译，上海：上海古籍出版社，2000年版；牟宗三：《从陆象山到刘蕺山》，台北：台湾学生书局，1979年版；吴震：《阳明后学研究》，上海：上海人民出版社，2003年版；彭国翔：《良知学的展开：王龙溪与中晚明的阳明学》（增订版），北京：生活·读书·新知三联书店，2015年版；王文琦：《从见在到现成——阳明良知教的演变》，2016年陕西师范大学博士论文。

构成了阳明学派教化之道的具体展开。而对于如何从王门后学的不同思想主张中梳理出阳明心学教化之道的内在理路，也就不得不从承接阳明致良知教之思想转进的角度出发。在王门后学中，王龙溪无疑是核心人物，其"核心"就表现在他不仅与钱德洪作为王门两大"教授师"亲炙阳明多年，并在天泉桥证道中以其先天正心之学，区别于同为浙中王门钱德洪的渐修工夫，还以其见在良知说与江右学派、泰州学派相区别。可见，这些联系与区别都围绕王龙溪而展开，王龙溪的思想主张也因此成为联结阳明与王门后学之间的重要结点，正如黄宗羲所言："象山之后不能无慈湖，文成之后不能无龙溪，以为学术之盛衰因之。"[1] 在此意义上，阳明学派教化之道的展开与落实，首先就表现在从王阳明到王龙溪的思想转进之中。

阳明致良知教所开启的"觉民行道"之路，不仅构成了两宋理学与明代理学重要的差异性特征，还真正实现了儒家传统教化民众的价值追求。所以说，"觉民行道"作为致良知教最显著的特色，其意义就在于觉民以教化。而觉民教化之所以能够形成风行天下的社会思潮，就在于阳明致良知教本身的内在价值取向。阳明在龙场大悟"圣人之道，吾性自足"，由此明确天理本为人心所有，无须外求的方向；同时也将主体道德实践的成德进路落实于"吾性自足"。所以说，阳明在龙场悟得"心即理"的重要原则就是主体与本体的同一。这也成为致良知教的内在原则，阳明晚年总括而言：

　　吾"良知"二字，自龙场已后，便不出此意，只是

1　黄宗羲：《浙中王门学案二》，《明儒学案》，北京：中华书局，1985 年版，第239 页。

点此二字不出，于学者言，费却多少辞说。[1]

　　若鄙人所谓致知格物者，致吾心之良知于事事物物
也。吾心之良知，即所谓天理也。[2]

龙场所悟"格物致知之旨"已经基本不离"良知"之义，而一
旦拈出良知说，便可重新解读龙场大悟之旨。阳明强调格物致
知的根据在于"吾心之良知，即所谓天理也"，这也就意味着
天理本体是内在于人的本心本性，并由人之心性主体挺立天理
道德本体，而在此过程之中，也就是"致吾心之良知于事事物
物"，由此实现在道德实践中的成己成物，挺立道德人格。

　　此外，作为天理本体的良知，就表现在人的道德情感中，
它既是个随时知是知非的"是非之心"，也是好善恶恶的"羞
恶之心"。

　　良知者，孟子所谓"是非之心，人皆有之"者也。
是非之心，不待虑而知，不待学而能，是故谓之良知。
是乃天命之性，吾心之本体，自然灵昭明觉者也。凡意
念之发，吾心之良知无有不自知者，其善欤，惟吾心之
良知自知之；其不善欤，亦惟吾心之良知自知之；是皆
无所与于他人者也。[3]

1　钱德洪编：《刻文录序说》，《王阳明全集》，上海：上海古籍出版社，2011 年
　　版，第 1747 页。
2　王守仁：《答顾东桥书》，《王阳明全集》，上海：上海古籍出版社，2011 年
　　版，第 51 页。
3　王守仁：《大学问》，《王阳明全集》，上海：上海古籍出版社，2011 年版，第
　　1070 页。

作为是非之心与羞恶之心的良知，对心之所发的意念有照察能力：心存善念，良知自然知之，并由此扩充之；若是心存恶念，良知也自然知之，并会由此克治。换言之，良知是具有自我道德是非判断与照察克治的能力，而这样一种能力的根据就在于"是乃天命之性，吾心之本体，自然灵昭明觉者也"。

在此意义上，我们可以说，一方面良知是"性无不善，知无不良"的道德本心，另一方面良知又是"随时知是知非"的道德判断，二者互为内在根据，在主体与本体同一的原则上表现出良知的发用流行。而当这样一种形态的良知，成为人人本有，无间于圣愚的存在时，良知也就以随时知是知非、好善恶恶的方式成为每一个个体的自家准则或定盘针，这也就为觉民行道之"民"如何获得道德自觉之根据提供了可能。也就是说，阳明以"个个人心有仲尼"的方式赋予了人人皆可成圣成贤的可能。这也是致良知教之所以能够真正实现觉民行道的原因所在。所以，阳明在提出致良知后，对觉民以教化天下的希冀有明确的表达："仆诚赖天之灵，偶有见于良知之学，以为必由此而后天下可得而治。是以每念斯民之陷溺，则为之戚然痛心，忘其身之不肖，而思以此救之，亦不自知其量者。"[1]由此可见，致良知教所集中表达的"觉民行道"，作为阳明学派教化之道的肇始与宗旨，无疑是在主体与本体同一的原则下展开，这也是整个阳明学派之所以会形成自觉觉他的群体性道德实践的原因所在。因此，从王门后学而言，对阳明致良知教的承接与觉民行道的落实，也就无不从此发端。这也成为阳明留

1　王守仁：《答聂文蔚》，《王阳明全集》，上海：上海古籍出版社，2011年版，第90页。

给王门后学的"家法"。

从承接阳明致良知教之思想转进的角度来看，王门后学的分化是直接从"四句教"出发的，但究其根本，则是对阳明主体与本体同一原则的不同侧重及其方向的展开。王龙溪就是从本体内含于绝对主体的角度出发，以先天心体上立根进而实现主体性的一念灵明。而其先天心体上立根主要就表现在《天泉证道纪》中对天泉桥证道的记录：

> 阳明夫子之学，以良知为宗，每与门人论学，提四句为教法："无善无恶心之体，有善有恶意之动，知善知恶是良知，为善去恶是格物。"学者循此用功，各有所得。绪山钱子谓："此是师门教人定本，一毫不可更易。"先生谓："夫子立教随时，谓之权法，未可执定。体用显微只是一机，心意知物只是一事，若悟得心是无善无恶之心，意即是无善无恶之意，知即是无善无恶之知，物即是无善无恶之物。盖无心之心则藏密，无意之意则应圆，无知之知则体寂，无物之物则用神。天命之性，粹然至善，神感神应，其机自不容已，无善可名。恶固可本无，善亦不可得而有也。是谓无善无恶。若有善有恶，则意动于物，非自然之流行，着于有矣。自性流行者，动而无动，着于有者，动而动也。意是心之所发，若是有善有恶之意，则知与物一齐皆有，心亦不可谓之无矣。"[1]

从王龙溪对天泉桥证道的回忆来看，其中已经包含着一种对阳

---

1 王畿：《天泉证道纪》，《王畿集》，南京：凤凰出版社，2007年版，第1—2页。

明四句教再诠释的新的为学方向，即四无说。就王龙溪四无说的逻辑展开而言，主要建立在"无善无恶心之体"的基础之上，即作为本体的先天心体。因为从体用一源、显微无著的关系来看，心体的无善无恶能够贯穿于整个心、意、知、物之发用过程之中，使得意、知、物也都表现出无善无恶的相状，在此意义上，在先天心体上的立根也就成为最有效、最简捷的致良知工夫。正如彭国翔先生所评："龙溪先天正心之学的提出，是要使工夫的实践方式，由后天意识的澄治，转换为先天心体的把握。在龙溪看来，心体不仅是有善有恶的经验意识形成之后的评价与规范机制，更是在确定的意识形成之前的指导与发动机制。能在心体上立根，工夫便落实到了最为根本之处。"[1]所以说，王龙溪的四无说不仅从即体即用的角度开启了在先天心体上立根之路；也由此路径上指点出上根之人的入圣之机。

在此基础上，王龙溪力辩先天之学与后天之学的区别：

> 吾人一切世情嗜欲，皆从意生。心本至善，动于意，始有不善。若能在先天心体上立根，则意所动自无不善，一切世情嗜欲自无所容，致知功夫自然简易省力，所谓后天而奉天时也。若在后天动意上立根，未免有世情嗜欲之杂，才落牵缠，便费斩截，致知工夫转觉繁难，欲复先天心体，便有许多费力处。颜子有不善未尝不知，知之未尝复行，便是先天易简之学，原宪克伐怨欲不行，

1　彭国翔：《良知学的展开：王龙溪与中晚明的阳明学》（增订版），北京：生活·读书·新知三联书店，2015年版，第100页。

便是后天繁难之学。不可不辨也。[1]

可见，王龙溪对先天之学与后天之学的主要区别在于人之根器、资质的差异性，即上根之人与中根以下之人在道德实践的工夫进路上有所不同，前者是就先天心体上立根，而后者则在动意上立根，工夫入手之处不同，也就决定了致良知工夫进境的差异。所以，王龙溪力辩此二者的区别，意在强调先天正心之学作为成德工夫的优先性。

如果说王龙溪将作为本体的先天心体内含于绝对的主体，是基于阳明"良知即天理"及其主体与本体同一原则的出发角度，那么，钱德洪在天泉桥证道中对其的批评，就成为王龙溪由先天心体的立根处走向良知见在的关键一环。当王龙溪提出四无说时，钱德洪就意识到"心体是天命之性，原是无善无恶的。但人有习心，意念上见有善恶在，格、致、诚、正、修，此正是复那性体功夫。若原无善恶，功夫亦不消说矣"[2]。也就是说，钱德洪清醒地看到王龙溪的先天正心之学有脱略工夫与日常人伦实践之嫌。而王龙溪对此问题的解决就走向了"一念灵明"的良知见在之路：

> 千古圣学只从一念灵明识取。只此便是入圣真脉路。当下保此一念灵明，便是学，以此触发感通，便是教。随事不昧此一念灵明，谓之格物；不欺此一念灵明，谓之诚意；一念廓然，无有一毫固必至私，谓之正心。直造先天

1　王畿：《三山丽泽录》，《王畿集》，南京：凤凰出版社，2007年版，第10页。
2　王守仁：《语录》三，《王阳明全集》，上海：上海古籍出版社，2011年版，第133页。

羲皇，更无别路。此是易简直截根源，知此谓之知道，见此谓之见《易》，千圣之密藏也。诸友勉乎哉！[1]

王龙溪将"一念灵明"视为千古圣学的入圣之机，其原因就在于他基于体用、寂感、本体工夫、未发已发整体一贯的关系模式，认为一念觉，便使得此念回归良知心体，心体立根的工夫当下就可以展开，而念念之觉其根据就在于此先天心体。可见，王龙溪在这里以"一念灵明"为入圣之机要工夫，其实质就是在主体性的推进中专门以先天心体立根，而良知心体的主宰性也就随着其"灵明"遍在化于人生的方方面面。在工夫的具体落实中，就表现为良知见在[2]，即一方面良知作为先天心体，人人本有，无间于圣愚，作为成圣、致良知的根据所在，而另一方面，良知随着"灵明"也就可以随时呈现，且当下具足，不论是见父自然知孝还是见兄自然知悌，遍在化于日常人伦之中。如孙蒙泉所讲："心以良知为体，而意与物皆有用，更分不得。故学者之功，只一个良知见在便了。既不昏昧，又不放逸，惺惺然，不加不减，常做得主宰，此之谓'致'，此之谓'见在如此'。"[3]所以说，王龙溪以"一念灵明"作为入圣工夫，无疑是一种即本体即工夫的见在化落实。

从王阳明"心即理"的主体与本体同一的原则，到王龙溪

1　王畿：《水西别言》，《王畿集》，南京：凤凰出版社，2007年版，第451页。

2　关于"良知见在"问题，请参见林月惠：《良知学的转折：聂双江与罗念庵思想之研究》，台北：台湾大学出版中心，2005年版，第499—513页。彭国翔：《良知学的展开：王龙溪与中晚明的阳明学》(增订版)，北京：生活·读书·新知三联书店，2015年版，第65页。

3　孙蒙泉：《忆言上》，《燕诒录》卷一，《四库全书存目丛书·集部》第90册，第538页。

从内含本体于主体的绝对主体出发，王龙溪将致良知教从"千古圣学只从一念灵明识取"的角度进行了见在化的落实。这一思想转进中，不难看出，良知见在说在阳明那里是完全可以成立的，因为阳明曾明确讲："良知只是一个，随他发见流行处当下具足，更无去求，不须假借。"[1]而良知能够随时发见流行中当下具足，其根据就在于"性无不善，故知无不良"[2]。如果说，阳明所讲良知见在具足，从四句教的"一无三有"来看，是在坚定个体成圣成贤信心的基础上，指点出自家心体上用功的成德之路，那么，王龙溪的良知见在说则是从"四无"出发，沿着这一主体性的方向，以其高超的领悟思辨力而对先天心体进行直接性的洞悉。这也就使得在确保先天心体在主体中绝对化的同时，必须求之于"灵明"与"见在"。所以，阳明所言"良知见在"，是以良知之体来确保良知之发用流行，王龙溪则在四无说的为学进路上因过分高扬主体性，而使得良知走向了依靠"一念灵明"的见在化。这也意味着王龙溪在对阳明致良知教见在化落实的同时，也为泰州学派以良知现成走向自然明觉化提供了可能。

二　从龙溪到泰州：现成化的拓展

阳明"觉民行道"的教化理想最终在泰州学派得以充分地拓展，并且使得阳明学在此意义上"风行天下"。而王龙溪与王心斋同为阳明门下两大巨子，却在对阳明致良知教的承接上

1　王守仁：《答聂文蔚》，《王阳明全集》，上海：上海古籍出版社，2011年版，第96页。

2　王守仁：《答陆原静书》，《王阳明全集》，上海：上海古籍出版社，2011年版，第71页。

表现出"先后"的递进与演化关系。所谓"先后"并非时间意义上的齿序或是追随阳明的年限，而是在思想脉络上有起承转合处的递进关系，这也就表现为从王阳明到王龙溪，再到王心斋思想的逻辑转进历程。之所以如此说，其根据就在于王心斋所讲的现成良知是对王龙溪见在良知的进一步拓展。

就此根据而言，首先涉及的便是见在良知与现成良知的关系问题。一般意义上，人们通常将此二者相等同，可以说从见在良知自然能够推导出良知现成，或者说现成化的存在是良知心体在实践活动中完整性的体现，正如江右学派在对王龙溪的批评中，也是从其二者的相通性上指谓龙溪之弊："良知非万死工夫断不能生也。不是现成可得，今人误把良知作现成看，不知下致良知工夫，奔放驰逐。"[1]但王龙溪对其自身学问的定位则有明确认识，即以"见在"而论，不论"现成"，如在《致知议辩》中："此原是人人见在具足、不犯做手本领工夫，人之可以为尧舜，小人之可使为君子，舍此更无从入之路、可变之几。"[2]如果从致良知教在王门后学的逻辑展开而言，"见在"与"现成"之间确实存在思想递进的差异性关联，即王心斋现成良知对王龙溪见在良知的拓展，更进一步追问，就是良知见在如何必然走向良知现成。

王龙溪的"见在良知"虽然从其主体性出发，加之在先天心体上立根，以此确保"性无不善，故知无不良"。但由于王龙溪坚持"当下保此一念灵明，便是学，以此触发感通，便是

1　罗念庵：《松原志晤》，《罗洪先集》，南京：凤凰出版社，2007年版，第696页。

2　王畿：《致知议辩》，《王畿集》，南京：凤凰出版社，2007年版，第133—134页。

第三章 觉民教化：行道实践与内外困境

教"[1]，当全然以"灵明"的方式将良知引向"见在"时，"见在"的特性就主要表现在日常感性经验的知觉运动中。这也就使得在日常感性经验的知觉活动中难以确保"见在"的都是良知心体。如果说这是王龙溪在以"一念灵明"实现心、意、知、物无善无恶的过程中，难免存在的潜在危险，那么，以王心斋为代表的泰州学派，则直接从此感性经验的自然知觉活动正面肯认良知，并由此展开良知的现成化拓展。

> 有学者问"放心难于求"，先生呼之即起而应。先生曰："尔心见在，更何求心乎？"[2]
> 只心有所向便是欲，有所见便是妄；既无所向又无所见，便是无极而太极。良知一点分分明明，亭亭当当，不用安排思索，圣人之所以经纶变化而位育参赞者，皆本诸此也。[3]

可见，王心斋的"尔心见在，更何求心乎"，是从感性经验的感应知觉活动层面指点良知心体，并且认为在此意义上的良知是"分分明明，亭亭当当，不用安排思索"，即良知自然现成的当下显现。正如其子王东崖所讲："才提起一个学字，却似便要起几层意思，不知原无一物，原自现成，顺明觉自然之应而已。自朝至暮，动作施为，何者非道？更要如何，便是与

---

1 王畿：《水西别言》，《王畿集》，南京：凤凰出版社，2007年版，第451页。
2 王艮：《语录》，《王心斋全集》，南京：江苏教育出版社，2001年版，第17—18页。
3 王艮：《与俞纯夫》，《王心斋全集》，南京：江苏教育出版社，2001年版，第43页。

蛇画足。"[1] 显然，从工夫转觉烦难的角度取消"学"的必要性时，良知也就只能以"明觉自然"为旨归。

如果说，王龙溪在"一念灵明"的见在化中，"明觉自然"是依据良知的见在而言，那么，王心斋以"不用安排思索"来表现良知"分分明明，亭亭当当"，而此时的良知本心也就只能是现成的感应知觉之心，这也就意味着，王心斋的良知现成状态是以自然感应知觉代替良知作为先天性体的结果，即由自然明觉化而实现良知的现成存在。所谓自然明觉化，就是指依据人的感应知觉把握良知心体，最终实现感应知觉与良知不二的境地。因此，将见在良知加以自然明觉化后，所呈现的也就只能是自然感应知觉的现成存在，而这也成为王心斋从"顺明觉自然之应"角度实现的对王龙溪见在良知的现成化拓展。究其实质，这一拓展虽然是现成化的体现，却是通过自然明觉化来实现的。

但在自然明觉化的同时，人性的内在根据也就不再必然是至善之性，而成为一种自然天性。这也就意味着王心斋的自然明觉化，是将人性的内在根据由道德善性扭转为自然天性。这已然不同于王龙溪良知见在的明觉自然，因为王龙溪的良知见在是以至善的先天性体作为良知存在的本体根据，并通过即体即用，即本体即工夫的方式指向发用层的见在，如此一来，明觉自然的良知见在，就是至善心体在随时知是知非的发用显现。但王心斋已经在自然明觉化中将道德至善之性消解为自然天性，虽然他也认同良知作为先天善性的存在，但在自然明觉

1　王襞：《语录遗略》,《王心斋全集》，南京：江苏教育出版社，2001 年版，第 214 页。

化中将本体落在"现成"层面，而工夫也就自然是只在"现成"上用功。这使得良知本身在自然明觉中得以现成化，即"分分明明，亭亭当当，不用安排思索"。如此现成良知，也就成为王心斋对王龙溪见在良知的现成化拓展。可见，王龙溪的"见在良知"虽然包含着走向"良知现成"的可能性，却不具有必然性，并且也不同于自然明觉的现成化存在。这也成为从王龙溪到王心斋、从"见在良知"到"现成良知"的分水岭。

对于以王心斋为代表的泰州学派而言，"良知"的自然明觉化，也就意味着将人人皆可成圣的根据落在感性知觉的自然天性基础上。

> 往年有一友问心斋先生："如何是无思而无不通？"先生呼其仆，即应；命之取茶，即捧茶至。其友复问。先生曰："才此仆未尝先有期，我呼他的心，我一呼之便应，这便是无思无不通。"是友曰："如此则满天下都是圣人了？"先生曰："却是日用而不知，有时懒困着了，或作诈不应，便不是此时的心。"[1]

在这里，"无思而无不通"是就道德本心的基础上说不作思索安排方可通达。反向来说就是以思本身达到不思，以起念本身达到不起念，意在强调道德本心的无执着本体相。显然，"呼之即应"作为一种感性知觉活动，虽然也表现为无思之应，却

---

[1]　王士纬：《心斋先生学谱》，《王心斋全集》，南京：江苏教育出版社，2001年版，第91页。

不同于良知的"无思而通"。而王心斋之所如此理解，无疑是把道德良知自然明觉化的结果。自然也就将良知之"无思"解释为对其仆的"呼之即应"。值得注意的是，对话中的友人似乎已经发现以"呼之即应"来解释"无思而无不通"问题，即："如此则满天下都是圣人了？"也就是说，在友人看来，感性的自然知觉活动中使得人人可以"呼之即应"，更有甚者可以呼之马则马应，呼之牛则牛应，从感性的自然知觉的层面上看并无人禽之别。当然，王心斋对此的解释则拉回到了百姓的人伦日用之中，所谓"却是日用而不知，有时懒困了，或作诈不应"，就是说"百姓日用"本身就是"道"或"心"的表现，而之所以不知只是"懒困"或是"作诈"之故。在此意义上，"良知"或是"道"的自然明觉化，使得其进一步下落、遍在化为百姓日用本身，即"百姓日用即道"。

> "天理"者，天然自有之理也，才欲安排如何，便是"人欲"。[1]
>
> 百姓日用条理处，即是圣人之条理处。圣人知，便不失；百姓不知，便会失。[2]
>
> 此学是愚夫愚妇能知能行者，圣人之道不过欲人皆知皆行，即是位天地育万物把柄，不知此，纵说得真，却不过一节之善耳。[3]

可见，王心斋将良知"自然明觉"化与将道"百姓日用"化

1　王艮：《语录》，《王心斋全集》，南京：江苏教育出版社，2001年版，第10页。
2　王艮：《语录》，《王心斋全集》，南京：江苏教育出版社，2001年版，第10页。
3　王艮：《王心斋年谱》，《王心斋全集》，南京：江苏教育出版社，2001年版，第76页。

如出一辙，也就是说，道在"百姓日用"化的同时，"百姓日用"也就是"道"本身。如果从正面意义来看，王心斋无非是想通过"百姓日用"来体会"道"，从而推动百姓在人伦日用中进入"呼之即应"的良知照察状态。这无疑是王心斋从良知现成化的层面，对阳明的"良知之在人心，无间于圣愚"与王龙溪的"一念灵明，无内外，无寂感"的进一步落实。这也就体现在后来李卓吾所表达的"穿衣吃饭，即是人伦物理，除却穿衣吃饭，无伦物矣"[1]。因此，王心斋从自然明觉化与人伦日用化两个维度将良知由"见在"拓展至"现成"。

三　从见在到现成：觉民教化走向

阳明所开辟的觉民行道之路是由整个阳明学派所共同实践落实的。而在逐步实现觉民教化的过程中，从王阳明到王龙溪，再到王心斋的学理承接与推进，本身就是对觉民行道的层层转进与落实，这也就构成了阳明学派觉民教化的内在走向。所以，当我们明晰阳明学派教化之道的学理推进与演化之后（本节的第一、二目），再来看觉民教化的内在走向，也就显得鞭辟入里。

教化万民可以说是传统儒家士大夫一贯的精神追求，自周公而始，以制礼作乐的方式实现德性的政治教化。至孔子转而为君子人格的教育：对于为政者而言，孔子强调："政者，正也。子帅以正，孰敢不正？"（《论语·颜渊》）"孔子以四教：文，行，忠，信。绝四：毋意，毋必，毋固，毋我。"（《史记·孔子世家》）可见，个体德性之塑造与成就的根基，成为

1　李贽：《答邓石阳》，《焚书·续焚书》，北京：中华书局，2009年版，第4页。

为政与为人之不同层面的共同底线。而这一德性的底线也就成为后世儒家士大夫，不论是身居庙堂之高，还是地处江湖之远所共同坚守的行道之准则。所以，就宋明儒学整体的价值取向而言，不论是宋代二程、朱熹、陆象山等人的"得君行道"诉求，还是阳明及其弟子门人的"得君行道"落实，都不离以德性教化万民的价值追求。那么，阳明在实现教化万民的关怀下，使其真正得以落实万民教化的突破点是什么？

这就不得不从其"觉民行道"之"觉"字言，因为只有"觉"的实现才是民之教化的实现。在此意义上，阳明不仅强调"圣人之道，吾性自足"的内在主体性是个体成圣之根据，并且由此发出"是非之心，不虑而知，不学而能，所谓良知也。良知之在人心，无间于圣愚，天下古今之所同也"[1]，这也就意味着阳明从良知人人内在本有的个体平等性出发，将圣愚之别扭转为德性之差别，而非由士大夫阶层的知识属性所决定。因为，"一旦圣人剔除了知性的因素，成为单纯德性的化身，通向圣贤境界的大门自然会立刻向所有人敞开，知识阶层（传统士大夫阶层）在'学圣'的道路上也就和农工商贾处在同一条起跑线上了"[2]。所以，阳明不仅在精金喻圣中直言，"故虽凡人，而肯为学，使此心纯乎天理，则亦可为圣人，犹一两之金，比之万镒，分两虽悬绝，而其到足色处可以无愧。故曰'人皆可以为尧舜'者此"[3]，还在为商人写《墓表》的

1　王守仁：《答聂文蔚》，《王阳明全集》，上海：上海古籍出版社，2011年版，第90页。
2　彭国翔：《良知学的展开：王龙溪与中晚明的阳明学》（增订版），北京：生活·读书·新知三联书店，2015年版，第505页。
3　王守仁：《语录》一，《王阳明全集》，上海：上海古籍出版社，2011年版，第31—32页。

同时说出了"四民异业而同道"[1]这样惊人的话。可见，阳明
是从人之为人的平等性出发肯定人皆可以为尧舜，即从人之本
心本性的角度找到了民之所"觉"的内在根据，使得觉民成
为可能，正如黄宗羲对阳明的表彰："自姚江指点出良知，人
人现在，一返观而自得，便人人有个作圣之路。故无姚江，则
古来之学脉绝矣。"[2]从良知人人见在而具足的角度看，阳明致
良知教的重大意义就在于为每一个个体指出了一条有效的作圣
之路。

　　如果说阳明致良知教为个体道德意识的自觉成圣，提供了
人性的内在根据，使得觉民成为可能，那么王龙溪的"见在良
知"则进一步从主体性推进，专门在先天心体上立根，而良知
心体的主宰性也就随着其主体的"灵明"遍在化于人生的方方
面面。所以，王龙溪在以高超的领悟思辨力对先天心体进行直
接性的洞悉时，也就使其在确保先天心体在主体中绝对化的同
时，必须求之于"灵明"与"见在"。在此意义上，"一念灵
明"就成为千年圣学的入圣之机，而个体的成圣成贤也就诉诸
"当下保此一念灵明，便是学，以此触发感通，便是教"，所以
在王龙溪看来，儒家士大夫已经不仅仅是与士、农、工、商在
人之为人层面的平等，而是全然将"儒"之身份与价值追求诉
诸能否保此"一念灵明"。王龙溪在同样一篇为商人所作的序
中写道：

　　　　世有沾沾挟册，猥云经史之儒，而中无特操。甚或

1　王守仁：《节庵方公墓表》，《王阳明全集》，上海：上海古籍出版社，2011年
　　版，第1036页。
2　黄宗羲：《姚江学案》，《明儒学案》，北京：中华书局，1985年版，第178页。

> 窃饲饤以媒青紫，及践膴华，辄乾没于铢两，举生平而
> 弁髦之，谓经术何？卒使士人以此相诋訾，耻吾儒之无
> 当于实用，而却走不前矣。夫其人之不敢步跬儒也，岂
> 诚儒足耻！亦谓心不纯夫儒耳。乃若迹与赢牟息者伍，
> 而其心矕然不溜于出入，不悖于人伦，若南山黄君，斯
> 非赤帜夫儒林者耶？[1]

在见在良知的基础上，王龙溪认为"儒"已经不仅仅是某一特
定阶层的身份属性，而是一种精神价值的凝结，而能否实现
"儒"之为"儒"的精神追求就在于"心"能否保此"一念灵
明"。这也就意味着从见在良知出发，王龙溪将觉民之"觉"
落实为"一念灵明"之觉，这在王龙溪看来，不仅是更为直
截、彻底的简易成圣工夫，还为民之所"觉"提供了更为普遍
性的意义。所以，他批评"世有沾沾挟册"的"经史之儒"，
更有甚者，诸如"窃饲饤以媒青紫，及践膴华，辄乾没于铢
两"的牟利之徒已非真正的儒者。而像南山黄君这样的人，持
守住自己的意念灵明，"其心矕然不溜于出入，不悖于人伦"，
其精神追求已经是能够"赤帜夫儒林者"。可以说，王龙溪对
阳明致良知教的见在化落实，将人人成圣成贤诉诸"一念灵
明"的同时，也让觉民教化进一步落实到了现实性的层面。

而王龙溪在将阳明致良知教见在化落实的同时，也为王心
斋将"道"等同于"百姓日用"的自然明觉化提供了可能。因
为，从"一念灵明"的角度进一步发展，则必然会沿着人的自

1　王畿：《赠南山黄君归休序》，《王畿集》，南京：凤凰出版社，2007年版，第
372页。

然感性知觉拓展于现实生活的方方面面，而当良知在现成的层面遍在化于百姓日用时，也就将百姓日用纳入了良知的统摄范围。这无疑是泰州学派觉民行道所努力的方向。这就将教化之道从现成化的层面加以落实，而使得教化之道完全落在百姓日用之间。

王心斋"百姓日用即道"思想的形成，可以说是从阳明提出"异业而同道"而肯定士大夫与士农工商的平等地位，到王龙溪从见在良知的角度将"道"贯注于"一念明觉"的个体人生领域，由此明确儒之为儒的价值取向。王心斋则沿此方向专门在"自然明觉"上立根，将"人性""自然明觉"化的同时也将"道""百姓日用"化，这也就意味着一方面以"自然明觉"为"道德良知"来统摄人生，另一方面以"百姓日用"本身就是"道"的体现。所以说，从王阳明到王心斋的思想转进中，已经包含着"百姓日用即道"的指向。但值得注意的是，这并不意味着，阳明与龙溪就已经全然将"道"等同于"百姓日用"，因为在他们那里，纵使阳明讲"良知之在人心，无间于圣愚"，龙溪讲"纵横自在，头头显明"，也并不脱离"性无不善，故知无不良"的至善道德本性。也就是说，阳明与龙溪对"百姓日用即道"的肯定是从"道一分殊"的角度言，而王心斋则从知觉之良来说良知，从百姓日用来说道，这也就意味将良知本体与道消解为人的感性自然知觉与日用伦常。在此意义上，民之所"觉"也就获得了最大限度的可能。因为在自觉觉他的教化过程中，社会民众直接从自然明觉中获得道德意识的自觉，也就当下成为承担儒家教化之道的行道主体。王心斋在教化万民以"修身"为本的理想架构中，就蕴含着这一向度的可能性。

> 学也者，学为人师也。学不足以为人师，皆苟道也。故必修身为本，然后师道立而善人多矣。如身在一家，必修身立本，以为一家之法，是为一家之师矣。身在一国，必修身立本，以为一国之法，是为一国之师矣。身在天下，必修身立本，以为天下之法，是为天下之师矣。[1]

王心斋以"修身"为家国天下之"本"，主要是从"修身"来实现其"一家之法""一国之师"以及"天下之师"的目的，甚至直言"立吾身以为天下国家之本，则位育有不袭时位者"[2]。可见，从"修身"之"觉"出发，既是对自我道德意识的自然唤醒，也是对教化万民乃至参赞天地之化育理想的展开与实现。在此意义上，社会民众在自我道德意识觉醒的基础上，成为与士大夫共同觉民行道、教化万民的行道主体。这既是觉民行道得以落实的关键问题，也是中晚明王学在社会教化层面得以风行天下的重要原因。

所以，以王心斋为代表的泰州学派，周游四方，到处讲学，受众群体虽有位居要职的官员，仍然主要是以社会下层平民为主。在王心斋之后，颜山农等人更加注重从"百姓日用即道"的角度将"道"遍在化于民间社会，由此实现化人心、成风俗的社会教化。颜山农的"急救心火"文也在此意义上而闻名。所以，在现成化的拓展中，"泰州学派的这种急切的救世心态，那种面向社会大众的实践形式，都与江右、浙中的

---

1 王士纬：《心斋先生学谱》，《王心斋全集》，南京：江苏教育出版社，2001年版，第97页。

2 王士纬：《心斋先生学谱》，《王心斋全集》，南京：江苏教育出版社，2001年版，第97页。

士大夫王学有重大的区别"[1]。可以说，泰州学派从良知现成化的层面落实致良知教，最大限度地实现了"觉民行道"的价值追求。

第三节　致良知教的两难困境及其影响

王门后学在落实教化觉民的过程中，逐渐显露其弊，并且在晚明社会引起巨大反响。自晚明以来，不论是以东林党人为代表的朱子学立场的批评，还是如黄宗羲、刘宗周等心学内部的纠偏，都在批评与纠偏中试图扭转其弊带来的影响。就王学流弊而言，高攀龙曾概括为："姚江天挺豪杰，妙悟良知，一破泥文之弊，其功甚伟。岂可不谓孔子之学？然而非孔子之教也。今其弊昭昭矣。始也扫闻见以明心耳，究且任心而废学，于是乎《诗》、《书》、《礼》、《乐》轻，而士鲜实悟。始也扫善恶以空念耳，究且任空而废行，于是乎名节、忠义轻，而士鲜实修。盖至于以四无教者弊，而后知以四教教者，圣人忧患后世之远也。"[2]在高攀龙看来，王学之弊在于既不"实悟"也不"实修"，最终流于"任空而废行"，由此所表现出的虚玄与荡越也成为当时儒者判定王学流弊的共识。

而王学流弊直接引发的后果便是阳明学派教化之道的折戟，这一问题在王汎森先生研究晚明心学家的社会角色时已经察觉："何以明代心学家的平民性、社会性和生活性逐步消逝，以及儒家性格在明清两代的转折，都是值得在深入思考

1　陈来:《中国近世思想史研究》，北京：商务印书馆，2003年版，第463页。
2　高攀龙:《崇文会语序》，《高子遗书》卷九上，清文渊阁四库全书，第23页。

的问题。"[1] 王先生在这里启发我们从历史现象透视一个重要问题：王门后学尤其是泰州学派在觉民教化中得以塑造的心学性格与价值指向，为什么到清初就会逐步消逝？而觉民教化的价值指向在王门后学的演进中出现了什么样的问题，使其随之折戟？这些问题，便关涉阳明后学在落实致良知教过程中所存在的教化困境与意义，而这也是逆向澄清致良知教核心价值的关键。

一 龙溪与泰州两系的偏失

阳明殁后，虽然致良知教所指向的觉民行道之路并未中断，但在王门后学中围绕"致良知教"却形成了不同向度的学理阐发与实践进路。如黄宗羲在《姚江学案》开篇指出："然'致良知'一语言，发自晚年，未及与学者深究其旨，后来门下各以意见掺和，说玄说妙，几同射覆，非复立言之本意。"[2] 在此基础上，黄宗羲将王门后学从地域角度划分为浙中王门、江右王门、泰州王门，以及南中王门、楚中王门、北方王门、粤闽王门，重在突出地域学风与师承脉络。[3] 除此之外，日本学人冈田武彦先生从王门学理特征的角度划分为现成派（王龙溪、王心斋）[4]、修正派（钱德洪）、归寂派（聂双江）。总体上

---

1 王汎森：《晚明清初思想十论》，上海：复旦大学出版社，2004 年版，第 28 页。

2 黄宗羲：《姚江学案》，《明儒学案》，北京：中华书局，2013 年版，第 178 页。

3 关于黄宗羲《明儒学案》对王门的地域性划分的潜在问题，陈来先生认为："这种以地域为基础的流派划分不可能充分显示出王门分化的基本条理。如同属浙中王门的钱德洪与王畿发展方向显然不同。"参见陈来：《有无之境：王阳明哲学的精神》，北京：生活·读书·新知三联书店，2009 年版，第 375 页。

4 虽然王龙溪不以"现成"定位自己，却在从王阳明到王心斋的思想转进中，王龙溪的"见在良知"确实包含着走向王心斋"现成良知"的可能性（具体参见本章第二节的相关论证）。

看，修正派主要在于坚守师说，归寂派则在于纠偏王门后学中的各种偏失，而以龙溪与泰州为代表的见在、现成派则因"时时不满其师说"，表现出逸出师说的走向。因此，在王门后学的分化中，由于龙溪、泰州对其师说的开拓与理论创新，而在使得觉民行道之路有了转进与落实的同时，也逐渐走向偏失，正如黄宗羲所评："阳明先生之学，有泰州、龙溪而风行天下，亦因泰州、龙溪而渐失其传。"[1] 然而，关于龙溪与泰州两系的偏失与流弊为历代学者所关注，因为它直接关乎阳明学心学的演变与晚明儒学的转向问题。但通过前面的讨论，我们可以看到阳明及其门人后学对致良知教的实践本身就是对觉民行道之路的落实，这也就意味着，致良知教的理解与诠释离不开觉民行道的价值指向。因此，对致良知教诠释的合理与偏失不仅代表着觉民行道不同的实现进路，也昭示着觉民行道的内在困境。在此意义上来看龙溪、泰州两系的偏失，也就能够摸清作为王学宗旨的致良知教在晚明社会中的价值与影响。

关于龙溪、泰州两系的偏失，刘宗周有公允的评价："今天下争言良知矣，及其弊也，猖狂者参之以情识，而一是皆良；超洁者荡之以玄虚，而夷良于贼，亦用知者之过也。"[2] 所谓"猖狂者参之以情识"，主要指泰州之失在于由自然明觉的现成良知而走向感性知觉、欲望活动的猖狂。而"超洁者荡之以玄虚"则指谓龙溪由理论思辨化而走向良知见在的"玄虚"。这也成为明代晚期王学流弊的两个重要方向。因此，我们从王阳明到王龙溪，再到王心斋所构成的教化之道的逻辑

1　黄宗羲：《泰州学案一》,《明儒学案》，北京：中华书局，1985 年版，第 703 页。
2　刘宗周：《解二十五》,《刘宗周全集》第三册，杭州：浙江古籍出版社，2012 年版，第 248 页。

转进，分别来看二者各自的偏失所在，以及由此带来的教化困境。

王龙溪在"天泉桥证道"中从"先天心体上立根"的角度提出"四无"说，无疑是在"即本体即工夫"的路径中以"一念灵明"作为入手工夫的结果。而这样一种以一无消解三有的指向，当下就受到了钱德洪明确的质疑："若原无善无恶，功夫亦不消说矣。"[1] 阳明也就此提醒他说："此颜子、明道所不敢承当，岂可轻易望人！"[2] 但王龙溪却不以为然，因为在他看来，"夫学有本体，有工夫，静为天性，良知者，性之灵根，所谓本体也。知而曰致，翕聚缉熙以完无欲之一，所谓工夫也。良知在人，不学不虑，爽然由于固有，神感神应，盎然出于天成，本来真头面，固不待修证而后全"[3]。在先天心体上立根，就能确保良知心体为之主宰，而良知之发用流行自然"神感神应，盎然出于天成"。王龙溪不仅认为这是最为彻上彻下的简易工夫，同时醉心于此本体工夫的化境情景："若真信得良知过时，自生道义，自存名节，独来独往，如珠之走盘，不待拘管，而自不过其则也。"[4] 如此工夫，已然达到超然入圣之境。

但反向叩问，如此工夫是如何达到的？王龙溪无疑是将入圣之真脉路诉诸个体之"一念之悟"，即"凡与圣，只在一念转移之间，似手反复，如人醉醒。迷之则成凡，悟之则

1　钱德洪编：《年谱》三，《王阳明全集》，上海：上海古籍出版社，2011 年版，第 1442 页。
2　钱德洪编：《年谱》三，《王阳明全集》，上海：上海古籍出版社，2011 年版，第 1442 页。
3　王畿：《书同心册卷》，《王畿集》，南京：凤凰出版社，2007 年版，第 121 页。
4　王畿：《过丰城答问》，《王畿集》，南京：凤凰出版社，2007 年版，第 79 页。

证圣"[1]。显然，能否达到入圣之境全然在于"悟"与"不悟"
（迷），难怪乎从刘宗周到黄宗羲都以佛禅来定位王龙溪的思想
走向。[2]但如果我们在此"一念之悟"的基础上进一步追问：
"一念之悟"又是如何达到的？是不是由王龙溪亲证而实得？
这一答案就保留在刘宗周对王龙溪的评价中：

> 先生孜孜学道八十年，犹未讨归宿，不免沿门持钵，
> 习心习境，密制其命，此时是善是恶？只口中劳劳，行
> 脚仍不免在家窠臼，孤负一生，无处根基，惜哉！[3]

可见，在刘宗周看来，所谓"一念之悟"的上达工夫，并非是
从王龙溪的现实人生中步步实践而开显出来的，由于对"悟"
的过分强调与依赖，这也就必然会冲淡对人伦道德践履的笃
行。因此，其实质上只能是"口中劳劳"的理论思辨工夫与
"玄虚"的表演工夫。正如聂双江曾将此工夫比喻为"龙肉"，
"譬之甘露悦口，只是当饭吃不得"[4]。

在此意义上，王龙溪由理论思辨化而达致的见在良知，也
就显现出两方面的致命缺弱：其一，"古人立教，原为有欲
设，销欲正所以复还无欲之体"[5]，而一旦良知见在，则"神感

---

1 王畿：《答殷秋溟》，《王畿集》，南京：凤凰出版社，2007年版，第309页。
2 虽然从刘宗周到黄宗羲都以佛禅来定位王龙溪的思想走向，却并不意味着龙溪就是禅学，因为"一念之悟"并不是区别儒、佛的重要标志。刘宗周、黄宗羲之所以如此判定，也是从龙溪之学有偏离道德实践的角度而言。
3 刘宗周：《明儒学案·师说》，《刘宗周全集》第五册，杭州：浙江古籍出版社，2007年版，第524页。
4 聂豹：《寄龙溪二首》，《聂豹集》，南京：凤凰出版社，2007年版，第226—227页。
5 黄宗羲：《浙中王门学案》，《明儒学案》，北京：中华书局，1985年版，第241页。

神应，益然出于天成，本来真头面，固不待修证而后全"，如此一来，所有受教者也就现成地养成"无欲之体"，进入超然入圣之境。这有明显的脱略工夫之嫌。其二，良知虽然是"天然之灵窍，时时从天机运转，变化云为，自见天则"[1]，在此意义上，良知可以见在，但问题在于，见在的良知是不是都是"真良知"。因为，它虽然发于至善的先天心体，但在现实世界的芸芸众生，却只能从现实的"其性之所近"出发，也就难免掺杂感性欲望与习心习境。如此一来，作为"教"的致良知，在王龙溪四无说的前提下，也就随之表现出两方面的教化困境：一方面由于王龙溪坚持"上根之人，悟得无善无恶，心体便从无处立根基，意与知物，皆无从生，一了百当，即本体便是工夫，简易直截，更无剩欠，顿悟之学也"[2]，走向"上根"与"生而知之"的教法，虽然王龙溪本意在于强调彻上彻下的本体工夫，却由于脱略下学上达的道德实践工夫，而使得众人上下与芸芸众生难以上达、成人，所谓的"人人皆可成尧舜"也就成了一种理论上的可能性。另一方面，由于王龙溪对于这一结果并不承认，转而在即体即用的究竟路途中诉诸良知见在的"一念灵明"，这也就意味着通过"一念灵明"，良知便当下具足见在。而从大众现实的"其性之所近"出发，掺杂感性欲望与习心习境也就带来"良知冒领""认贼作父"的潜在危险。

如果说龙溪对良知的见在化落实是导致教化困境的直接原因，那么王心斋进一步的现成化拓展，则在将阳明觉民教化之道发挥到极致的同时，也导致了心学教化面临着更大困境。如

1　王畿：《过丰城答问》，《王畿集》，南京：凤凰出版社，2007 年版，第 79 页。
2　王畿：《天泉证道纪》，《王畿集》，南京：凤凰出版社，2007 年版，第 1—2 页。

第三章　觉民教化：行道实践与内外困境

上节所述，王心斋沿着龙溪的见在良知之路，直接从感性经验的自然知觉活动方面肯认良知，而所呈现的也就只能是自然感应知觉的现成存在，这也成为王心斋从"顺明觉自然之应"的角度实现了对王龙溪见在良知的现成化拓展。而这样一种转进带来的偏失也同样表现在两个方面[1]：其一，现成化拓展是通过自然明觉化来实现的，即在良知自然明觉化的同时，人性的内在根据也就不再必然是至善之性，而成为一种自然天性。这就意味着王心斋的自然明觉化，是将人性的内在根据由道德善性扭转为自然天性。在此意义上，由自然明觉的感性知觉在将良知现成化的同时，其工夫也就成为一种"呼之即应"的现成工夫。泰州之偏失也就由此显现，如冈田武彦先生指出："他们轻视功夫，动辄随任纯朴的自然性情，或者随任知解情识，从而陷入任情悬空之弊，以至于产生蔑视人伦道德和世之纲纪的风潮。"[2]其二，这样一种转向意味着王心斋将圣人之道的形上超越维度，消解为"百姓日用"本身。所谓"圣人之道"固然要落实于人伦日用之中，但落实却并不意味着"圣人之道"本身就是"百姓日用"。因为，"圣人之道"是内在于"百姓日用"之中，并且为之主宰，而此时的"百姓日用"就是"道"

1　关于泰州学派流弊的整体性特征，陈来先生认为："从中晚明社会思潮发展来看，泰州学派占有一个重要的位置。王艮之利用阳明学是个典型例子，他把良知当成'不犯作手，而乐夫天然率性之妙'，取消了良知的规范意义；他以格物为安身，这个身不再是阳明修身之身，而是个体的感性的生命存在，以爱身为宗旨，已经离开了阳明的格致说，引向个人主义的发展。其后罗近溪强调身心自然妥帖而忽视德行培壅，以浑沌'讲良心，以'当下'即工夫，以赤子之心不虑不思为宗旨，一开李贽童心说之先河，使一切本能直觉都变成被肯认的良知良能。"参见陈来：《有无之境——王阳明哲学的精神》，北京：生活·读书·新知三联书店，2009年版，第378页。
2　［日］冈田武彦：《王阳明与明末儒学》，吴光、钱明、屠承先译，上海：上海古籍出版社，2000年版，第104页。

的体现。但如果将"道"完全等同于"百姓日用"，"道"也就被消解为现实生存境遇中的"百姓日用"，而在"百姓日用"的层面则永远无法上达"圣人之道"。这也就使得致良知教在觉民行道中的落实，只能在现实日用上打转，所觉之道皆谓日用常行之道。

总体而言，如果说龙溪是从一念见在良知的角度出发，不仅将"人人皆可成尧舜"的教化根基变为一种理论可能性，还导致一念灵明在掺杂感性欲望与习心习境中失去教化的有效性，那么，王心斋在此方向上的现成化拓展，则最终消解了教化之应有的超越性维度，所教只是在感官欲望与人伦日常上打转，也就无所谓真正意义的教化觉民。所以说，从王龙溪到王心斋的思想转进来看，虽然泰州学派从见在、现成的层面落实了觉民行道，但也随之带来相应的流弊，成为晚明社会心学教化陷入困境、难以实现的根本原因。

二 江右王门的救弊与补正

对于龙溪与泰州之失所造成的心学教化困境，首先对其展开批评与救弊的无疑是来自心学内部的王门后学，其中又以聂双江与罗念庵的江右王门为代表。黄宗羲曾对勇于补偏与救弊王门各种流弊的聂双江与罗念庵加以表彰："姚江之学，惟江右得其传，东廓、念庵、两峰、双江其选也。再传而为塘南、思默，皆能推原阳明未尽之旨。是时越中流弊错出，挟师说以杜学者之口，而江右独能破之，阳明之道赖以不坠。盖阳明一生精神，俱在江右。"[1] 聂双江与罗念庵对王门见在、现成的流

---

[1] 黄宗羲：《江右王门学案》一，《明儒学案》，北京：中华书局，1985 年版，第 331 页。

弊不仅有专门而精准的批评，还依据阳明致良知教的基本精神
对此流弊做出了一定程度的补正。这也是黄宗羲所言"是时越
中流弊错出，挟师说以杜学者之口，而江右独能破之，阳明
之道赖以不坠。盖阳明一生精神，俱在江右"的原因所在。因
此，从江右王门之补正来对校龙溪、泰州之偏失，不仅能够显
豁王门后学内部相互纠偏相互补正的走向，还能揭示致良知教
作为教化的内在义理规矩。

　　聂双江对王龙溪见在良知的批评主要是在《致知议辩》中
展开，其中可以看到二人学理的基本分歧。但就聂双江对见在
良知把握而言，则首先要看其对王龙溪学术性格做出的评价：

> 　　兄论学，每病过高，又务为悟后解缚，不经前人道
> 语，听之使人臭腐俱化，四座咸倾，譬之甘露悦口，只
> 是当饭吃不得。世间曾有几人可辟谷耶？至论格物，却
> 乃葛藤缠绊，愿兄将此等见解，一洗而空之，只于辞受
> 取与，子臣弟友之间，日求实际。如罗达夫、唐应德，
> 其学未必尽然，将来人自信得。若或世情俗念与世人俗
> 子无异，虽说得天花乱落，终亦何济？仆是旋涡里罗汉，
> 又恐观音落水，却令人疑佛法无救于焚溺也。[1]

聂双江在这里不仅勾勒出王龙溪讲学中的学术性格，还借此
批评其学"譬之甘露悦口，只是当饭吃不得"，以及"虽说得
天花乱落，终亦何济"。聂双江之所以如此批评，主要是基

1　聂豹：《寄王龙溪二首》一，《聂豹集》，南京：凤凰出版社，2007年版，第
　　266—267页。

187

于"子臣弟友之间，日求实际"的"常人"视角，即现实人生肩挑手提的道德实践。聂双江虽自喻"旋涡里罗汉"，却始终不愿意看到"观音落水"，更不愿意因此而"令人疑佛法无救于焚溺也"，这也成为聂双江纠偏王龙溪见在良知的基本立足点，而这一立足点也逐渐在对龙溪之学的矫正中得以显豁。

> 尊兄高明过人，自来论学只是混沌初生、无所污坏者而言，而以见在为具足，不犯做手为妙悟，以此自娱可也，恐非中人以下所能及也。[1]

> 窃惟良知本寂，感于物而后有知。知其发也，不可遂以知发为良知，而忘其发之所自也。心主乎内，应于外而后有外，外其影也，不可以其外应者为心，而遂求心于外也。故学问之道，自其主乎内之寂然者求之，使之寂而常定也，则感无不通，外无不该，动无不制，而天下之能事毕矣。[2]

> 承不鄙，谬有取于寂体之说，谓是为师门教人第一义……感应而以思虑为则，入于憧憬之私，《易》曰："憧憧往来，未光大也。"其与以知识为良知，漫然感应者，症候不同，均之为迷失本原，不足以语归复之窍，诚有如来谕云云也。然则欲求归复之窍，舍归寂，其何以哉？来谕又谓"良知本寂"，诚然，诚然，此非先师之言乎？师云："良知是未发之中，寂然大公的本体。"但不知是指其赋畀之初者言之耶？亦以其见在者言之也？

---

[1] 聂豹：《致知议辩》，《聂豹集》，南京：凤凰出版社，2007年版，第133页。
[2] 聂豹：《答欧阳南野太史》三，《聂豹集》，南京：凤凰出版社，2007年版，第240—241页。

> 如以其见在者言之，则气拘物蔽之后，吾非故吾也。譬
> 之昏蚀之镜，虚明之体未尝不在，然磨荡之功未加，而
> 递以昏蚀之照为精明之体之所发，世固有认贼作子者，
> 此类是也。[1]

在聂双江看来，王龙溪的"先天心体上立根"是"自来论学只是混沌初生、无所污坏者而言"。聂双江在学问宗旨上同样注重本体工夫，人们也常常以"归寂以通感，执体以应用"来表达其学问特点。但为什么聂双江批评王龙溪的"先天心体上立根"？原因就在于王龙溪"以见在为具足，不犯做手为妙悟，以此自娱可也"，即在本体上立根没有问题，问题在于以何种方式在本体上立根。王龙溪则选择"因地说果"，以"先天心体上立根"之果来求现实人生追求之因，就如同以"生而知之"为现实人生的最初出发点，最终使得现实人生得以挂空。在此意义上，"龙溪的工夫则好像是在现实人生之路的旁边专门划出一块心学的'园地'来进行工夫学的表演，并以此为现实的人生呐喊助威。但龙溪本人却没有人生路上肩挑手提者的沉沉负重，也没有实际追求者汗流泪下的种种艰难"[2]。所以，在聂双江看来，"以见在为具足，不犯做手为妙悟"最终导致脱略工夫，其所谓的工夫也就是"非中人以下所能及也"。

但也正是此原因，在以见在为具足的进一步落实中，出现了误把"见在"的感性知觉之"知"当作道德良知之"知"。

1　聂豹：《寄王龙溪二首》二，《聂豹集》，南京：凤凰出版社，2007年版，第267页。

2　丁为祥：《说不完的阳明，道不尽的心学——阳明学研究30年的一点省思》，《阳明学研究》（第三辑），北京：人民出版社，2018年版，第232页。

如聂双江所指出，"不可遂以知发为良知，而忘其发之所自也""不可以其外应者为心，而遂求心于外也"，也就是说，王龙溪虽然在先天心体的基础上言良知见在，但专门在"一念灵明"的见在层面去把握先天心体，也就只能从现实生活的"其性之所近"出发，最终难免"以知发为良知""以其外应者为心"。由此偏弊出发，聂双江梳理出"见在良知"不同层面的病症，首先是"感应而以思虑为则"与"以知识为良知"在"漫然感应"之中，容易导致以知识与知觉（私欲）冒领良知。其次，虽然承认人有"赋畀之初"的良知心体，但以"见在"把握良知心体，就会忽视"气拘物蔽之后，吾非故吾也"，如此一来，也就走向了"认贼作子"。这些无不是对见在良知的有力批评。

聂双江面对见在良知时出拳如此有力，其力必有其源，而其源就是补正见在良知之偏的重要向度与启示。如果从溯源的角度来看，王阳明的致良知是从百死千难中得来，绝非通过理论思辨而得，并在此基础上规定体用关系："性，心体也；情，心用也。程子云：'心，一也。有指体而言者，寂然不动是也；有指用而言者，感而遂通是也。'斯言既无以加矣，执事姑求之体用之说。夫体用一源也，知体之所以为用，则知用之所以为体者矣。"[1]强调体与用、寂与感是各自互为存在条件，各自的特性也因对方存在而得以彰显，这也成为聂双江"归寂以通感，执体以应用"的根据所在。所以在聂双江看来，王龙溪的一念灵明、见在具足根本没有"其发之所自也"，所以他主张"归寂以感通"，即必须廓清心体，使其念念

1　王畿：《致知议略》，《王畿集》，南京：凤凰出版社，2007年版，第130页。

皆发自至善心体，这就是所谓的"归寂"，所谓的"自其主乎内之寂然者求之，使之寂而常定，则感无不通，外无不该，动无不制，而天下之能事毕矣"。可见，聂双江是以"执体以应用"的方式来补正"见在"之弊，即在心体澄明的基础上，贯通内外而一之。这就将教化落实在肩挑手提与汗流泪下的现实人生，并由此道德良知时时为之主宰，在现实人生的道德实践追求中得以转换、提升自我生命情志。这也是阳明四句教之所以"一无三有"作为教化定法的原因所在。

如果说，聂双江对王学流弊的纠偏主要在于见在良知的脱略工夫与良知、知觉的混淆，那么，同为江右巨子的罗念庵，则主要补正泰州学派的现成良知说所生发的自然人性论。这既关乎儒家人伦关怀与道德规范，也决定着阳明学的基本走向。罗念庵对现成良知的批评宣言莫过于"世间那有现成良知"一语[1]，"世间那有现成良知，良知非万死工夫，断不能生也，不是现成可得。今人误将良知作现成看，不知下致良知工夫，奔放驰逐，无有止息，茫荡一生，有何成就？"[2]在罗念庵看来，现成良知其弊在于"误将良知作现成看"，即直接从作为现成存在层面的自然知觉活动（感性经验）肯认良知，而所呈现的"知"也就只能是自然感应的知觉。这也就导致在人性论上，将人的道德至善之性消解为自然明觉之性的自然天性，而在工夫论上，将"自然""现成"看作工夫之上乘，也就无所谓致

---

1 "世间那有现成良知"一语原为王龙溪与罗念庵讨论《参同契》时，王龙溪围绕《参同契》所论，但一经罗念庵当下发挥，此语便成为罗念庵直接批评"现成良知"的宣言。参见吴震：《阳明后学研究》，上海：上海人民出版社，2003年版，第236页。

2 罗洪先：《松原志晤》，《罗洪先集》，南京：凤凰出版社，2007年版，第182页。

良知实功，最终落入"奔放驰逐，无有止息，茫荡一生"。从泰州学派自然明觉的现成化来看，良知最终是要显现于"自然"与"流行"之中，如王东崖所描绘："鸟啼花落，山峙川流，饥食渴饮，夏葛冬裘，至道无余韵矣。充拓得开，则天地变化，草木繁殖，充拓不去，则天地闭，贤人隐。"[1]

值得注意的是，罗念庵在关于良知发用流行的看法中，也表现出与现成良知相近的"自然""流行"指向。

> 尝思孔门之学，其要领，已于《大传》"寂"、"感"两言开示明白；至其教人，只随处提掇便是。如《论语》吃紧工夫，无过告颜、冉有：言克己，不离视、听、言、动；言敬恕，不离出门、使民、施人、在家、在邦。非是教之，只在视听各处做工夫，缘已于敬恕无可着口，形容不得，故须指其时与事示之，未尝避讳涉于事事物物与在外也。至教弟子，亦只是在孝弟、谨信、爱众、亲仁；论君子好学，只在敏事、慎言。[2]

可见，这样一种"自然"与"流行"全然落于人伦日用中的人伦关怀与道德准则。那么，这与现成化良知走向的真正差别在什么地方？这就成为罗念庵其学特色与纠偏现成良知的关节点所在。罗念庵所坚持的"自然"与"流行"走向，是建立在"主静"与"无欲"的工夫之上。也正是有此一段工夫，才将

1　王襞：《语录遗略》，《王心斋全集》，南京：江苏教育出版社，2001年版，第216页。
2　罗洪先：《与双江公》，《罗洪先集》，南京：凤凰出版社，2007年版，第192—193页。

其与泰州学派由现成良知的自然感性层面所显发的伦常日用彻底区别开来。

> 今之言良知者，恶闻静之一言，以为良知该动静，合内外，而今主于静焉，偏矣，何以动应？此恐执言而或未尽其意也。夫良知该动静，合内外，其体统也；吾之主静所以致之，盖言学也。学必有所由而入，未有入室而不由户者。苟入矣，虽谓良知本静，亦可也；虽谓良知慎动，亦可也……赤子之心，良知也。不识不知，固至静也。若于知识中认得幽闲暇逸者以为根原，却不免于识情有所去取，此岂特非阳明公之本旨，近日圣且非之矣。[1]

罗念庵认为良知可以"该动静，合内外"，但此动静内外之间须由"主静"作为致良知工夫入手的统贯处。有此"主静"工夫，则所谓的"自然""流行"都是道德良知由体发用的流行结果。但如果没有"主静"工夫的立定，就会"于知识中认得幽闲暇逸者以为根源，却不免于识情有所去取"，这就使得感性情欲作为良知本身而被冒领。如此一来，也就偏离了阳明致良知的内在本旨。这也成为罗念庵所极力批评现成良知的重要方向，并且在此"主静"的本体工夫基础上，罗念庵将道德良知落实在伦常日用，让道德教化完全融于日常生活之中。

　　黄宗羲对聂双江与罗念庵的补偏救弊多有表彰："阳明没

1　罗洪先：《答董榕山》，《罗洪先集》，南京：凤凰出版社，2007年版，第334页。

后，致良知一语，学者不深究其旨，多以情识承当，见诸行事，殊不得力。双江、念庵举未发以救其弊，中流一壶，王学赖以不坠。"[1]二人之所以能够"中流一壶，王学赖以不坠"，关键在于持守阳明主体与本体同一的原则下，侧重心体之本体的自身规定。在他们看来，现实的人心并不是现成存在的本心，反而是为了让现实的人心向良知本心复归，致良知的本体工夫才是在现实人生肩挑手提、汗流泪下的道德实践中显得格外重要。这也就是黄宗羲所言"心无本体，工夫所至，即其本体"[2]的意义所在。在此意义上，聂双江与罗念庵等江右王门对王门流弊的补正，不仅是对阳明致良知内在义理规矩的持守，更是对儒家人伦与道德价值底线的夯实。

三 朱子学与晚明政治压力

从王龙溪的见在良知到王心斋的现成良知，阳明学在民间化、世俗化的落实过程中所表现出的"玄虚而肆"与"情识而荡"，不仅改变了阳明学义理的基本走向，也在觉民行道的落实中产生了相应的教化困境。如果说这是由阳明学内部学理演化所致，也是阳明学教化困境的内在原因，那么，在见在、现成良知表现出一种自然主义倾向的同时，也就渐渐逸出了阳明致良知教的内在规矩。因为，他们"都以对当时遵奉的历史传统与社会秩序的抨击和瓦解为目标，他们把俗人与圣人、日常生活与理想境界、世俗情欲与心灵本体彼此打通，肯定日常生

---

1 黄宗羲：《江右王门学案》，《明儒学案》，北京：中华书局，1985年版，第467页。

2 黄宗羲：《明儒学案序》，《黄梨洲文集》，北京：中华书局，1959年版，第379页。

活与世俗情欲的合理性，把心灵的自然状态当成了终极的理想状态，也把世俗民众本身当成圣贤，肯定人的存在价值与生活意义"[1]。这种逸出无疑对传统秩序形成了一定的挑战，而这种挑战随之受到了朱子学与朝廷政治权力的反弹，这两种力量的出现也就决定着阳明学派觉民行道的历史命运。

对于王学流弊，儒学内部的批评与整肃一直不断，除了王门后学的内部纠偏之外，以顾宪成、高攀龙为代表的朱子学者也在不同程度地补偏救弊。他们主要是试图通过程朱之学来调和王学的玄虚与荡越之弊，其中重提"格物"就成为补救王学的重要内容。顾宪成对此开出的"药方"就是持守朱子学读书穷理以至于尽性，他在《东林会约》中写道："学者诚能读一字便体一字，读一句便体一句，心与之神明，身与之印证，日就月将，循循不已，其为才高意广之流欤，必有以抑其飞扬之气，必敛然俯而就，不淫于荡矣。"[2]显然，顾宪成所倡读书穷理的工夫是针对王门后学的流弊而发，其立根处是以格物致知的方式进学。这也就意味着顾宪成是基于朱子学的立场对阳明学的问题做出省思，即以朱子学的"格物"之致知纠偏阳明学的"诚意"之致知。但值得注意的是，顾宪成的纠偏看似是将本体落入工夫中而成本体工夫，实则仍然面临着两种"致知"的鸿沟，其纠偏只是一种外在夹持、补充。这一问题在同为东林道友的高攀龙那里，得到了进一步的解决。关于高攀龙的格物之学，黄宗羲曾作以概述："先生之学，一本程、朱，但

1　葛兆光：《中国思想史》（第二卷），上海：复旦大学出版社，2001年版，第317页。

2　顾宪成：《东林会约》，《顾端文公遗书》第五册，清光绪三年重刻本，第10页。

程、朱之格物，以心主乎一身，理散在万物，存心穷理，相须并进。先生谓'才知反求诸身，是真能格物者也。'颇与杨中立所说'反身而诚，则天下之物无不在我'为相近。是与程、朱之旨异矣。"[1]可见，高攀龙虽然本于程朱之格物，但又并非以程朱之即物穷理的方式展开，反而由"反求诸身"达致格物。在此基础上，高攀龙指出："吾辈格物，格至善也；以善为宗，不以知为宗也。"[2]当格物以"反求诸身"为基本进路，以善为终极追求时，也就不再是一种简单的外向求知活动，而是"以善为宗"的道德活动。由此来看，高攀龙的格物之学，一方面，以程朱的格物穷理纠偏王学因过分强调内在灵明而缺乏外向穷理的规范；另一方面，以阳明诚意之致知修正"以知为宗"而转向"以善为宗"。在朱子学与阳明学的双向矫正过程中实现了王学流弊的纠偏。顾宪成、高攀龙作为东林学派的代表，针对阳明后学的"玄虚""猖狂"而以朱子学的实在工夫进行纠偏，这也就表现出明代理学朱王互纠其偏的努力。对于当时的王学流弊而言，这无疑具有扭转方向性的作用。但方向的扭转并不意味着朱子学与阳明学内在矛盾的解决，而以顾宪成、高攀龙为代表的晚明朱子学者试图整合、贯通程朱与陆王的思路最终也就落在了工夫论的补偏与正统思想秩序的维护上。这也就在补偏救弊的同时对王学形成了来自儒学内部的重压。

除此之外，晚明政治权力对王学流弊也做出重要反应，从万历年间对王学的禁令，到1579年何心隐被杀，再到1602年李贽自杀都表明晚明政治权力与阳明学的碰撞，促成这一尖锐

1　黄宗羲：《忠宪高景逸先生攀龙》，《明儒学案》，北京：中华书局，1985年版，第1402页。
2　高攀龙：《答王仪寰二守》，《高子遗书》卷八，清文渊阁四库全书，第68页。

冲突的内在原因无疑与阳明心学的自身性格与阳明后学的价值指向有关。阳明在与朱学后劲罗钦顺的激辩中直言"夫学贵得之心，求之于心而非也，虽其言之出于孔子，不敢以为是也"[1]，这无疑是阳明将真是真非的评判标准落实为个体道德良知，而非任何外在的抽象权威。而这一主体性的精神在冲破原本统一的思想意识形态与赋予个体自由心灵的尊重权利时，其作用也就不仅仅限于伦理道德领域，而是会延伸至社会政治，并对外在的君权政治的权威形成一种挑战。这是因为，整个阳明学派在以此致良知为宗旨，通过觉民行道以唤醒民众自我道德意识的同时，也就使得个体在社会与政治活动的参与中获得新的政治意识觉醒。而此时的觉民行道追求也就是在觉民之后，由儒家士大夫与民间社会大众共同承担的行道主体，这无疑对君权形成了直接的挑战。"由于这一路线所蕴含的'民众政治主体'直接对君权构成威胁，在专制的君主制之下，较之'得君行道'，'觉民行道'作为一种政治取向可以说更难获得发展。就历史的实际来看，在极权君主制下，儒家知识人作为政治主体发挥作用已经举步维艰，屡遭整肃，明末东林党人的境遇就是一例[2]。至于社会大众的政治主体意识觉醒而在社会上稍有举动，就更加会被君主视为政治不安定的因素而必须铲除。"[3]而以泰州学派为代表的王学流弊，无疑在觉民教化的过程中将阳明学所内含的这种"民众政治主体"更加地世俗化与普泛化，

1　王守仁：《答罗整庵少宰书》，《王阳明全集》，上海：上海古籍出版社，2011年版，第 85 页。

2　东林党人在学理取向上多倾向于朱子学，但就其总体精神而言，又完全是阳明学的精神。

3　彭国翔：《阳明学的政治取向、困境和分析》，《深圳社会科学》，2019 年第 3期，第 30 页。

这也直接刺激了晚明政治权力。所以，原本支持王学的万历皇帝又下诏，对王学兴盛以后的士风极为不满："近来学者不但非毁宋儒，渐至诋讥孔子，扫灭是非，荡弃行简，安得忠孝节义之士纬朝廷用？只缘主司误以怜才为心，曲收好奇新进以致如此。"[1] 而在万历年之后，政治权力对民间自由议论讲学之学大规模压制，皇帝下诏拆毁东林、关中、江右、徽州一切书院，这无疑为阳明后学在晚明的觉民行道之路蒙上了重重的阴影。

在此意义上看，阳明后学的逸出与流弊，使得晚明朱子学与政治权力对此做出了直接性的反应，而这种反应也加速了阳明学教化之道的折戟，但究其根本原因还是阳明学转进过程中造成的自身教化困境。这也是为何明代心学家的平民性、社会性和生活性逐步消逝的原因所在。总体而言，阳明学的教化之道一方面在王门后学的流弊中逐渐失去真实意义，而另一方面受到了专制君权与朱子学的双重重压，使得"觉民行道"的教化之道虽然在民众个体道德意识方面有所唤醒作用，但民众政治主体意识的自觉还是难以真正实现。所以，"致良知"教的个体自觉与道德理性落实所转向的"觉民行道"之路，虽然冲破了明代朱子学对道德人性的严酷主义，却并未真正实现对政治集权专制的自觉与反思，而是在直到明王朝的专制体制走向衰败之时，黄宗羲才以心学传人的身份写出《明夷待访录》，与君主专制集权彻底决裂，这也成为明清之际阳明学指向政治专制集权的重要历史回响。

1　《明神宗实录》卷三七〇，万历三十年三月乙丑。《明实录》缩印本 11935 页。但《实录》所引颇简略，冯琦《正学疏》全文，在冯应京辑《皇明经世实用编》卷二十八，台北：成文出版社影印本，1967 年版，第 2526 页。又见于《冯用韫先生北海集》卷三十八，台北：文海出版社影印本，1970 年版。

第四章　复归良知：心性根源与工夫结构

阳明揭致良知之教，将其视为儒学的"正法眼藏""圣学之秘""学问头脑"等，并以此作为讲学的立言宗旨和王门诸子在学习、实践活动中的思想纲领。在觉民行道的实践落实中，经由王龙溪、王心斋等人的发展而使致良知教风行天下，成为16世纪晚明思想史转折的重要环节。如果说阳明学派觉民行道的落实，一方面从"良知之在人心，无间于圣愚"的层面实现了民众在主体道德意识上的自觉，另一方面，良知之学"必由此而后天下可得而治"，使得天下有道在教化的维度成为可能，那么，在龙溪、泰州最大限度地发展、实现觉民行道的同时，也因见在、现成化的处理，不仅在掺杂感性欲望与习心习境中失去教化的有效性，还消解了教化应有的超越性维度，所觉只是在感官欲望与人伦日常上打转，也就无法实现真正意义的教化觉民，并且在晚明朱子学与政治生态的双重重压之下，使得阳明教化之道最终并未真正实现。

如果将阳明学的内在价值指向与教化之道折载的原因相互参照，我们不禁追问：什么是真正能够支撑阳明学派教化之道并且不使其滑转的内在依据与动力？即阳明心学不可动摇的内在价值是什么？这就不得不回到致良知教的本旨内涵，即学以成人、自觉觉他的道德教养。因此，这一问题的解答不仅是对阳明觉民行道的反思，更是对致良知教根本价值的再贞定。

第一节　教化的主体性根源

致良知教作为一种道德教化，既不是形容词的指谓，如日常所指称在道德行为上的缺失；也不是名词，指对人的行为产生强制作用的外在伦理道德规范；而是作为动词，表征经由道德工夫实践而达致生命情态的转化与提升。致良知思想中一个"致"字最为显现此教化的动态义。在此意义上，"教化"就是本人之内在心性而形著于外在行为的身心一体、内外并在之涵养。而阳明提出的"知行合一""致良知"等思想无不在此教化义上透显。所以，"致良知教"在讲学教育与觉民教化不同维度的落实与显发，就是根植于内在心性本原而显发。因此，良知教化反而成为致良知教在不同层面显发其功用的拱心石，而其拱心石之所以确立的内在根据也就成为我们面临的首要问题。

一　道德根源意识的良知

作为道德教化的内在根据，良知的基本内涵与价值指向无疑决定着根据是否可以成立。而对于"良知"的基本内涵历来又是众说纷纭。牟宗三先生认为："良知是天理之自然而明觉处。天理是良知之必然而不可移处。良知是天理之自然而明觉处，则天理虽客观而亦主观；天理是良知之必然而不可移处，则良知虽主观而亦客观。"[1]牟先生从良知的"即存有即活动"透显其主观、客观、绝对三义[2]，良知作为"乾坤万有基"统摄此三义所开的道德界与存有界，为一切存在之基础。如果说

1　牟宗三：《从陆象山到刘蕺山》，上海：上海古籍出版社，2001年版，第155页。

2　关于牟宗三先生论述良知三义，见于《儒家的道德的形上学》《康的哲学述评》与《从陆象山到刘蕺山》等著述。

牟宗三先生是从超越的道德本体而言良知之存有义与活动义，那么瑞士现象学家耿宁在《心的现象》与《人生第一等事》中则从良知作为现象意识的分析角度同样提出良知三义：本原能力、本原意识和心的本己本质。所谓本原能力是阳明对心的表达未超出孟子"良知"概念的内涵，即"王阳明在这里紧随孟子所理解的这种'本原知识'并不是关于客观状况的知识，而是一种实践的能力。它也不是一种技术能力不是"know—how"，而是一种本原的伦理能力，它表现在向善的自发情感和倾向中"[1]。本原意识则有别于本原能力所产生的向善之秉性，而是"一种对本己意向的直接伦理意识、一种对其伦理性质的'知识'"[2]。耿宁将良知本体解释为本己本质，他说："它不是一个现存的现象，而是某种超越出现存现象，却作为其基础而被相信的东西。在此意义上，我们不仅可以将这第三个'本原知识'的概念标识为超越的（超经验的）、理想—经验的和实在—普遍的，不仅是名称上或概念上普遍的概念，而且也可以将它标识为信仰概念。"[3]可见，"良知"的三个概念在阳明思想的历程中逐层显现，在相互关联中层层递进，最终达致"致良知"本旨的揭示。

基于不同的诠释视角，如果回到阳明所言"良知"之具体语境来看，阳明首先将其表达为一种现实人生的主体道德意识：

1 耿宁：《人生第一等事——王阳明及其后学论"致良知"》，北京：商务印书馆，2014年版，第191页。

2 耿宁：《人生第一等事——王阳明及其后学论"致良知"》，北京：商务印书馆，2014年版，第217页。

3 耿宁：《人生第一等事——王阳明及其后学论"致良知"》，北京：商务印书馆，2014年版，第273页。

> 知是心之本体。心自然会知。见父自然知孝，见兄
> 自然知弟，见孺子入于井，自然知恻隐。此便是良知。
> 不假外求。[1]

> 良知者，孟子所谓"是非之心，人皆有之"者也。
> 是非之心，不待虑而知，不待学而能，是故谓之良知。
> 是乃天命之性，吾心之本体，自然灵昭明觉者也。[2]

阳明的"良知"概念确实出自《孟子》，不仅将孟子所言四端之心统括为良知，还将此良知立足于现实人生的人伦道德之理，并由此指点出良知所兼"知"与"能"，即人人内在本有而随之感应知觉，也就意味着良知的本体义与功能义是同一并在的。这才有所谓良知自然知孝悌、辨是非的判断与克治能力。如果说，阳明对孟子"良知"概念的继承是从孟子所谓"孩提之童，无不知爱其亲者，及其长也，无不知敬其兄也"(《孟子·尽心上》)的先验道德本能而言道德理性之自觉，那么，阳明在天理话语系统下表达的"良知是天理之昭明灵觉处，故良知即是天理"[3]，则是承接宋代理学以及朱子理学天道性命相贯通的主体性表达。换言之，阳明的问题意识是从朱子心、性、理的关系而来，而在天人体用不二的维度下来看阳明的"良知"概念，这也就不仅仅是一种道德本体或是内在本己意识，而是既能分别阳明与朱子学分歧的关键处，也能显豁出

1 王守仁：《语录》一，《王阳明全集》，上海：上海古籍出版社，2011年版，第7页。
2 王守仁：《大学问》，《王阳明全集》，上海：上海古籍出版社，2011年版，第1070页。
3 王守仁：《答欧阳崇一》，《王阳明全集》，上海：上海古籍出版社，2011年版，第81页。

第四章　复归良知：心性根源与工夫结构

阳明"良知"概念在整个宋明理学走向中的重大意义。

宋代理学的发展是建立在先秦儒学的思想脉络之上，面对汉唐儒学的弊病与佛道二教的挑战，从天道与性命相贯通的角度完成了对佛道二教与汉唐儒学的双遣双取。在此视域中展开的"新儒学"，一方面重视天道本体的价值确立，另一方面又强调成己成物的工夫践履，二者互为根据又相互成就。牟宗三先生认为宋明儒的这一天道性命相贯通，"是要说明吾人之自觉的道德实践所以可能之超越的根据。此超越根据直接地是吾人之性体，同时即通'于穆不已'之实体而为一，由之以开道德行为之纯亦不已，以洞澈宇宙生化之不息。性体无外，宇宙秩序即是道德秩序，道德秩序即是宇宙秩序"[1]。在此意义上，宋明理学家所讨论的本心良知也都是在天道性命相贯通的维度展开，并具有天人体用不二的特点。作为宋明理学的开创者，张载对"良知"的认识有此鲜明特征：

> 诚明所知乃天德良知，非闻见小知而已。[2]
> 大其心则能体天下之物，物有未体，则心为有外。世人之心，止于闻见之狭。圣人尽性，不以闻见梏其心，其视天下无一物非我，孟子谓尽心则知性知天以此。天大无外，故有外天之心不足以合天心。见闻之知，乃物交而知，非德性所知；德性所知，不萌于见闻。[3]

张载所言的"天德良知"之区别于"闻见小知"，其关键就在

1　牟宗三：《心体与性体》，长春：吉林出版集团有限责任公司，2013年版，第34—35页。
2　张载：《正蒙·诚明》，《张载集》，北京：中华书局，1978年版，第20页。
3　张载：《正蒙·大心》，《张载集》，北京：中华书局，1978年版，第24页。

于能否突破闻见之狭，以呈现超越的道德本心。而此道德本心是由道德实践以体天下之物，换言之，则天下之物要在实践超越的道德本心中真实呈现。性由心尽，则"天无外，性无外，是客观地说，心无外是主观地说。而天与性之无外正因心之无外而得其真实义与具体义，此为主客观之统一或合一。孟子言'万物皆备于我'正是这仁心之无外"[1]。显然，张载是在天道性命相贯通的维度下，将良知之"良知良能"从人伦道德领域拓展至天道客观领域。而"天德良知"也就是在心性合一、主客统一之下"性与天道合一"的最好表达。

而在张载之后，朱子在继承二程"天理"作为天道本体的同时，更加注重"天理"本体的客观面相，主要是以宇宙论为规模，以理气关系为枢轴，而以"理一分殊"作为其宇宙论的展开原则。这样一来，所谓"天理"本体也就必须通过理气关系并以"其性""其形"的方式内在于天下的事事物物之中。借用朱子的话来表达，这就成为"人人有一太极，物物有一太极"[2]。所谓"太极"，当然也就是"天理"内在于天地万物并对其进行穷极根源性认识的产物和表现。而此时的"良知"也就通过格物致知实现对天理的自觉。

> 穷理者，因其所已知而及其所未知，因其所已达而及其所未达。人之良知，本然固有。然不能穷理者，只是足于已知已达，而不能穷其未知未达，故见得一截，

1　牟宗三：《心体与性体》，长春：吉林出版集团有限责任公司，2013年版，第459页。

2　黎靖德编：《周子之书·太极图》，《朱子语类》七，北京：中华书局，1986年版，第2371页。

> 不曾又见得一截，此其所以于理未精也。然仍须工夫日
> 日增加。今日既格得一物，明日又格得一物，工夫更不
> 住地做。[1]

可见，朱子之"良知"主要在心之知觉认知活动义而言，所谓心理合一的良知也是在认知活动意义上的心具众理而合一，其实质是心、理异质之合一。所以，心是作为虚灵明觉的知觉而存在，犹如容器一般。人心、道心的显现完全取决于生发之"形气之私"还是"义理之公"。在此意义上的"心"已经全然不同于有内在本原性规定的"性"，只能是不断后天地、认知地具，在工夫上达到心与理的具而合一，而不是先天本有之具。因此，"从天人合一的角度看，朱熹立足于天道，更强调宇宙生化、分殊与认知式的天人合一"[2]。其所谓良知之"良知良能"亦不过是如此特点，这也是阳明批评朱子心理为二的原因所在。

而当阳明沿着朱子认知性的格物致知进路探索学为圣贤时，反复的体证终究难以契入，其问题的关键点就在于"物理吾心终若判而为二"[3]，即理不能与心为一，不仅使得成德工夫失效，还意味着通过穷格草木难以实现天人合其德。所以阳明批评朱子，"纵格得草木来，如何反来诚得自家意"[4]。在此契

1　黎靖德编：《大学五》，《朱子语类》二，北京：中华书局，1986年版，第392页。
2　丁为祥：《从体用一源到本体与现象不二——儒学传统的现代跨越与张大》，《学术界》，1999年第3期，第53页。
3　钱德洪编：《年谱》一，《王阳明全集》，上海：上海古籍出版社，2011年版，第1350页。
4　王守仁：《语录》三，《王阳明全集》，上海：上海古籍出版社，2011年版，第135页。

机之上，也就构成了阳明问题意识的突破，即从自家身心上做工夫，当下承担圣贤成德之路。而此方向也就将朱子强调宇宙生化、分殊与认知式的天人合一扭转为基于主体道德实践而内在超越地天人合一路径。阳明说："（良知）是乃天命之性，吾心之本体，自然灵昭明觉者也。凡意念之发，吾心之良知无有不自知者。"[1] 良知的自然灵昭明觉就是天理，这已然不是一种天理为客体、良知为主体的主客体之间的"认识"关系。良知此时虽然具体表现为道德人伦层面的意念之发，但其知行与视听言动的具体行为，无不是天理在心原本状态中的无遮蔽的显现与敞开。因此，这样一种道德实践中主体与本体的同一既是心与理的合一，也是天人合一的上达工夫。在此意义上，阳明将天人体用一贯的关系表达为："体即良知之体，用即良知之用，宁复有超然于体用之外者乎？"[2] 良知作为体用工夫的统摄者，那么阳明所谓的"致良知"也就是在道德实践中对体用、天人一体贯通的具体落实。由此来看，"阳明反而通过对从认识向道德贯通的可能性之质疑，从而又将道德理性拉回到了伦常日用与道德实践的范围。这样，良知也就开始复归于其道德理性与道德实践的领域本身，并从这一领域重新实现其对整个人生的归整与统摄"[3]。

在此意义上的良知，在充分彰显其主体道德理性价值的同时，对朱子学心、理二分造成的天理本体难以落实在具体的现

1　王守仁：《大学问》，《王阳明全集》，上海：上海古籍出版社，2011 年版，第1070 页。

2　王守仁：《答陆原静书》，《王阳明全集》，上海：上海古籍出版社，2011 年版，第 71 页。

3　丁为祥：《叩问良知的"不能"——关于儒家道德理性的反思与检讨》，《陕西师范大学学报》（哲学社会科学版），2005 年第 3 期，第 16 页。

实社会与人生的紧张感[1]有所化解，即将具有客观面相的形上超越之"天理"归于内在道德本心，而此本心即是道德理性的主体显现，由主体内在的本心本性而在道德实践中实现成己成物，挺立道德人格。因此，良知既是道德善性的本身，又是对自身之善的捍卫者。如果说，从阳明之于朱子学的反思与转进来看，主要在于彰显良知作为道德理性对现实人生的统摄作用，那么，这一向度也反向揭示出良知自我防范与捍卫的可能。如泰州学派将良知完全自然明觉化之后，良知也就失去了其主体与本体的内在平衡性，从而走向主体情识的放荡。这也是良知之为良知，良知教化内在根据的"能"与"不能"。

二　良知教化何以可能

作为道德理性，良知在伦常日用与道德实践的基础上统摄、支撑现实人生，也就意味着在成德工夫的道德实践中，良知始终是作为一种"头脑"义而彰显，具体的工夫也就表现为"识得心体"与"就自己心地良知良能上体认扩充"。但在此心学工夫进路上的道德教化，有一个不可回避重要的问题：良知教化何以可能？对于这一问题的解答，我们必须首先搞清楚"良知教化"是个什么性质的问题。

对此，朱子以其对心的基本认识为据在批评湖湘学派观过知仁工夫时，就已经涉及良知教化何以可能的问题（朱子将其称为"以心观心"）。

1　葛兆光先生认为："虽然这种紧张使人始终对自己的精神心灵有所警惕，但也使人永远处在肯定外在万物和内心情感与否定外在万物与内心情感的矛盾之中，常常在'天理'的绝对律令中失去自由。"参见：葛兆光：《中国思想史》第二卷，上海：复旦大学出版社，2001年版，第303页。

> 夫心者，人之所以主乎身者也，一而不二者也，为主而不为客者也，命物而不命于物者也。故以心观物，则物之理得。今复有物以反观乎心，则是此心之外复有一心，而能管乎此心也，然则所谓心者为一耶？为二耶？为主耶？为客耶？为命物者耶？为命于物者耶？此亦不待教而审其言之谬矣。[1]

在朱子看来，人的主宰之心只是一个心，此心可以观物，物为客观对象性存在，心可以通过知觉活动而认识天地万物之理，如此观之，即可心具众理。此是朱子格物穷理知性进路之必然。在此基础上，朱子批评以心观心，因为主宰之心永远无法以对象化的方式被把握，一旦它作为对象来返观主宰之心，所观之心就已经不是主宰之心，如此一来，也就落入"二心""主客"之弊。因此，朱子明确提出心不能"自识"，而只能"照察"。"心犹镜也，但无尘垢之蔽，则本体自明，物来能照。今欲自识此心，是犹欲以镜自照而见夫镜也。既无此理，则非别以一心又识一心而何？"[2]心镜之喻意在揭示心可以照察物，却不能以心自识其心。如果说，朱子以主体的知性进路认取、观解主宰之心，确实无法实现心之"自识"，那么阳明强调"知是心之本体，心自然会知"，则是以非对象化的主体体知进路实现了良知的"自识"。在此意义上来看，良知的教化问题不仅仅是朱子学与阳明学工夫进路不同取径的表征，更是

1　朱熹：《观心说》，《朱子全书》第 23 册，上海：上海古籍出版社、合肥：安徽教育出版社，2002 年版，第 3278—3279 页。
2　朱熹：《答王子合》，《朱子全书》第 22 册，上海：上海古籍出版社、合肥：安徽教育出版社，2002 年版，第 2257 页。

阳明学如何真正实现道德教化的关键所在。

　　良知教化问题关涉自我道德意识的省察与体知，这就决定了其问题境遇与实质在于现实人生的道德实践之中，而非单纯的理论思辨所能把握。所以，现实人生的立体性也就成为良知自教自化的基本起始点。所谓现实人生的立体性有如马斯洛提出的人的需求层次理论，从生理上的需求、安全上的需求、情感和归属的需求、尊重的需求到自我实现的需求层级而上，整全而立体地张开人生现实的各个面向。这也就折射出一个主体性抉择的问题：作为一元世界的生存境遇，人生在面对各种不同层级的生存境遇时如何透显其精神生命的提升与转化？将此问题放置在儒家所讨论的语境中，既是孟子所谓"思则得之"——"耳目之官不思，而蔽于物。物交物，则引之而已矣。心之官则思，思则得之，不思则不得也。此天之所与我者。先立乎其大者，则其小者不能夺也"（《孟子·告子上》），孟子以心官之思超越现实的耳目感官之思以确立人生之大体，也是张载所谓的"变化气质"——"形而后有气质之性。善反之，则天地之性存焉。故气质之性，君子有弗性者焉"[1]。人作为有形体的现实存在，又不拘限于此，而是肯定道德实践之超越以天地之性为本。由此可见，儒家对现实人生的立体性层级有着充分的理解，但其选择却是在形色天性的基础之上提振人自身的道德精神生命，以此作为人之为人价值展开的立足点，支撑人伦文明的精神地基。

　　而儒家这样一种传统的价值取向，也就决定了从现实人生的感官之思与气质之性超拔上达至大体的确立与天地之性的具

1　张载：《正蒙·诚明》，《张载集》，北京：中华书局，1978年版，第23页。

存，不是一种积累、顺取之路所能实现的，而是要以一种"逆觉"的方式给逼显出来。这是因为经验知识的积累与顺取只存在于客观现象界的范围内，它并不能直接实现对德性的本身的拥有。而所谓逆觉式的"倒逼"也就是不顺着感官之思与气质之性而沦为自然生性的道德本心之自警自觉。阳明龙场大悟以及大悟所得之内容（对朱子的批评）无不是对此问题的展开。所以，良知自教自化的实现从表现上看，似乎是从"顿悟"的神秘体验中而来，实则是由道德本心之内向澄澈、逆觉的"倒逼"而来。牟宗三先生将此种非对象性又能认识到主宰之心自身的方式称为"逆觉体证"[1]。这本身也可以说是对自我生命情态的反求诸己、层层澄澈。在此基础上，蔡仁厚先生对阳明良知此种逆觉式逼显有更进一步的解读：

> 人人有此良知，但为私欲所蔽，则虽"有"而不"露"；即或随时有不自觉的呈现（透露一点端倪），然为私欲气质以及内外种种感性条件所阻隔，亦不得使它必然有呈露，而那点端倪很可能在阻隔限制中又压缩回去。要想自觉地使它必然有呈露，就必须通过逆觉体证。若问良知明觉虽通过逆觉体证而被肯认，但那私欲气质与内外种种感性条件仍然形成阻隔，使它不能顺适条畅地通贯下来以成就道德行为，这时又将如何？对于这个问

---

[1] 关于"逆觉体证"，牟宗三先生根据宋明理学不同的分系走向，划分出"内在的逆觉体证"与"超越的逆觉体证"。所谓"内在的逆觉体证"是就现实人生中良知的发现处，当下体证而加以肯认。此路为谢上蔡、胡五峰所循。而所谓"超越的逆觉体证"则是隔离现实生活，通过体验未发之气象而涵养其本。此路为罗豫璋、李延平所走。参见牟宗三：《心体与性体》，长春：吉林出版集团有限责任公司，2013年版，第351—355页。

题的回答是：仍然要靠良知本身的力量。除此，没有任何绕出去的巧妙方法。因为良知明觉若真通过逆觉体证而被承认，则它本身便是"私欲气质与外物之诱"的大克星，它自有一种力量不容已地要涌现出来。这良知本身的力量，便是道德实践之本质的根据。[1]

蔡仁厚先生一方面揭示出良知在现实人生显露端倪，需要逆觉体证的逼显而成就道德行为，另一方面则直言此逆觉倒逼的力量不是外在"天理"的压迫，亦不是现实欲求的诱惑，而是本于良知自身之不容已的力量。所以，人人内在本有的良知之自知、自有自照是教化实现的"真机"。这一"真机"在阳明对弟子的随机指点上更显真切：

> 郡守南大吉以座主称门生，然性豪旷，不拘小节。先生与论学有悟，乃告先生曰："大吉临政多过，先生何无一言？"先生曰："何过？"大吉历数其事。先生曰："吾言之矣。"大吉曰："何？"曰："吾不言，何以知之？"曰："良知。"先生曰："良知非吾常言而何？"大吉笑谢而去。居数日，复自数过加密，且曰："与其过后悔改，曷若预言不犯为佳也？"先生曰："人言不如自悔之真。"大吉笑谢而去。居数日，复自数过益密，且曰："身过可勉，心过奈何？"先生曰："昔镜未开，可得藏垢。今镜明矣，一尘之落，自难住脚。此正入圣之机也。勉之！"[2]

1　蔡仁厚：《王阳明哲学》，北京：九州出版社，2013 年版，第 24—25 页。
2　钱德洪编：《年谱》三，《王阳明全集》，上海：上海古籍出版社，2011 年版，第 1423 页。

可见，改过既是诚意之省察，又是真实见得良知本体。而此知过改过的实现全在良知之自知。阳明对良知之自知的实现进路有更详细的描述：

> 良知者，心之本体，即前所谓"恒照"者也。心之本体，无起无不起。虽妄念之发，而良知未尝不在，但人不知存，则有时而或放耳；虽昏塞之极，而良知未尝不明，但人不知察，则有时而或蔽耳；虽有时而或放，其体实未尝不在也，存之而已耳；虽有时而或蔽，其体实未尝不明也，察之而已耳。[1]

阳明这里明确指出，良知本体是无起无不起的，即意的发动与知的省察是同时并在的。以良知之起是达不到无不起的境地，如此一来，良知之察也就是超越有善有恶之具体善恶相对之意的知善知恶之知。前者是道德理性的判断能力，后者沾染具体善恶相状的意识活动。而知善知恶又必然带来好善恶恶，因为善念之起而知其为善，便自然有好善之念。所谓"好好色，恶恶臭"便是如此。这也就从良知"无起无不起"而言良知之于意念活动的一时并在，由此明确意识活动的发用是同时伴随着"察之而已耳"的良知之自知。在此意义上，"良知这种自知、自有自照、自反的逆觉乃是'入圣之机'，是人人本具的通向'真己'的能力。它透过'不安''不忍'而警示、提醒吾人不能'顺着官觉感性制约交引滚下去'，不能在物欲混杂的意念

1　王守仁：《答陆原静书》，《王阳明全集》，上海：上海古籍出版社，2011年版，第69页。

大海之中飘荡。我们必须由此不安、不忍而复归心灵的'本位'"[1]。

可见，良知的"自识"在阳明这里是通过反求诸己、逆觉体证的非对象化的主体体知进路所实现。这不仅使得成德工夫成为一种实有诸己的身心之学，还让道德理性对人的生命实存有真实而切己的提升与转化。这也是为什么阳明心学是一种自我教化，自我承担、自我负责的生命学问。但值得注意的是，良知的自教自化可以说是彰显着道德本心之"能"，但这里"能"是由道德本心之"不能"作为其基本前提条件而成立。也就是说，良知之所以实现自教自化的"能"之关键正是其"不能"之底线。而这"不能"的底线就表现在对现实人生经验意识活动的逆觉与澄澈，即在感官欲望与经验意念中道德本心的当下不安与警觉，由此而实现照察与提振。如果没有此"逆觉"与"澄澈"就会发生像泰州学派一样专门在感性知觉上立根，而在"自觉明觉化"与"现成化"的同时，人性的内在根据也就从道德善性走向了自然天性，从而消解了道德教养的内在根据，人生实践也只能在现实感性欲望层面打转。这也是为什么阳明强调"孰无是良知乎，但不能致耳"，此"致"即由道德本心的逆觉与澄澈之扩充。

第二节　作为教化工夫的致良知

阳明自于正德十五年前后正式提出"致良知"，就以此为

---

1 陈立胜：《"以心求心""自身意识"与"反身的逆觉体证"——对宋明理学通向"真己"之路的哲学反思》，《哲学研究》，2019年第1期，第82页。

心学工夫宗旨，更有"千古圣传之秘"与"学问头脑"之称。
从致良知的具体展开而言，阳明及其弟子门人将致良知落实在
讲学教育与觉民教化的实践活动中，始终不离其作为一种教养
工夫的内在规定。这也就意味着致良知不仅仅是一种学理论说
的表达，更是一种实有诸己的自我实现之道德教养（自得之
学）。因此，作为道德教养的致良知教，其教养之何以实现就
体现在由道德工夫实践而达致生命情态的转化与提升。致良知
思想中一个"致"字最为显现此教养的动态义，而此动态义也
同时彰显着致良知作为教养工夫的意义所在。阳明再传弟子
查毅斋曾将此特征表述为："文成公自谓致良知三字为千圣正
法眼藏，自今体验，益信此知人人具足，如饥自知食，寒自
知衣，遇亲自知孝，遇长自知敬，见孺子入井自知怵惕，见呼
蹴之食自知不屑，神触神应，不待学虑，此即是良知，即是本
体，此外更无本体，人皆可以为尧舜者，惟在这些子。"[1]

一　致良知的"致"与"化"

　　致良知作为阳明心学的工夫宗旨，其解决的核心问题就在
于如何实现良知（德性）的教化。因为阳明提出致良知，所
关切的问题是在人人本有之良知上如何指点出一条成德作圣之
路。在此意义上的致良知工夫，可以说其问题意识缘起于与朱
子学的格物穷理工夫进路的相牾，但解决问题的指向则始终不
离良知教化如何实现，即成德的有效性。所以，其中所蕴含的
致良知内在逻辑结构以及其独特的工夫进路就成为我们把握致

1　查铎：《与萧思学书・十四》，《四库未收书辑刊》第16册，北京：北京出版
　社，1997年版，第467页。

良知工夫的关键。

致良知的真正形成是来自阳明与朱学后劲罗钦顺的激辩，因为罗钦顺的辩难将阳明作为安顿自我生命的主体性精神，逼迫到了不得不自我否定的生死路途上，即罗钦顺代表朱子学的立场质疑阳明仅从内在性的"正念头"论格物，难以解决格物与正心诚意之间的逻辑矛盾。这也迫使阳明在从"百死千难"中拈出致良知后，将致良知套在《大学》，全幅展开为心、意、知、物的内在关联，阐明致良知的内在逻辑结构，以此扭转朱子学格物穷理的知性进路弊端。这才有阳明三改《大学古本序》而形成以"致知"为本的《大学》诠释系统，暂且不论阳明以致良知来解《大学》古本是否符合原义，但就致良知本身而言，阳明借着《大学》之格物致知而论良知之心意知物则是对致良知内在逻辑具体展开的说明。

　　《大学》之所为身，即耳目口鼻四肢是也。欲修身，便要目非礼勿视，耳非礼勿听，口非礼勿言，四肢非礼勿动。要修这个身，身上如何用得工夫？心者身之主宰。目虽视，而所以视者心也。耳虽听，而所以听者心也。口与四肢虽言动，而所以言动者心也。故欲修身，在于体当自家心体，常令廓然大公，无有些子不正。主宰一正，则发窍于口与四肢，自无非礼之言动。此便是修身自正其心。

　　然至善者心之本体也。心之本体那有不善？如今要心正，本体上何处用得功？必就心之发动处，才可着力也。心之发动，不能无不善，故须就此处着力，便是诚意。如一念发在好善上，便实实落落去好善；一念发在

217

> 恶恶上，便实实落落去恶恶。意之所发既无不诚，则其本体如何有不正的？故欲正其心，在诚其意。工夫到诚意，始有着落处。
>
> 然诚意之本，又在致知也。所谓人所不知而己所独知者，此正是吾心良知处。然知得善，却不依这个良知便做去，知得不善，却不依这个良知便不去做，则这个良知便遮蔽了，是不能致知也。吾心良知既不能扩充到底，则善虽知好，不能着实好了；恶虽知恶，不能着实恶了，如何得意诚？故致知者，意诚之本也。[1]

此大段文字较为清晰缜密地体现出从格致诚正层面谈致良知的逻辑展开。首先，第一段意在揭示修身工夫落在正心，视听言动的外在行为是由心之主宰而形著于外。这也就意味着道德修养是在自家心体上做工夫，而这主体道德实践的进路也就成为致良知的基本实现方式。其次，从心体上做工夫，就心体而言自然是无善无恶的本然存在，那么工夫从何做起？在阳明看来，工夫就在心之所发为意的地方用，因为意之动是有善有恶的，而本心之所自识、反省使得念念好善恶恶也就走向为善去恶。所以说，诚意乃是作为主体道德实践工夫的关节点，即"工夫到诚意，始有着落处"。再次，阳明晚年在《大学古本序》中将"诚意"改为"致知"，并且明确指出诚意之本在致知。其改动并非是以致知代替诚意，而是强调只有致知才能保证意之所诚，即诚意的实现。这是因为虽然工夫到诚意始有

1　王守仁：《语录》三，《王阳明全集》，上海：上海古籍出版社，2011年版，第135页。

着落，但此意念之诚与不诚只有"人所不知而己所独知"的良知自知。如果知善知恶而不去着实好善恶恶，便是良知有所遮蔽，即良知之不能扩充、推致于好善恶恶的道德行为。这也就无所谓诚意。所以，致知在动态的工夫实现过程中，内在自觉的"知"（见好色、闻恶臭）与外在扩充的"致"（好好色、恶恶臭）是一时并在的，这既是主体诚意的内在要求，同时也是"致知"的必然要求。而当良知心体发用扩充于人伦道德之间时也就表现为真诚恻怛：

> 盖良知只是一个天理自然明觉发见处，只是一个真诚恻怛，便是他本体。故致此良知之真诚恻怛以事亲，便是孝；致此良知之真诚恻怛以从兄，便是弟；致此良知之真诚恻怛以事君，便是忠。只是一个良知，一个真诚恻怛。[1]

此"真诚恻怛"即是天理自然明觉而在道德本心上无所遮蔽的显现，随着此良知发用见在于人伦道德之间，便是"见父自然知孝，见兄自然知悌"，但此发用见在并非现成性存在，而是需要"致"的工夫，即阳明所谓"吾心之良知即所谓天理也。致吾心良知之天理于事事物物，则事事物物皆得其理矣"[2]。所以，"致良知"即是将良知推致、扩充至事事物物之间，事事物物即应其所是而自然呈现。由此来看，"致"不仅表征成德

1　王守仁：《答聂文蔚》，《王阳明全集》，上海：上海古籍出版社，2011年版，第95页。

2　王守仁：《答顾东桥书》，《王阳明全集》，上海：上海古籍出版社，2011年版，第51页。

工夫之动态义，还昭示着成德之方向，即回到事物之应其所是的本身之中而成就道德行为，正如牟宗三先生所解："阳明言'致'字，直接地是'向前推致'底意思，等于孟子所谓'扩充'。'致良知'是把良知之天理或良知所觉之是非善恶不让它为私欲所间隔而充分地把它呈现出来以使之见于行事，即成道德行为。"[1]可见，致知在确保诚意实现的过程中更加强调内与外、身与心、知与行的一时并到。如此一来，阳明所讲身心之学、知行合一也就都在此致知意义上而言。所以说，虽然阳明有以致良知套解《大学》而扭曲"致知"原义之嫌，但就其借助《大学》文本从心意知物的层面言致良知，确实有将朱子学凭借致知所建构的格物穷理的客观面相扭转为主体道德实践的生存世界之意。

阳明借助《大学》文本诠释致良知工夫的内在逻辑环节，意在揭示致良知不同于朱子学格物穷理的知性工夫进路。从中可以看到，其始终围绕良知之"致"是以何种方式实现"化"。工夫与成德确实是整个宋明理学关注的核心问题，但问题在于并非所有的工夫实践都能实现德性的教化。这也是阳明在提出致良知时就有所警觉的地方："某于此良知之说从百死千难中得来，不得已与人一口说尽，只恐学者得之容易，把作一种光景玩弄，不实落用功，负此知耳。"[2]此"百死千难"并非经验性活动的积累，而是个体在具体生存境遇中道德本心不受自然感官欲望裹挟而有警觉自识，并由此逆觉而扩充、推致

1　牟宗三：《从陆象山到刘蕺山》，上海：上海古籍出版社，2001年版，第161页。

2　钱德洪编：《年谱》二，《王阳明全集》，上海：上海古籍出版社，2011年版，第1412页。

道德本心于事事物物，从而实现个体精神生命的提振与转化。在此意义上，阳明的"致良知"之"致"也就并非如朱子学横列顺取的知性穷理之致，而是一种纵贯逆觉的主体道德本心自觉之致。所以说，道德教养的实现是一种基于现实人生进行的"逆运算"。而这种"逆运算"也就是致良知工夫的独特进路。《传习录》中所载师弟子之间关于如何学为圣人的对话对此种工夫进路有生动而真切的显发：

> 一友问功夫不切。先生曰："学问功夫，我已曾一句道尽。如何今日转说转远，都不着根？"对曰："致良知，盖闻教矣。然亦须讲明。"先生曰："既知致良知，又何可讲明？良知本是明白。实落用功便是。不肯用功，只在语言上转说转糊涂。"曰："正求讲明致之之功。"先生曰："此亦须你自家求。我亦无别法可道。昔有禅师，人来问法，只把麈尾提起。一日，其徒将其麈尾藏过，试他如何设法。禅师寻麈尾不见。又只空手提起。我这个良知，就是设法的麈尾。舍了这个，有何可得？"少间，又一友请问功夫切要。先生旁顾曰："我麈尾安在？"一时在坐者皆跃然。[1]

阳明在这里以禅师的机锋点醒友人所求之致良知就在自家心体，其中蕴含着致良知工夫的实践进路的机要：（1）工夫本身非语言推论与理论演绎所能实现，即阳明所谓"在语言上转说

---

1 王守仁：《语录》三，《王阳明全集》，上海：上海古籍出版社，2011年版，第123—124页。

转糊涂"。（2）良知心体自明可致，无须在此之外另求一个工夫彻要，即良知心体之外，无物可致。（3）良知在生存境遇中的见在，决定了其致良知工夫是一种基于现实人生的主体道德实践进路。这些特征时隐时现地见于阳明与诸弟子门人之间的对话、交流，却清晰地勾勒出致良知工夫进路不同于朱子学的地方以及其自身的独特价值。

这样一种"逆运算"方式并非阳明工夫论之独创，乃系先秦儒学思孟一系的基本工夫进路。如《中庸》之"慎独"、《孟子》之"知言养气"，皆与"致良知"的工夫进路相贯通。子思在明确"天命之谓性，率性之谓道，修道之谓教"的《中庸》纲领后，提出"慎独"的修身工夫，意在解决如何在伦常日用中实现中庸之道。毫无疑问，慎独是人们在现实生活中从顺感官欲望走向率道德本性而为的关键。因此，所谓"慎独"也就是戒慎恐惧、内在省察，省察意之所发是顺从感官欲望还是出于道德本性，而此慎独工夫对感官欲望的超越与提振，便是保证现实人生符合中庸之道的关键。然而此慎独并非封闭性的自觉，乃是一念发动处，人自己独己真切自觉，并以此隐微处敬慎其所行，如《大学》所言："诚于中，形于外，故君子必慎其独也。"在此意义上，慎独可以视为"诚意"的一种表现形式，慎独正是以此诚中形外、内外一体的一时并到为根据，从一念发动处言"诚"。而慎独与诚意内外一体、一时并到的统一，无疑是强调成德之内在性一面的开拓和其自我成就的主体性意义，这也成为实现德性教养的关键所在。这一点到孟子则有更进一步的发挥，孟子在《知言养气》章明确提出"志，气之帅也"，即保持道德本心对感官欲望的主宰作用。但与此同时，孟子始终坚持既要"持其志"又要"无暴其气"的内外交养之道，所以，"集义"也就不仅仅是外在的善行积累，而是经由持志养气的诚中形外、身心合一的教养工夫。因此，所谓"德性的教化"，就是本人之内在心性而形著于外在行为的身心一体、内外并在之涵养。所以说，阳明"致良知"本义基本不离此成德之教。

可以看出，致良知所昭示的主体德性教化的工夫进路，既是对朱子学格物穷理知性工夫进路的纠偏，又是由其主体良知本心的逆觉与省察而避免工夫成为一种光景和理论的提撕。这对评判阳明后学工夫论走向有重要的意义。

二　良知见在的"能"与"不能"

致良知作为道德教化工夫，在良知的发用与工夫的推致中，是否见在具足就成为工夫论语境中的重要问题，这也是阳明后学分化过程中的核心问题。仅就"见在良知"的提法而言，阳明并未有专门之论，主要是由王龙溪明确提出"见在良知"说："见在良知，与圣人未尝不同，所不同者，能致与不能致耳。且如昭昭之天与广大之天，原无差别，但限于所见，故有小大之殊。"[1]但龙溪一经提出，就受到了江右聂双江与罗念庵的严厉批评。至王心斋则进一步发展"见在良知"说，在催化晚明王学流弊产生的同时，也招致王门内外士人的大量批评与纠偏。诚如本书在第三章第二节中所讨论，"见在良知"引发的问题成为阳明学走向的转折点，对此问题学界虽然多有关注与分梳[2]，却少从阳明思想语境中谈及良知见在的所及

1　王畿:《与狮泉刘子问答》,《王畿集》,南京：凤凰出版社，2007年版，第81页。

2　参见牟宗三先生《从陆象山到刘蕺山》第四章；林月惠先生《良知学的转折：聂双江与罗念庵思想之研究》第六章。

（"能"）与分限（"不能"）。虽然阳明对此未有明确之论，但"见在良知"所显发的问题意识则是阳明所涉及并充分展开的内容，所以对良知见在问题"能"与"不能"的把握，不仅可以解开阳明后学基本走向中的"见在、现成"问题，还可以贞定致良知教的内在法度，以昭明致良知本义。

阳明在提出致良知之后，就明确"盖日用之间，见闻酬酢，虽千头万绪，莫非良知之发用流行"[1]，即良知之发用就表现在现实人生的具体伦常日用之间，这也成为阳明在与弟子门人论学中，当下指点个体生存境遇中的良知发用以唤醒良知心体的根据所在。而良知的这一性质也确保其以当下见在的方式呈现：

> 良知只是一个，随他发见流行处，当下具足，更无去求，不须假借。[2]

> 先生曰："我辈致知，只是各随分限所及。今日良知见在如此。只随今日所知扩充到底。明日良知又有开悟。便从明日所知，扩充到底。如此方是精一功夫。与人论学，亦须随人分限所及。如树有这些萌芽，只把这些水去灌溉。萌芽再长，便又加水。自拱把以至合抱，灌溉之功，皆是随其分限所及。若些小萌芽，有一桶水在。尽要倾上，便浸坏他了。"[3]

1　王守仁：《答欧阳崇一》，《王阳明全集》，上海：上海古籍出版社，2011年版，第80页。
2　王守仁：《答聂文蔚》，《王阳明全集》，上海：上海古籍出版社，2011年版，第96页。
3　王守仁：《语录》三，《王阳明全集》，上海：上海古籍出版社，2011年版，第109页。

第四章 复归良知：心性根源与工夫结构

> 或问至诚前知。先生曰："诚是实理。只是一个良
> 知。实理之妙用流行就是神。其萌动处就是几。诚神几
> 曰圣人。圣人不贵前知。祸福之来，虽圣人有所不免。
> 圣人只是知几遇变而通耳。良知无前后。只知得见在的
> 几，便是一了百了。若有个前知的心。就是私心。就有
> 趋利避害的意。"[1]

以上三段内容可以视为阳明正面涉及"良知见在"，由此可窥
得阳明论"良知见在"的依据与指向。第一段揭示出良知发用
流行，见在具足，自然呈现，可以视为阳明对良知见在最为直
接的表达，但就其根据而言，则是基于天人体用不二的关系结
构。如阳明所言"体即良知之体，用即良知之用，宁复超然于
体用之外乎"，良知作为体用工夫的统摄者，其用之显现乃是
良知本体的自然发用流行。在此意义上，所谓"见在"便是
依据良知本体而在人伦日常中的当下显现，如此见在良知是与
良知本体具有同一性，当下具足。这样一种体用不二的关系表
达，也就决定了"良知不由见闻而有，而见闻莫非良知之用，
故良知不滞于见闻，而亦不离于见闻"[2]，即在体用二而不二的
关系结构下，良知对于见闻知觉是既超越而又内在的特点。如
此一来，阳明虽言见在良知，却不偏离其良知本体而言。这也
成为阳明论"良知见在"的基本内涵。

第二段所言"今日良知见在如此。只随今日所知扩充到

---

1 王守仁：《语录》三，《王阳明全集》，上海：上海古籍出版社，2011年版，
   第124页。
2 王守仁：《答欧阳崇一》，《王阳明全集》，上海：上海古籍出版社，2011年
   版，第80页。

底"，看似是在论致良知工夫要在良知领悟之机处显发，但其显发的前提则是"我辈致知，只是各随分限所及"，意即致良知工夫是就人的具体分限处推致，即就其个体资质、气禀的差异而做拾阶而上、下学上达的"精一功夫"。可见，阳明一方面承认愚夫愚妇与圣人同，此"同"是就良知先天心体上言，以此作为"人人皆可为尧舜"之成圣根据；另一方面，也看到圣人与愚夫愚妇的"不同"，其"不同"则是就气禀差异性或是道德本心的净染而言。因此，阳明以"精金喻圣"："故虽凡人，而肯为学，使此心纯乎天理，则亦可为圣人，犹一两之金，比之万镒，分两虽悬绝，而其到足色处可以无愧。故曰'人皆可以为尧舜'者以此。"[1] 在此意义上的良知见在，也就决定了良知虽然当下具足见在，但就其工夫的实现而言，即使是"生知安行"位格的圣人也要做个即凡而圣的"困知勉行"工夫，阳明有言："圣人虽是生知安行，然其心不敢自是，肯做困知勉行的功夫。困知勉行的却要思量做生知安行的事，怎生成得？"[2]

第三段则主要在强调"良知无前后。只知得见在的几，便是一了百了"，即良知见在的当下性。所谓"当下性"有两个意义向度的表征：其一，良知在具体生存境遇中呈现的当下性，如"乍见孺子入于井"的道德本心显露。反向也可以说明，良知见在一定是基于主体道德生存境遇中显发，如阳明所谓的"百死千难"。其二，无对待、无计较造作而自然流露的

1　王守仁：《语录》一，《王阳明全集》，上海：上海古籍出版社，2011年版，第31—32页。

2　王守仁：《语录》三，《王阳明全集》，上海：上海古籍出版社，2011年版，第126—127页。

当下性，此向度乃是确保良知发用而无所遮蔽。所以，阳明以良知见在的当下性来反对、批评良知的"前见""前知"或是"良知有起处"的说法。

以上三个方面不仅明确了阳明所论"良知见在"的基本内涵，还标明了其内在价值指向。可以说，阳明对"良知见在"的定位颇有法度，因为"见在"对于阳明而言是从"百死千难"中见在的，不仅对其"能"之真实性有真切的体会，还对其"不能"之"现成性"有着深刻的警觉。这也是阳明讲良知见在要比王龙溪所讲之论深刻的原因。而阳明语境中的"见在"，到王龙溪则成为致良知工夫的机要，并由此"见在"将致良知演绎为"时入良知本体"的高妙工夫。所以说，王龙溪所明确提出的"见在良知"说是对阳明"良知见在"的发展之论。其"见在"之内涵与指向自然与阳明有所不同。

> 良知原是无中生有。即是未发之中，此知之前，更无未发；即是中节之和，此知之后，更无已发。自能收敛，不须更主于收敛，自能发散，不须更期于发散，当下现成，不假工夫修整而后得。致良知原为未悟者设，信得良知过时，独来独往，如珠之走盘，不待拘管而自不过其则也。[1]

> 千古圣学只从一念灵明识取。只此便是入圣真脉路。当下保此一念灵明，便是学，以此触发感通，便是教。随事不昧此一念灵明，谓之格物；不欺此一念灵明，谓之诚意；一念廓然，无有一毫固必至私，谓之正心。直造先天

1　王畿：《滁阳会语》《王畿集》，南京：凤凰出版社，2007年版，第35页。

羲皇，更无别路。此是易简直截根源，知此谓之知道，见
此谓之见《易》，千圣之密藏也。诸友勉乎哉！[1]

王龙溪直言良知可以当下自发地、真实地现成存在，并且
无中生有的良知乃既是未发又是已发，既可以"自能收敛"，
又可以"自能发散""当下现成"，如此一来，就可以"不假工
夫修整而后得"，只需要诉诸信得及良知，而信不信得及良知
则全然求之于"一念灵明"，"千古圣学只从一念灵明识取。只
此便是入圣真脉路"。可见，王龙溪在继承阳明良知可以见在
（良知的存有义与活动义）的同时，以"一念灵明"作为"见
在"之机，而专门在见在上立根。也就是说，王龙溪通过高妙
的"一念灵明"悟入本体工夫，将阳明的"良知见在"发展为
"见在良知"。虽然王龙溪的"见在良知"仍然以阳明"性无不
善，故知无不良"的道德善性作为其本体依据，但就其以"一
念灵明"作"见在"工夫，则在突破了阳明良知见在之"不
能"后，既改变"良知见在"原义，也面临着"见在"所带
来的工夫困境：一方面，由于王龙溪主张"上根"与"生而知
之"的教法，虽然其本意在于强调彻上彻下的本体工夫，却由
于脱略下学上达的道德实践工夫，而使得众人上下与芸芸众生
难以上达、成人，所谓的"人人皆可成尧舜"也就成了一种理
论上的可能性。另一方面，王龙溪对于这一结果并不承认，转
而在即体即用的究竟路途中诉诸良知见在的"一念灵明"，这
也就意味着通过"一念灵明"，良知便当下具足见在。而从大
众、从现实的"其性之所近"出发，掺杂感性欲望与习心习

---

[1] 王畿：《水西别言》，《王畿集》，南京：凤凰出版社，2007年版，第451页。

境也就带来"良知冒领""认贼作父"的潜在危险。所以说，王龙溪"见在良知"说的困境就在于："良知"固然可以"见在"，但"见在"的是否都是"良知"？

这一问题虽然受到了江右聂双江与罗念庵一定程度的纠偏，但泰州学派王心斋等人则在王龙溪"见在良知"的基础上进一步将"见在"推向极致，走向了"现成良知"。对于"见在良知"与"现成良知"，学界一般将二者合用，皆表示良知的当下呈现。但也有学者认为二者含义接近但不等同，"现成"更多表示当下完整的现成存在。[1]如果我们从其各自的语词使用与义理表达来看，二者却有不同。如王龙溪对"现成良知"的使用较为谨慎，其主动使用"现成"远少于"见在"，为数不多的"现成"也是顺着江右聂双江、罗念庵的批评语而言（聂双江、罗念庵不区分"见在"与"现成"）。而泰州学派王心斋等人对"现成"的强调已然成为其学的重要特色。所以说，"见在"与"现成"的使用各有其内在理路作为支撑，而"现成良知"的提出无疑与王阳明、王龙溪关于"良知见在"的看法有着密切的联系（此问题已在本书第三章第二节重点讨论）。

王心斋对良知的理解是基于王龙溪就"一念灵明"之"见在"，而专取良知当下见在、现成存在，并由此现成而当下承担。如此现成化的良知也就直接呈现为感性经验的自然知觉活动：

> 有学者问"放心难于求"，先生呼之即起而应。先生

1　参见彭国翔：《良知学的开展：王龙溪与中晚明的阳明学》，北京：生活·读书·新知三联书店，2015年版，第63—65页。

曰："尔心见在，更何求心乎？"[1]

　　往年有一友问心斋先生云："如何是无思而无不通？"先生呼其仆，即应；命之取茶，即捧茶至。其友复问。先生曰："才此仆未尝先有期，我呼他的心，我一呼之便应，这便是无思无不通。"是友曰："如此则满天下都是圣人了？"先生曰："却是日用而不知，有时懒困著了，或作诈不应，便不是此时的心。"[2]

可见，良知现在、现成在两则相似的问答中都指向了以"呼之即应"的感性知觉活动之心代替道德理性活动之心，就当下性与现成性而言，感性知觉活动虽然也表现为无思之应，却不同于良知的"无思而通"。而王心斋之所以如此理解，无疑是把道德良知自然明觉化的结果，即由自然明觉化而实现良知的现成存在。所谓自然明觉化，就是指依据人的感应知觉把握良知心体，最终实现感应知觉与良知不二的境地。因此，将见在良知加以自然明觉化后，所呈现的也就只能是自然感应知觉的现成存在，而这也成为王心斋从"顺明觉自然之应"角度实现的对王龙溪见在良知的现成化拓展。在此意义上，所谓的"现成良知"，一方面通过自然明觉化而将人性的内在根据由道德善性扭转为自然天性。而此时的"现成"就已然不同于王龙溪明觉自然的"见在"，因为王龙溪的良知见在是以至善的先天性体作为良知存在的本体根据，并通过即体即用，即本体即工夫的方式指向发用层的见在。另一方面，在自然明觉化中将本体

1　王艮：《语录》，《王心斋全集》，南京：江苏教育出版社，2001年版，第17—18页。
2　王士纬：《心斋先生学谱》，《王心斋全集》，南京：江苏教育出版社，2001年版，第91页。

落在"现成"层面，而工夫也就自然是只在"现成"上用功。这也就使得良知本身在自然明觉中得以现成化，即"分分明明，亭亭当当，不用安排思索"。如此，现成良知也就成为王心斋对王龙溪见在良知的现成化拓展，而其"现成良知"的内涵也就不言而喻。

可以看出，王阳明由良知的存有义与活动义引出良知当下见在，就已经内含着良知见在的"能"与"不能"。其后不论是王龙溪还是王心斋，虽言"见在""现成"，其意却已然发生改变，可以视为对阳明"良知见在"的层层逸出。而在此层层逸出中既可以看到阳明后学产生流弊的根源，也可以逆向明确阳明关于良知见在问题所贞定的内在法度。

第三节 四句教与德性教化

阳明晚年提出"无善无恶心之体，有善有恶意之动，知善知恶是良知，为善去恶是格物"的四句教法，既是其晚年的思想宗旨，也是其一生教法的总结。"四句教"一经提出就引起阳明后学的激烈争论，其后更有刘宗周、黄宗羲以及王夫之等人的多方讨论，使得"四句教"成为明清儒学史上最大的学术公案之一。但就阳明提出"四句教"的价值指向而言，无疑是作为一种教法而承载着德性教化的意义。在天泉桥证道中阳明之所以"敲打"王龙溪的"四无"说与钱德洪的"四有"说，其立根处就在"二君相取为用，则中人上下皆可引入于道。若各执一边，眼前便有失人，便于道体各有未尽"[1]，即阳明意在

1　王守仁：《语录》三，《王阳明全集》，上海：上海古籍出版社，2011年版，第134页。

将中人上下全部纳入"四句教"圆融的道德实践中以成就道德人格。在此意义上的"四句教"也就不仅仅是纯思辨性的理论创造或是高妙的工夫境界，而是面向社会大众之道德实践与道德修养的教典。这既是将其称为"教"的根本原因，也是我们把握阳明"四句教"基本内涵的重要价值指向。

一 无善无恶之至善何以可能

关于"四句教"的解读，历来莫衷一是，纷争不断，其中尤其是以首句"无善无恶心之体"争议最大。"无善无恶心之体"不仅因统摄整个"四句教"而决定其内在走向，也因不同解读而直接关乎儒家性善价值存在根据的问题。因此，对于"无善无恶心之体"的解读，首先要从历代纷争中所显发的问题关隘出发，以此还原其基本内涵与价值关怀。

就"无善无恶心之体"的理解来看，率先对其进行发难的一种观点就是，"无善无恶"落入了佛氏之"空"与告子"生之谓性"论。顾宪成径直批评"四句教"首句有"挂空"之嫌："见以为心之本体，原是无善无恶也，合下便成一个空。见以为无善无恶，只是心不着于有也，究竟且成一个混。空则一切解脱，无复挂碍，高明者入而悦之。"[1]其后，清人吕留良则进一步将其归为告子"生之谓性"："无善无恶者，故扯恶与善同灭，所谓：'予及汝偕亡'也。总是极憎恨这'善'字，必欲打掉了乃得。看告子先本作杞人柳之说，后遁而为湍水，又遁为生之谓性，其话头有转换，宗旨只一而已。"[2]之所

---

1 顾宪成：《证性篇·罪言上》，《顾端文公遗书》，第446页，清光绪三年重刻本。

2 吕留良：《四书讲义》，北京：中华书局，2017年版，第750—751页。

以如此理解，是因为从对心之体的界定来看，"无善无恶"的字面义就直接表现出对善恶的否定，如此一来便导致作为道德本体的良知变成了一种无善恶、无价值的非确定性存在，落入告子"生之谓性"，即性如白板，可善可恶，在此意义上，直接撼动了阳明以及儒家自孟子以来性本善的伦理根基。

而对此批评进行回应并维护"无善无恶心之体"为儒家"至善"道德价值的表达，首推刘宗周。刘宗周首先辨析"无善无恶心之体"与告子"生之谓性"的不同："阳明先生言：'无善无恶者心之体'，原与性无善无不善之意不同。性以理言，理无不善，安得云无？心以气言，气之动有善有不善，而当其藏体于寂之时，独知湛然而已，亦安得谓之有善有恶乎？"[1]刘宗周以理言性而证性之至善，以气言心而明具体善恶之动，并在其晚年重要著作《人谱》中开篇便提出"无善而至善，心之体"[2]与"至善，本无善也"[3]。可以说，刘宗周将"无善无恶"界定为"至善"是超越伦理善恶之规定的存在，以此肯定作为儒家道德善性的价值根据。[4]

1　刘宗周:《学言上》,《刘宗周全集》第二册，杭州：浙江古籍出版社，2012年版，第411页。

2　刘宗周:《人极图说》,《刘宗周全集》第二册，杭州：浙江古籍出版社，2012年版，第3页。

3　刘宗周:《人极图说》,《刘宗周全集》第二册，杭州：浙江古籍出版社，2012年版，第3页。

4　刘宗周虽然力证"无善无恶"为"至善"，但其对心、性的界定不同于王阳明，所以在此问题上的具体论证上并非与阳明原义相符。关于刘宗周对"无善无恶心之体"的详细论证请参考高海波:《慎独与诚意：刘蕺山哲学思想研究》，北京：生活·读书·新知三联书店，2016年版；姚才刚:《论刘蕺山对王学的修正》,《武汉大学学报》（人文社会科学版），2000年第6期；武文超:《刘蕺山对王阳明"无善无恶"思想的发展》,《中国哲学史》，2019年第3期。

但值得注意的是，如果从揭示心体至善的超越义角度出发，将"无善无恶"等同于"至善"，那么，"无善无恶"也就成为心体之"至善"境地的描述语，以此作为心体的自在规定，也就无法标识良知本体之"无善无恶"与佛老空无之"无善无恶"的价值区别。因为从本体存在的基本特征来看，儒家的道德本体与佛老的"空""无"都具有"无善无恶"的属性。如慧能以"无念为宗，无相为体，无住为本"[1]，并认为"无念"为"于念而不念"，"无相"为"于相而离相"，如此解"无"意在强调缘起性空，物无自性。而朱子对其天理本体的描绘也具有这一形上超越义，"盖声臭有气无形，在物最为微妙，而犹曰无之，故惟此可以形容不显笃恭之妙"[2]，意在揭示天理本体超越地非对象性存在。可见，以"无善无恶"作为儒家形上本体的独特性并不能确立起至善的道德价值，那么，在何种意义上，无善无恶才可以称为至善？

对这一问题的解答就要诉诸"严滩问答"所提供的角度，因为"严滩问答"就发生在"天泉桥证道"之后不久，如钱德洪与王畿后来的记载，"前年秋，夫子将有广行，宽、畿各以所见未一，惧远离之无正也，因夜侍天泉桥而请质焉。夫子两是之，且进之以相益之义。冬初，追送于严滩请益，夫子又为穷极之说"[3]。在钱、王看来，可以将"严滩问答"视为"四句教"的"穷极之说"，所以"严滩问答"的内涵与指向也就成为破解"四句教"的关键。关于"严滩问答"，《传习录》是这样记录的：

1　慧能：《坛经校释》，北京：中华书局，1983年版，第31—32页。
2　朱熹：《中庸章句》，《四书章句集注》，北京：中华书局，2012年版，第41页。
3　王守仁：《讣告同门》，《王阳明全集》，上海：上海古籍出版社，2011年版，第1599页。

第四章 复归良知：心性根源与工夫结构

> 先生起征思、田，德洪与汝中追送严滩，汝中举佛
> 家实相幻相之说。先生曰："有心俱是实，无心俱是幻；
> 无心俱是实，有心俱是幻。"汝中曰："'有心俱是实，无
> 心俱是幻'，是本体上说工夫；'无心俱是实，有心俱是
> 幻'是工夫上说本体。"先生然其言。[1]

阳明在这里虽然借用了佛家的名相概念，但其所表达的内涵
则是儒家基本精神。所谓"有心俱是实，无心俱是幻"，是就
本体发用的角度而言说工夫，因为"有心"即是肯定作为道
德"至善"而有的心体之存在，这既是落实为"为善去恶"工
夫的根据，也是儒学与佛老空无本体的根本区别。相反，如果
心体之道德至善是虚幻的，则一切善恶之分别也就无意义。至
于所谓"无心俱是实，有心俱是幻"，则是从工夫追求的角度
而言说本体的表现，此时的"有心"又成为工夫在具体善恶相
状上的执着，而其工夫的究极指向也就是自然而然、不着一分
意思的"无心"（"无善无恶"）。所以说，"严滩问答"的重要
性就体现在"从本体上说工夫"与"从工夫上说本体"两种不
同视角。"从本体上说工夫"是即承体起用，从本体的角度照
察、规定工夫；而"从工夫上说本体"则是即用见体，从工夫
的角度彰显本体。

因此，本体与工夫的相即不二，也使得本体自身不是作为
一种实体性的规定而存在，其本体的自身属性就表现在工夫
之中，而以本体为内在规定与动力的工夫也就必须从"为善去

1　王守仁:《语录》三,《王阳明全集》,上海:上海古籍出版社,2011年版,
第141页。

恶"的道德实践中层层超越具体善恶而走向"无善无恶"（本
体工夫）。可见，正是从工夫对本体全面展开的角度，本体才
必然表现为一种"无善无恶"，也就是说，这种"无善无恶"
虽然是一种超越了善恶具体相状的"无善无恶"，但其显发的
根据不在本体的自在规定，而是心之体的"至善"规定在工夫
追求中的表现。所以说，这里的"无善无恶"绝非心之体在实
然层面上的没有善恶，如告子生之谓性所表现的无善无恶而可
善可恶；也不是如佛老之空无所言本体存在的超越、无执著相
的无善无恶，而是在对真善真恶之工夫追求中超越了具体善恶
所表现出的无善无恶。因此，在此意义上"无善无恶"也就可
以称为"至善"。如此一来，在本体与工夫体用一源、相即不
二的维度中也就表现出了四句教的内在圆融，以及贞定了"无
善无恶心之体"的基本内涵与价值指向。

二 一"无"三"有"的回环结构

"四句教"首句虽然表征心体"无善无恶"的超越义，但
此超越义恰恰是心体至善规定在工夫追求中的表现。这也说
明，"四句教"首句所确立的本体性意义，并非作为抽象的、
孤悬的实体性本体而存在，其意义与价值就彰显于工夫之发
用流行中。所以，作为整体性的存在，在体与用、本体与工
夫二而不二的维度下，"四句教"表现出"一无三有"的内在
结构。在此结构中，若单论"一无"，就可能会走向王龙溪的
"四无"，如果单论"三有"，便会走向钱德洪的"四有"。因
此，"四句教"的意义也就必然在"一无三有"的结构中得以
落实与彰显，如唐君毅先生所言："吾人仍不可单提此种之首
句为说，应连下三句，以见其根本意旨之所在。此下三句，固

皆未尝教人以悟此无善无恶之心体为事，而唯是教人以知善知恶，而为善去恶之致知格物工夫；则其根本意旨，固明与禅宗之直下教人不思善不思恶者，不同其路数也。"[1] 所以说，"四句教"所呈现的"一无三有"结构，既是其四句教的基本义理规矩，也是作为阳明行教化之"教"的内在法度。

"四句教"作为王门以及晚明第一大公案，不仅体现阳明晚年最终的定见，还内含着王龙溪与钱德洪两大高弟对阳明教旨理解的分歧，所以"天泉桥证道"的讨论成为我们理解阳明"四句教"最重要的参考，《传习录》记载"天泉桥证道"：

> 丁亥年九月……德洪与汝中论学。汝中举先生教言曰："无善无恶是心之体，有善有恶是意之动，知善知恶是良知，为善去恶是格物。"德洪曰："此意如何？"汝中曰："此恐未是究竟话头。若说心体是无善无恶，意亦是无善无恶的意，知亦是无善无恶的知，物是无善无恶的物矣。若说意有善恶，毕竟心体还有善恶在。"德洪曰："心体是天命之性，原是无善无恶的。但人由习心，意念上有善恶在，格、致、诚、正、修，此正是复那性体功夫。若原无善恶，功夫亦不消说矣。"是夕侍坐天泉桥，各举请正。
>
> 先生曰："我今将行，正要你们来讲破此意，二君之见正好相资为用，不可各执一边。我这里接人原有此二种：利根之人直从本源上悟入。人心本体原是明莹无滞的，原是个未发之中。利根之人一悟本体，即是功夫，

1　唐君毅：《中国哲学原论·原性篇》，北京：中国社会科学出版社，2005年版，第284页。

人己内外，一齐俱透了。其次不免有习心在，本体受蔽，故且教在意念上实落为善去恶。功夫熟后，渣滓去得尽时，本体亦明尽了。汝中之见，是我这里接利根人的；德洪之见，是我这里为其次立法的。二君相取为用，则中人上下皆可引入于道。若各执一边，眼前便有失人，便于道体各有未尽。"

既而曰："已后与朋友讲学，切不可失了我的宗旨：无善无恶是心之体，有善有恶是意之动，知善知恶的是良知，为善去恶是格物，只依我这话头随人指点，自没病痛。此原是彻上彻下功夫。利根之人，世亦难遇，本体功夫，一悟尽透。此颜子、明道所不敢承当，岂可轻易望人！人有习心，不教他在良知上实用为善去恶功夫，只去悬空想个本体，一切事为俱不着实，不过养成一个虚寂。此个病痛不是小小，不可不早说破。"[1]

天泉桥证道中，围绕阳明四句教"一无三有"的内在结构，王龙溪与钱德洪产生了理解上的分歧，而这两种分歧也可以视为王、钱对"四句教"本身的"逸出"，因为王龙溪坚持从"无善无恶心之体"处悟入："上根之人，悟得无善无恶心体，便从无处立根基，意与知物，皆从无生，一了百当，即本体便是工夫，简易直截，更无剩欠，顿悟之学也。"[2]由此心体之无善无恶而推致于意、知、物皆为无善无恶，王龙溪此论意在排除世情嗜欲之杂，使得致知工夫直截立足于无善无恶之心体，则

---

1 王守仁：《语录》三，《王阳明全集》，上海：上海古籍出版社，2011 年版，第 133—134 页。

2 王畿：《天泉证道纪》，《王畿集》，南京：凤凰出版社，2007 年版，第 2 页。

意念之发动无不归于无善无恶之至善，如此一来致知工夫自然简易，悟入本体，便是彻底的本体工夫，简易直截，更无剩欠。这也成为王龙溪判定阳明四句教的"一无三有"不是"究竟话头"的根据所在。可见，在对"四句教"性质的认定上，王龙溪已经逸出了"四句教"的内在规矩。而阳明对王龙溪的提醒更是将其"逸出"的具体特征与潜在问题勾勒出来："利根之人，世亦难遇，本体功夫，一悟尽透。此颜子、明道所不敢承当，岂可轻易望人！"阳明在这里虽然承认"四无"说自有其成立的根据，但主要是因为人的不同资质，即上根与中下根之人的差异，而所谓"上根"也就像"生而知之"的圣人一样，并非现实困知勉行中的人所能承担，但王龙溪的特点恰恰在于敢于承担颜子、明道所不敢承担的，并以超凡入圣自期。

　　问题的关键就在于，现实人生的生存境遇更多的是肩挑手提、汗流泪下的困知勉行，王龙溪则直接倒果为因，以人生超凡入圣之终极追求作为现实成德的入手处，如此一来，"不教他在良知上实用为善去恶功夫，只去悬空想个本体，一切事为俱不着实，不过养成一个虚寂"。所谓"一念灵明"的本体工夫也就成为一种光景。阳明对王龙溪四无说的批评不可谓不切中要害。而此批评、指引之方向也就从侧面反映出阳明对"无善无恶心之体"的定位，即"无善无恶"不是悬空的就本体之自在规定而言本体，而是要在主体为善去恶的工夫中超越具体善恶的表现。因此，"一无"的价值要在"三有"中才能得以彰显。在阳明看来，"四句教"的"一无三有"之所以是教法的定见，原因就在于其作为"中人上下"的"彻上彻下工夫"。这也是阳明始终坚持由"四句教"作为教化之"教"的原因。

如果说，王龙溪"四无"说的逸出是沿着本体上扬而言，那么，钱德洪的"四有"说则是表现在工夫上对为善去恶的持守。在钱德洪看来，心体虽然可以是"无善无恶"的，但由于人受到"习心"的纷扰，就有必要在诚意、正心、格物、致知的层面上为善去恶，以复归其性体本身。由此可见，钱德洪所持守的是"四句教"中的"三有"一边，并将其演绎为一种笃实的为善去恶工夫践履。但不论是王阳明，还是王龙溪都对此有所批评，阳明直言："有只是你自有，良知上原来无有，本体只是太虚。太虚之中，日月星辰，风雨露雷，阴霾饐气，何物不有？而又何物得为太虚之障？人心本体亦复如是。"[1]王龙溪则更为极致地表达为："若在后天动意上立根，未免有世情嗜欲之杂，才落牵缠，便费斩截，致知工夫转觉繁难，欲复先天心体，便有许多费力处。"[2]可见，钱德洪的"四有"说面临着"为善去恶"与"无善无恶"的工夫背反，这样一种背反来自工夫践履中本体与工夫的内在张力：一方面，"为善去恶"作为渐进的工夫次第有其必要性，另一方面，则不能滞碍于善、恶之间而沦为琐碎工夫。而阳明在肯定工夫的基础上指向本体，即工夫是本体之工夫，非执定于善恶之间；本体是工夫之本体，非玩弄于光景之间。本体与工夫的相即不二，意在破除钱德洪在为善去恶工夫上的执定，以确立本体工夫。值得注意的是，阳明虽然批评钱德洪"有只是你自有，良知上原来无有"，却并不否定其为善去恶的工夫追求。而钱德洪的"四有"说，与其说是在后天诚意上的缠绕，不如说是王龙溪

1　钱德洪编：《年谱》三，《王阳明全集》，上海：上海古籍出版社，2011 年版，第 1442 页。

2　王畿：《三山丽泽录》，《王畿集》，南京：凤凰出版社，2007 年版，第 10 页。

从"无善无恶心之体"的逻辑推论——"若说意有善恶，毕竟心体还有善恶在"。因为，钱德洪所坚持的只是将本体之至善标准落实于为善去恶的道德实践中而已，而在现实人生中始终坚持为善去恶的实践追求才可能是工夫进阶的常态。至于阳明对钱德洪的提点，则是就工夫实践非对象性的警惕，而非否定工夫本身。由此可以看出，不论是王龙溪的"四无"说还是钱德洪的"四有"说，阳明对这两种进路的认可与批评始终不离其"四句教"的"一无三有"的内在结构与成德教化的价值指向。也正是两位高弟的"各执一偏"让阳明"四句教"的内在结构得以贞定。

从王龙溪与钱德洪两位高弟对"四句教"逸出的方向来看，主要集中在"四句教"的后三句上。正如上节所论，"无善无恶心之体"的"一无"是要在"三有"中才能得以彰显。因此，后三句的理解也就成为我们把握"四句教"内在结构整体性的关键。分解而论，"有善有恶是意之动"从文义结构上看，涉及心与意的关系，阳明对此一方面认为"心之所发便是意"[1]，另一方面认为"凡应物起念处，皆谓之意"[2]，人们也因此通常认为善恶之别自意念处起，即后天的习染使得意念在发用流行中取得了有善有恶的具体形式。如果从心意知物的义理结构而言无可厚非，但作为四句教中的第二教，绝非是作为一种描述语出场，描述意念之发而为有善有恶，无实际作为"教"的意义。所以，"有善有恶是意之动"一说，是就本体之工夫发用而言，在本体

---

[1]　王守仁：《语录》一，《王阳明全集》，上海：上海古籍出版社，2011年版，第6页。
[2]　王守仁：《答魏师说》，《王阳明全集》，上海：上海古籍出版社，2011年版，第242页。

发用并内在于工夫时，工夫中必然会有对善恶的执着。如果在此缺乏对善恶的执着，就会沦为告子生之谓性式的无善无恶与佛老空无本体之无执着的无善无恶。也正是因为超越善恶的至善，所以才有在工夫发动中表现为"有善有恶"并且必然执着于善善恶恶。而工夫发用中执着于善恶追求的"有善有恶"也可以反证其心之体是作为超越善恶的至善存在。所以说"有善有恶是意之动"并非是意之可善可恶，而是作为心体之意向性的活动，其本身是在工夫发动中表现为"有善有恶"并且必然执着于善善恶恶。如此一来，如何在意之发用中善善恶恶、知善知恶，便涉及四句教中的第三教——"知善知恶是良知"，即良知本身就具有随时知是知非、知善知恶的能力。阳明说："凡意念之发，吾心之良知无有不自知者。其善欤，惟吾心之良知自知之；其不善欤，亦惟吾心之良知自知之；是皆无所与于他人者也。"[1]良知的知是知非、知善知恶本身就是对意念的自识自察。如此一来，为善去恶的道德实践也就成为自本自根的主体工夫。至于所谓"为善去恶是格物"，就是要将良知的知是知非、知善知恶落实在具体的为善去恶的道德实践之中，而为善去恶工夫追求的极致，也就必然达到超越善恶、不习染具体善恶的自然而然之境。这样一来，主体的为善去恶工夫也就因实现超越具体的善恶而全面地表现为心体的无善无恶。

在此意义上，"四句教"也就构成了一个从本体到工夫，又从工夫全面彰显本体的双向回环结构。而在体用一源，二而不二的关系结构下，"四句教"也就表现为本体与工夫的圆融一致性以及由其"一无三有"之结构所表征的工夫追求的无止境性。

1　王守仁：《大学问》，《王阳明全集》，上海：上海古籍出版社，2011年版，第1070页。

三　德性教化的指向

阳明"四句教"的提出，在作为其一生教法之总结的同时，也开启了王门后学的分化与演进。从阳明后学演进的方向以及聚焦的问题来看，与"四句教"有着密切关联。更有甚者，明末王学流弊的滋生又使得批评王学的人直接将矛头对准"四句教"本身。而"四句教"与阳明学派教化之道演进的关系也为我们提供了重新定位"四句教"价值指向的视角，因为从阳明学派教化困境来看"四句教"，不仅能够追踪王门后学在觉民教化过程中之所以产生流弊的原因，由此明确"四句教"之不可荡越的底线，还可以贞定其自身价值指向，即阳明通过"四句教"一无三有的回环结构想要表达什么。

阳明确立致良知的讲学宗旨，转而将"行道"事业诉诸民间大众，由此开启明代中晚期阳明学派的觉民教化之路。但在王门后学落实觉民教化的过程中，逐渐显露其弊，并且在晚明社会引起巨大反响。从阳明学派教化之道展开的逻辑转进来看，王龙溪的见在化落实与王泰州的现成化拓展无疑是两次改变教化方式与性质的发展。而这两次发展又与"四句教"有着密切联系，因为"四句教"是阳明在晚年落实致良知教所确立的纲维，它既彰显着致良知教作为成德之教的终极关怀，也维护着致良知教在具体落实中的真实性与有效性。[1]

1　关于"致良知"与"四句教"之间的思想关系问题，邓国元通过文献考证与义理辨析认为："阳明提出致良知后，存在着如何将此思想落实到《大学》框架，特别是正心、诚意、致知和格物中的问题，进而基于对此四者的理解，将其浓缩为四句教。就结论而言，致良知是一综合性的命题，四句教则是此命题下的分析性命题，二者之间是思想义理上的所属关系，四句教非致良知之外另一新的思想阶段，致良知是四句教的思想宗旨与理论原则。"参见邓国元：《王阳明思想"最后定见"辨证——兼论"四句教"与"致良知"之间的思想关系》，《中国哲学史》，2018年第3期，第86—87页。

具体来看，王龙溪与王泰州各有其偏弊，刘宗周对此有公允的评价："今天下争言良知矣，及其弊也，猖狂者参之以情识，而一是皆良；超洁者荡之以玄虚，而夷良于贼，亦用知者之过也。"[1]所谓"猖狂者参之以情识"，主要指泰州之失在于由自然明觉的现成良知而走向感性知觉、欲望活动的猖狂。而"超洁者荡之以玄虚"则指谓龙溪由理论思辨化而走向良知见在的"玄虚"。就王龙溪而言，直接由理论推演将"四句教"首句演绎为心、意、知、物都是无善无恶，并坚持从先天心体上立根，即通过"四无"确立了一条"超凡入圣"的简易之路。但能否从"先天心体上立根"则要诉诸人的不同资质与根器，而上根之人能够实现"超凡入圣"的关键又取决于"一念灵明"之悟，如此一来对"一念灵明"之悟的强调也就必然会走向"玄虚"。这是王龙溪从主体性出发，将"四句教"之"无善无恶是心之体"的本体内含其中的绝对化表达，也就使得"四无"必然会走向良知见在一路。如果从"四句教""一无三有"的内在结构来看，王龙溪的"四无"明显有脱略"三有"工夫践履之嫌，而其学之后走向一念灵明的见在良知也就实属必然。

至于王心斋，则直接从感性经验的自然知觉活动方面肯认良知，并且认为在此意义上的良知是"分分明明，亭亭当当，不用安排思索"，即良知自然现成的当下显现。而此时的良知本心也就只能是现成的感应知觉之心，这也就意味着，王心斋的良知现成状态是以自然感应知觉代替良知作为先天性体的结果，即由自然明觉化而实现良知的现成存在。而在自然明觉化

1　刘宗周：《解二十五》，《刘宗周全集》第3册，杭州：浙江古籍出版社，2012年版，第248页。

的同时，人性的内在根据也就不再必然是至善之性，而成为一种自然天性。这也就意味着王心斋的自然明觉化，是将人性的内在根据由道德善性扭转为自然天性。如果以"四句教"准则来看王心斋所产生的问题，就在于从感性知觉入手消解了心体之至善在为善去恶工夫追求中无善无恶的表现，而将良知心体现成化为无善无恶的自然之性。这也就意味四句教中至善的良知心体已然被消解为实然的无善无恶，而此时四句教作为教法的意义也就被彻底消解。所以说，在龙溪、泰州最大限度地发展、实现觉民行道的同时，也因见在、现成化的处理，逸出了阳明"四句教"不可荡越的底线，从而使得良知在掺杂感性欲望与习心习境中失去了教化的有效性，所觉只是在感官欲望与人伦日常上打转，也就无所谓真正意义的教化觉民。

从龙溪、泰州两系的偏失来看"四句教"，虽然说阳明"四句教"及其晚年思想中有良知见在、现成的根据，但这并不意味着从阳明这里出发就必然会走向良知的见在、现成化。而这里的"不必然"性也就成为我们逆向澄清阳明"四句教"作为一种"教"，其内在"不可通约性"的底线。

首先，阳明"四句教"是面向社会大众之道德实践的教典，意在将中人上下纳入"为善去恶"的道德实践中，以成德为价值指向。从王龙溪与钱德洪的分歧来看，"四无"代表着从"先天心体上立根"的"利根之人"的工夫，即"一悟本体，即是功夫，人己内外，一齐俱透"。而"四有"则代表着在"为善去恶"工夫中与善恶鏖战的中下根之人的工夫。但阳明收摄"四有"与"四无"的基本立场，则是立足于"中人上下皆可引入于道"的教育、教化。这既是阳明从"立志做圣贤"的"人生第一等事"开始贯穿始终的问题意识，也是"四句教"作为"致良知教"具体纲领性的教法在落实中所要坚守的基本准则与方向。因为，阳明致良知教所走向的觉民行道之路本身就是以学以成人、自觉觉他为指向，阳明觉民以行道的希冀就是要通过赋予每一个个体以良知的自觉，所谓"个个人心有仲尼""良知之在人心，无间于圣愚"，即由充分尊重愚夫愚妇的个体人格之平等，而走向民间大众个体人格的独立之路，这也使得每一个个体当下具足良知，当下即可承担教化之道。这既是致良知教以及四句教最为根本的价值，也是其作为"教法"不可荡越的底线与规矩。

其次，从王龙溪与钱德洪对"四句教"的理解分歧来逆向澄清"一无三有"作为"四句教"的内在结构，除了可以看到由此内在结构所表现出的体与用、本体与工夫的内在圆融之外，还可以进一步明确"一无三有"结构所蕴含的本体与工夫的互摄互补，也就是说"四句教"的整体性就表现为一个内在互补的理路。首句之"无"是为了保证后三后句之"有"的真实性、有效性。"为了保证'四句教'中后三句所说的那些意识行为、身体行为的真诚不伪，就需要在它们的心体源头处去掉善恶的分离对待，以免将善恶加以意念化、理论目标化和功利化。"[1]也就是说，没有首句之"无"，后三句之"有"也就如阳明批评钱德洪"有只是你自有，良知上原来无有"。与此同时，后三句之"有"才能确保"无"得以落实与实现。反之，就会陷入凌空虚蹈，良知本体挂空之嫌，就如阳明批评："不教他在良知上实用为善去恶功夫，只去悬空想个本体，一切事为俱不着实，不过养成一个虚寂。"如此由本体与工夫张

1　张祥龙：《儒家心学及其意识依据》，北京：商务印书馆，2019 年版，第 443 页。

开的互补结构，在相互补充与相互成就中表现出相应的稳定性与不可化约性。这也是阳明一再告诫王龙溪与钱德洪"二君相取为用，则中人上下皆可引入于道。若各执一边，眼前便有失人，便于道体各有未尽"的原因所在。所以说，四句教所内含的"一无三有"结构是其作为"彻上彻下功夫"的内在根据与规矩，维系着其作为"教"的价值维度。

可见，"四句教"并非王龙溪眼中的"权法"，而是阳明晚年思想之定见。其内在结构所表现出的完整性与不可通约性，不仅关涉四句教的基本内涵，更涉及心学教化得以实现的内在准则与底线。因此，从王学教化困境来逆向澄清四句教，既是对"四句教"的价值贞定，也是对阳明后学教化困境的根源反思。

第五章 世俗效应：理论限度与现实张力

作为阳明学派所共同奉行的学问宗旨，致良知教经由龙溪、泰州的见在、现成化拓展而风行天下，亦因其见在、现成化的处理而渐失其传。良知的见在、现成化引发了儒家伦理的世俗化动向。所谓"世俗化"，其原义是指西方传统宗教（基督教）的超验秩序解体逐渐转向对世俗生活的肯定，在儒家哲学语境下则表征超越的天理世界完全内在化于日用伦常，日常之中不再有超越的世界，世俗生活本身构成存在意义的实质。阳明学派致良知教的突破与折载，便呈现出一个动态的世俗化走向，它一方面因纳本体于主体而肯定自我当下状态中的主体性，为觉民提供基础，另一方面又因消解本体而将其视为主体自然的本然性，走向工夫恣意放任的流弊。世俗化成为阳明学派建构致良知教的重要特征，而反思这一特征的理论限度与现实张力，就成为探明致良知教既突破又折载的内在原因。

第一节　世俗化：阳明学派致良知教的新动向

在龙溪、泰州对阳明致良知教的拓展过程中，表现出鲜明的世俗化特征。而世俗化特征的形成并非一蹴而就，在阳明那里就已见端倪。儒家一直以来就有日用常行的面向与关怀，从广义上说，日用常行、百姓日用作为儒家哲学的重要价值取向，其本身就有世俗的意味。那么，为什么阳明学派围绕致良知教展开的道德实践又会表现出世俗化的特征，"世俗"与"世俗化"在儒家哲学的语境中有着什么样的关联与区别，这就成为我们把握致良知教所出现新的伦理价值动向，不得不去解决的问题。

所谓"世俗化"，在一定意义上是有广义与狭义之分。我们所熟知的内涵是在狭义上使用，主要指西方社会现代性发展的特点，即宗教影响（基督教）的衰落以及相应对世俗生活的肯定。这个定义虽具概括性，但又不免简略。查尔斯·泰勒在《世俗时代》一书中，辨析了三种世俗化的内涵与指向，试图对世俗化提供一种新的理解。他批评了前两种广泛流传的世俗化叙事："第一种着眼于共同的体制与实践，以国家（the state）最为明显（但并非唯一）。"[1]"第二种意义上的世俗主义经常被看作基督教信念的衰落；这种衰落被视为主要是由其他信念——对科学和理性的信念的兴盛所推动，或是由诸多具体学科的成果所推动，例如进化论学说，或对心智功能的神经心理学解释。"[2]泰勒对这两种广为流传的看法提出了挑战的方向："我想要界定和追溯的是这样一种变化，它将我们从一个实际上不可能不信上帝的社会，带入了另一个社会，在其中，信仰（甚至对最坚定的信徒而言）只是诸多人生可能性之一。"[3]不难看出，泰勒最为关心的问题是：世俗的生活经验是如何取代具有宗教超越性的生存体验的？在追问中，他的回答落在意义框架的更替，也就是说，现代社会在宇宙、社会与人

1 ［加］查尔斯·泰勒：《世俗时代》，上海：上海三联书店，2020年版，第3页。
2 ［加］查尔斯·泰勒：《世俗时代》，上海：上海三联书店，2020年版，第7页。
3 ［加］查尔斯·泰勒：《世俗时代》，上海：上海三联书店，2020年版，第5页。

伦层面的秩序都被理解为一种没有超越性的世俗秩序，世俗本身就构成其存在的意义。基于这样一种在意义框架更替过程中所表现出的世俗性与超越性的张力，我们可以说，广义层面上的世俗化可以被理解为：是在更为普遍的意义上言世俗之上没有超越的世界和价值，世俗化生活的所有意义都在当下。而这样一种广义的理解，也就使得问题本身跳脱出西方现代社会发展的具体语境，成为具有普遍性价值的重要问题。而广义世俗化所表征的问题，同样存在于阳明学派教化之道的突破与折戟过程。

　　阳明学派在诠释与实践致良知教中推动儒学从"世俗"走向"世俗化"，有两个重要理论节点：其一，阳明致良知教将天理落实于道德主体，使道德至善根植于人的内在本心本性，个体通过良知获得解放，由此开启儒学世俗化的可能与端绪。其二，泰州学派直接从感性经验的自然知觉认领当下见在的良知，所呈现的是自然感应知觉的现成存在，超越之"道"因此消解为"百姓日用"本身，儒学走向世俗化。这一历程就表现为从阳明到龙溪再到泰州的见在、现成化转向。世俗化在阳明那里的表现，并非所"化"之后的结果，而是世俗化的可能。其可能性的形成，关键在于阳明天理观的变化。值得注意的是，良知的提出与天理观的变化息息相关。沟口雄三先生认为："由'性即理'向'心即理'的命题转换，它展示的不是性向心的发展，而是宋代理观向明代理观的展开。……宋代理学把性置于情的最深层，要让性不断地收敛包含恶在内的浮动的情；阳明学则将性情未分之态整体看成是天理的完全呈现之态，这样一种阳明理学的兴起，显示出它不是一般性地针对所有人，而是要应对明代人的现实状态建立起新的理观这样一股明代的思想冲动。"[1]阳明由"格竹"事件走上对朱子学的批评，并将朱子学的弊病归结为"析心与理为二"。心、理二分可以说是朱子心、理异质的关系结构，并不影响其二者以"心具众理"方式而合一。但也正是这一内在结构，让阳明在成德工夫上感受到了心与理之间的缝隙。朱子对天理的高扬是落实在性的层面，意在确立儒家道德性善的本体依据。但由于朱子对理气形上形下的严格分判，虽然可以由道德法则的超越性、普遍性确立一个"净洁空阔"的天理世界，但也因天理难以落实于心而有挂空的危险，这样的道德法则会因未能诉诸个体生命的情实，最终沦为空洞的形式。在此意义上，阳明拒斥与自身性情（心）不相应的天理，将天理的超越形态落实在性情未分的整体之"心"中，表现出相即不二的存在状态。如此一来，阳明在解决朱子学"析心与理为二"的弊病时，将理引向了"自然"的一方面，即肯定人的自然情实，从而使得天理的内涵发生了变化。自阳明始，明代人追求真实的性命，以及反对由虚构之理对真实性命的遮蔽。我们可以说，世俗化进程中对天理的反思与消解，并非源于对天理本身的拒斥，也并非对抗社会秩序的理性原则，而是以真正的"理"去激活沦为虚构的"理"。因此，良知的提出即是要将人本来性的状态在最真实、具体的状态下呈现出来，这样就将本来性与自我的现实存在最大限度地统一起来。如此一来，阳明就将良知以"随时知是知非"的方式落实于愚夫愚妇心头，为民之所觉提供可能。阳明的圣人观对此有直接反映，不同于与宋儒将圣人视为天理

1　[日]沟口雄三：《中国前近代思想的屈折与展开》，北京：生活·读书·新知三联书店，2019年版，第126页。

具足之人，人学而皆可成圣是在变化气质的工夫实践中达到具足天理的本然状态。阳明的圣人观则是将天理的本然性落实于气质的自然性之中，以相即不二的方式在当下最大限度地赋予现实存在以普遍性。正如沟口雄三所言："阳明学一方面把理委托给生活于现场的各个现在之'我'，一方面呼唤这些个'我'的主体性道德的觉醒和依据这个'我'的主体性秩序的确立，乡村的父老、城市的商人固不用说，甚至普及到广大的庶民之间，产生了众多的自觉性、主体性的人的形象。"[1]

　　如果说儒家伦理世俗化在阳明那里获得了一种可能性，那么龙溪与泰州通过见在、现成化的方式落实良知本体，则开启中晚明儒家伦理的世俗化。龙溪因强调先天赋予主体之良知与主体自觉到良知是同步完成，在确保先天与明觉无先后之分的情况下，须求之于主体的"见在"。正如杨国荣先生所言："如果说，王阳明着重指出良知作为潜能而构成了德性培养（成圣）过程的出发点，那么，王畿则进一步强调，良知作为成圣的内在根据，表现为一种自为主宰的见在明觉。前者着眼于过程，后者则在把先天之知直接规定为明觉的前提下，将注目之点集中于本体与工夫、本体与境的当下（既成）关系。"[2]见在良知带来儒家伦理世俗化，关键点在于突出见在明觉的作用中使得民之性命建立于自然之本来，这为良知之道如何遍在化为百姓日用提供了基础。反映在性命论上，龙溪主张气质与义理的合一，"甘食说色"的情欲是性中应有之义。王畿对于

1　［日］沟口雄三：《中国前近代思想的屈折与展开》，北京：生活·读书·新知三联书店，2019年版，第252页。
2　杨国荣：《王学通论：从王阳明到熊十力》，上海：华东师范大学出版社，2018年版，第99页。

情欲之性的肯定与其性气观有关，他说："性是心之生理，性善之端，须从发上始见。恻隐、羞恶之心，即是气，无气则亦无性之可名矣。"[1]性善之端须从气之发用流行上认取，因为恻隐、羞恶、辞让、是非之心皆是气。这一认识虽然沿袭阳明，但与程朱理学关于四端七情的认识有明显差异，如陈来先生指出："朱子至多把七情看作是气之发，四端则被认为是理之发；而照阳明的看法，似乎只要是'发'，就属于'气'。"[2]王畿之所以强调"无气则亦无性之可名"，是因为离开气，性就只是抽象的存在，无关于个体生命情实。如此一来，天理之自然相即于自然之生理。王畿一方面认为天理之自然是即生理（性情）之自然而显发，另一方面又始终保有天理之本来性。所以，王畿虽然肯定情欲，但其所肯定之情欲是"有个自然天则在"，而非"自然之生理"。真正走向"自然之生理"的是以王心斋为代表的泰州学派，龙溪的见在化处理为泰州学派走向现成良知的自然明觉提供了基础，心斋则以自然感应知觉代替良知先天性体而走向"现成"，即由自然明觉化而实现良知的现成存在。从现成存在认领良知，无异于将良知等同于自然知觉，将伦常秩序建立在自然之性上。

使得这一伦理基础真正发生改变的是李贽。李贽将天理建基在真实性命的原初状态，自然本来的衣与饭构成人伦物理的基础，生活于社会活动中的人的客观普遍性也就扎根于此，从而形成以世俗化为特征的新人伦物理观。他说："穿衣吃饭，

1　王畿：《性命合一说》，《王畿集》，杭州：浙江古籍出版社，2023年版，第219页。
2　陈来：《有无之境：王阳明哲学的精神》，北京：人民出版社，1991年版，第89页。

即是人伦物理；除却穿衣吃饭，无伦物矣。世间种种皆衣与饭类耳。……学者只宜于伦物上识真空，不当于伦物上辨伦物，……所谓'空不用空'者，谓是太虚空之性，本非人之所能空也。"[1] "真空"即是人的自然状态，他在强调自然的过程中是把内在原初状态的当下自然认作本来性存在，如此一来，本来不是自然，反而自然是本来。基于自然的本来也就可以直接将人的自然状态还原为"穿衣吃饭"，还原为"童心"。因此在李贽这里，阳明良知的本来性自然彻底被扭转为童心的自然性本来。这里的意义不仅仅在于肯定人欲的正当性[2]，还在于自我的普遍性。在李贽看来，成圣是人人当下现成的，不需要需求超越性、普遍性的理。换言之，儒家的善不是抽象、定质的，反而是在个体之不容已处，并且人人当下现成具在，由此获得了一种普遍性，这也标志着李贽"穿衣吃饭即是人伦物理"新的儒家世俗伦理形成。

第二节　致良知教的世俗化限度及其历史效应

儒家历来强调伦常日用的价值取向，但当伦常日用构成存在意义的实质，显发其世俗化的特征时，伦常日用还能否保持自身的有效性，发挥应有价值。因此，限度问题就成为我们不

1　李贽：《答邓石阳》，《焚书》，北京：中华书局，2009 年版，第 4 页。

2　关于中晚明时期泰州学派对于"人欲"的肯定，沟口雄三先生认为："'人欲'不单纯是个体的生理性、本能性即一己之内式的'欲'，它是'物质''所有'等的外向性即社会性的'欲'。个体之欲的本然是一己之内式的反身自求，与此不同，这个社会性的'欲'之本然是作为多种欲望相互间的问题而被社会化了的。"（参见［日］沟口雄三：《中国前近代思想的屈折与展开》，北京：生活·读书·新知三联书店，2019 年版，第 67 页。）

得不思考的重要内容。龙溪、泰州在落实致良知教的过程中所显发的弊病与困境，便涉及世俗化的限度问题。

所谓"限度"，并非实然层面否定性的不可能，而是应然层面不能如此的界限。在阳明后学对致良知教的落实中，虽然其目的在于落实与强化百姓日用，但手段或方法却使得儒家伦理从世俗的面向走向了世俗化。值得注意的是，这里所言的世俗化是中性义，并非贬义性质。在龙溪、泰州的拓展中，世俗化之所以形成的关键就在于见在、现成化。龙溪从见在良知的角度出发，在追求一念灵明中容易掺杂感性欲望与习心习境，从而失去工夫的有效性，使得"人人皆可成尧舜"的成德根基变为一种理论可能性。可以说，龙溪这里虽然以见在良知提供了日用常行遍在化的可能，但并未突破界限。因为，龙溪是从本体内含于决定主体的角度出发，以先天心体上立根进而实现主体性的一念灵明。此一念灵明是基于体用、寂感、本体工夫、未发已发的整体一贯关系模式。如此一来，先天心体的超越性并未被遍在化的见在良知所消解，但全然落在"一念灵明"的见在上，此时的见在也难以确保在日常感性经验的知觉活动中见在的都是良知。泰州学派则在此基础上，由自然明觉的感性知觉将良知进一步现成化，如此一来就会导致以下方面的困境：其一，脱略工夫。泰州学派对工夫的脱略是现成良知的必然结果，在其看来，良知无所遮蔽，无须致知工夫："良知无时而昧，不必加知，即明德无时而昏不必加明也。"[1]工夫的脱略带来的是本体的消解，因为在真正的工夫实践中，本体

1　王栋：《王一庵先生遗集》卷一，《四库全书存目丛书》子部第十册，济南：齐鲁书社，1995年版，第52页。

发动为工夫时必然蕴含着价值本体，即善恶之别的价值判断。这不是对善与恶的滞碍，而是在超越具体善与恶的相状后，对心体至善的价值规定性的持有。儒家道德实践由此表现为善善恶恶而为善去恶，良知作为无善无恶之"至善"的价值标准，它随时知善知恶、知是知非。其二，认欲作理。泰州学派多将自身现成具有"不容已"的自然状态视为本来性的存在，这也就意味着理已经完全成为凭借个体现成自然的判断之理。换言之，理为自然的本来性状态之理，而非本来性自身之理。这样一种自然也就走向个体之所近的感官欲望的呈现，最终与本来性绝缘。明清之际就有学者批评泰州学派对于朱子、阳明天理观的改造，以及出现的认欲作理问题。其三，人伦基础的改变。李贽将天理建基在真实性命的原初状态，自然本来的衣与饭构成人伦物理的基础，形成新的人伦物理观。如此一来，人性的内在根据也就不再必然是至善之性，而成为一种自然天性。自然天性对先前人伦秩序的挑战就在于，一方面率自然天性而为，陷入任情悬空之弊，从而蔑视人伦秩序；另一方面，对于自然天性的范导有可能走向一种更加强调后天规范的人伦秩序。这两方面看似是矛盾的，但其实前者是结果，后者是结果所引发的新走向。可见，这些理论与实践的困境本身也成为致良知教在走向世俗化过程中的限度所在。

　　阳明学派推进中晚明儒学的世俗化，实质上是道德精神超越与内在的张力问题。如果说阳明良知本体的当下呈现代表着人的道德超越精神，那么龙溪、泰州沿着见在、现成去理解良知，必然会从当下世俗层面落实道德精神，使其全然沉浸于现实生活。换言之，龙溪、泰州是消解了理学形上与形下之间的内在张力。对于理学形上与形下的内在张力，过分强调任何一方都可能会陷入张力的断裂。如过分强调形而上的体或终极境界，很容易造成形上世界的空疏，并产生高远玄妙的形上世界如何落实到日用伦常的形下世界的断裂危机。反之，如果过分强调形下世界的用，很容易造成形下世界的情识之荡，并产生日常经验的形下生活世界如何有价值与意义的生成的问题。龙溪与泰州正是在解决理学形上与形下之间的张力中，走向一偏而使得流弊滋生。刘宗周最早将龙溪与泰州的流弊分别概括为"玄虚而荡"与"情识而肆"：

> 嗣后辩说日繁，支离转甚，浸流而为辞章训诂。于是阳明子起而救之，以良知一时唤醒沉迷，如长夜之旦，则吾道之又一觉也。今天下争言良知矣。及其弊也，猖狂者参之以情识，而一是皆良；超洁者荡之以玄虚，而夷良于贼。[1]

"猖狂者参之以情识"主要指泰州之失在于由自然明觉的现成良知而走向感性知觉、欲望活动的猖狂。泰州在感性知觉与欲望活动的主导中良知本体完全内在化于形下经验世界的活动中，并且经验世界构成其存在的意义实质。而"超洁者荡之以玄虚"则指谓龙溪由理论思辨化而走向良知见在的"玄虚"，龙溪对本体的追求是从本体内含于主体的角度出发，以主体的一念灵明实现本体的确立。而如此本体的主体化特征也就会使得良知心体走向玄虚一面。由此可见，世俗化的限度问题实质

---

1 刘宗周：《解二十五》，《刘宗周全集》第 3 册，杭州：浙江古籍出版社，2012 年版，第 248 页。

上是理学形上与形下的张力关系，即超越性如何有效地落实、成就文化形态的内在性表现。

王学流弊在晚明社会引发了士人群体的集体性反思，其历史效应主要表现在三个方面：其一，心学工夫；其二，社会伦常；其三，政治秩序。在心学工夫方面，东林学派顾宪成、高攀龙的批评最具代表性。顾宪成与高攀龙以性善论反对无善无恶说，无善无恶说虽然出自阳明四句教的首句"无善无恶心之体"，但经过龙溪与泰州的见在、现成化拓展，其内涵已然不同于阳明所谓的"无善无恶"。而中晚明时期士人将引发王学流弊的根本原因都归于"无善无恶"说。顾宪成说："所谓无善无恶，离有而无邪？即有而无邪？离有而无，于善且薄之而不屑矣。何等超卓！即有而无，于恶且任之而不碍矣。何等洒脱！是故一则可以抬高地步，为谈玄说妙者树标榜，一则可以放松地方，为恣情肆欲者决堤防。宜乎君子小人咸乐其便，而相与靡然趋之也。"[1]顾宪成对"一则可以抬高地步，为谈玄说妙者树标榜"的龙溪玄虚之弊，以及"一则可以放松地方，为恣情肆欲者决堤防"的泰州恣肆之弊，都有着清晰的认识。在对心学工夫的具体纠偏上，高攀龙表现为朱子学与阳明学的双向矫正特点，其主张的格物之学，一方面以程朱的格物穷理纠偏王学因过分强调内在灵明而缺乏外向穷理的规范，另一方面，以阳明诚意之致知修正"以知为宗"从而转向"以善为宗"。这也成为后来士人纠偏心学工夫流弊的主要方式，但这样一种方式不论是在东林学派还是如冯从吾等心学传人，都在

1　顾宪成：《小心斋札记》，北京：中国社会科学出版社，2020年版，第267页。

形上与形下的张力之间存在着不同程度的裂缝。这也是为什么在明清儒学转型之中，对于王学流弊的纠偏与反弹会使人们再次走向经世之偏。

在社会伦常方面，龙溪与泰州对致良知教诠释的世俗化走向，无疑为中晚明社会伦常秩序带来了新的变化，伦常关系与礼法角色的形态往往是基于社会结构的调整而改变。龙溪与泰州在以见在、现成良知主导儒家伦理走向世俗化的时候，首先是在儒者群体成员的构成上由以往的士大夫阶层扩展到包括农工商贾在内的其他社会阶层，出现大量布衣儒者。王心斋就是以布衣身份从学于阳明门下，并且成为开启泰州学派的重要人物，泰州学派中出现大量布衣儒者，甚至有从事手工业者，以手工业为生的同时又在乡间讲学传道。黄宗羲曾这样表彰过韩贞："以化俗为己任，随机指点农工商贾，从之游者千余。秋成农隙，则聚众讲学，一村既毕，又之一村，前歌后答。弦诵之声，洋洋然也。"[1]大量布衣儒者的出现，意味着社会结构的阶层变化，这种变化在阳明学派的世俗化进程中是通过观念的形成与方式的落实来实现的。在观念方面，早在阳明就有"与愚夫愚妇同的，是谓同德。与愚夫愚妇异的，是谓异端"之说。[2]龙溪在《书太平九龙会籍》中写道："惟业举子也，既而闻人既可以学圣，合农工商贾，皆来与会。"[3]阳明精金喻圣最能显发这种观念的形成，他区别"万镒之圣"与"一两之

---

1 黄宗羲：《泰州学案》一，《明儒学案》，北京：中华书局，2008 年版，第720 页。

2 王守仁：《语录》三，《王阳明全集》，上海：上海古籍出版社，2011 年版，第121 页。

3 王畿：《书太平九龙会籍》，《王畿集》，杭州：浙江古籍出版社，2023 年版，第203 页。

圣"的差别，所同之圣在于良知人人内在而本有，而所异之分两无非在于才力以及致其良知的程度差异。这一观点后来经由泰州学派的现成良知发展而得到进一步的强化。对于落实的方式而言，毫无疑问是讲学。以泰州学派为代表的讲学不仅在对象上不拘泥于阶层，或行商坐贾，或乡村野老，或衣冠大盗，均平等对待。在讲学内容上已然不同于前儒的章句注疏，而是注重"觉悟"与"践履"。然而值得注意的是，龙溪与泰州在社会伦常方面带来新变化的同时，由于形上与形下之间张力的断裂，新的潜在风险也随之而来，主要表现在：一方面是人欲与天理的裂缝，即将天理建立在真实性命的原初状态上（情欲），自然本来的衣与饭构成人伦物理的基础，而这一基础是否能够保证其有效性；另一方面是知识与道德的裂缝，即主体的道德灵明知觉不断放大后，会减弱或遮蔽知识对于成就圣贤人格的意义，像颜钧等人身上已经出现鲜明的反知识化倾向。

对于政治秩序而言，明清之际士人对王学流弊的批评从工夫论的论域逐渐走向政治领域，最为尖锐的就是王学误国论。如张履祥说："近世学者（指阳明学），祖尚其说（指象山学），以为捷径，稍及格物穷理，则谓之支离繁碎。夫恶支离则好直捷，厌繁碎则乐径省，是以礼教陵夷，邪淫日炽，而天下之祸不可胜言。"[1]顾炎武甚至直接指出王阳明要对明王朝的灭亡负责："《宋史》林之奇言：昔人以王（衍）何（晏）清谈之罪甚于桀、纣，本朝靖康祸乱，考其端倪，王氏实负王、何之责。"[2]王学误国论从历史史实来看，显然是没有依据的批

1　张履祥：《与何商隐一》，《杨园先生全集》，北京：中华书局，2002年版，第111页。

2　顾炎武：《日知录集释》，长沙：岳麓书社，1994年版，第667页。

评，但其批评能够反映出当时士人意识到王学流弊所面临的形上与形下之间张力的断裂，已经影响到政治秩序的变化。当然，从明清之际士人的批评来看，他们主要认为空谈心性是误国的主要原因。其实，龙溪与泰州对政治秩序的影响是积极的，"觉民行道"的转折带来的是政治主体的转换，政治主体不再是单向度的由君主或儒家士大夫来承当，而是扩展到了整个社会大众。[1]在此意义上，儒家士大夫所承当的社会政治理想便有了新的落实方式。而这样一种转向不仅意味着对君主作为政治主体的消解，还使得民众作为政治主体的意识得以觉醒。当然，这里的政治主体意识并不是指谓如现代公民的政治自由权利的自觉，而是常常与伦理道德意义上的主体意识交织在一起。具体而言，政治主体意识的缘发是由主体道德意识的觉醒走向个体生存权利的独立。这一点作为阳明心学的思想因子，在经历明王朝政权的衰亡后，作为心学传人的黄宗羲，立足于心学的主体德性精神，发出了"天下之大害者，君而已矣"的重要历史回响。

---

[1] 彭国翔认为："从阳明学的这一主张出发，政治主体非但不能为君主所独揽，甚至也不能仅由儒家知识人来承当，包括社会大众在内的每一个个体，都可以而且应当作为一个政治主体来发挥作用。"请参见彭国翔：《阳明学的政治取向、困境和分析》，《深圳社会科学》，2019年第3期，第28页。

结

语

致良知教对于阳明及其弟子后学而言，是一套工夫实践的行为系统，而非话语的论证系统。阳明学派围绕致良知教所展开的道德实践，从个体道德自觉的唤醒到社会伦常秩序建构的觉民，无不彰显着致良知教确是一种成德之教。然而在阳明学派的发展过程中，之所以能够在中晚明掀起一场影响巨大的社会思潮，其本身蕴含着教化的突破与折戟之间的张力。如果说阳明接续儒家成德教化之路，在肯定"良知之在人心，无间于圣愚"[1]的基础上，打破社会阶层的身份认同壁垒，为觉民教化提供内在根据与价值方向，那么龙溪、泰州的见在、现成化处理，使得民直接从现成的自然明觉中获得道德个体意识的自觉，当下成为承担儒家教化之道的行道主体，觉民行道由此在泰州一系得以充分实现。然而，当见在、现成化落在一念灵明，就会导致一方面脱略工夫，另一方面从"性之所近"出发，掺杂感性欲望与习心习境会带来"认贼作父"的潜在风险，这也造成阳明学派推进教化觉民的自身困境。在"风行天下"与"渐失其传"的张力之间，也就为我们提出一个重要问题：如何认领良知？如何守护良知？

　　王龙溪对良知的见在化处理，主要是在主体性的推进中专

1　王守仁：《答聂文蔚》，《王阳明全集》，上海：上海古籍出版社，2011年版，第90页。

以先天心体立根，而确保先天心体在主体中的绝对化存在，就只能诉诸"灵明"与"见在"的方式。但此"一念灵明"的上达工夫并非从王龙溪现实人生实践的步步开显中得来，而是以其超高的领悟思辨能力对先天心体的直接洞悉。如此一来，必然会冲淡对道德践履的笃行，而其所谓"一念灵明"工夫，实质上也只能是"口中劳劳"的理论思辨工夫与"玄虚"的表演工夫。这一问题同样表现为"良知"在现代语境中的学理思辨化与现实工具化。在现代人的眼中，"良知"的存在形态似乎是多样的，更像是"一千个读者就有一千个哈姆雷特"。当人们将"良知"加以对象化的聚焦和近己之身的诠释时，就会产生不同形态的良知。对于学者而言，良知是一个概念命题或理论形态；对于一般人而言，良知既可以是一种酸腐过时的"道德规范"，也可以是一种"于我心有戚戚焉"的成功法门。之所以如此，其根源就在于人们已经将"良知"当作了一场话说，不再是"公是非，同好恶"[1]的是非之心，不再是"见善不啻若己出，见恶不啻若己入，视民之饥溺犹己之饥溺"[2]的同然之心。而这些根植于人内在本己的本心本性，正是剥去对象化、工具化之后所坦露的良知本真。因此，良知只有一个，它一定是主体现实人生肩挑手提、汗流泪下的道德实践中的真诚恻怛之心。

如果说王龙溪的见在良知面临着因脱略工夫而沦为理论光景的危险，那么王心斋的现成良知则存在误把感官欲望认作天

1　王守仁：《答聂文蔚》，《王阳明全集》，上海：上海古籍出版社，2011 年版，第 90 页。

2　王守仁：《答聂文蔚》，《王阳明全集》，上海：上海古籍出版社，2011 年版，第 90 页。

理良知的可能。之所以如此，是因为王心斋直接从感性经验的自然知觉活动方面肯认良知，所呈现的也就只能是自然感应知觉的现成存在。此现成良知虽然可以人人"呼之即应"，但其"应"的方式却已然将人性的内在根据由道德善性扭转为自然天性。这也就为"冒领良知""认贼作父"提供了可能。而现代语境下的良知，同样面临着"认贼作父"的危险。在人们眼中，阳明心学是一种精神安宁之学，即当内心足够强大的时候，雾霾、病毒虽然可以侵入我们的身体，却不能占据我们的心灵。诸如此类的"心灵鸡汤"俨然将阳明心学装扮成一种"无所不能"的成功学。但问题恰恰在于：如此"安宁"究竟是一种道德理性之"安"还是感官欲望之"安"？是公是非、同善恶之"安"还是阿Q式的麻木之"安"？对此，有弟子问阳明："据人心所知，多有误欲作理，认贼作子处。何处乃见良知。"阳明答曰："尔以为何如？"对曰："心所安处，才是良知。"阳明曰："固是。但要省察。恐有非所安而安者。"[1]阳明虽然肯定良知即是心安，但此"心安"绝不是纯粹的私人感受，而是经由作为道德理性的良知所省察与提撕的"心安"，此"安"便是安其所安，不安其所不安。所以，阳明心学不是个体生命的"心灵鸡汤"，而是一种公是公非、视人犹己的义理担当。不是通过"冷漠"与"逃避"的方式求得"心安"，而是良知"拔本塞源"之间的切肤之"不安"。真正的"安"是基于人的真实情感，配义与道并为之主宰的本真良知。

现代语境下"良知"所面临的教化失语，是在古今之变与中西之争的维度下形成。而现代人对于良知认领方式的改变，

1　陈荣捷：《传习录详注集评》，台北：台湾学生书局，1983年版，第394页。

缘于现代性形成过程中世俗时代的到来，世俗时代意味着人们生活在单一的时间和空间中，拒斥更高时间和空间的存在，随之而来的也就是一个超越性缺失的时代。与此同时，超越性在现代社会的退场是伴随着内在性的加深。查尔斯·泰勒认为在世俗化转型过程中，一种无求于外的人文主义替代了上帝的完满性，改变了人们道德和信仰的基础，褪去超越性在人生活中的作用，使人们走向自身的内在性。这里的内在性是指人的心灵，主要包含理性、情感以及诸多先天禀赋等。显然，现代人不再承认超越于人之上的实体性的逻各斯，人意义的根据也不再诉诸超越于人之上的存在链条。而是将全部生活本身及其意义限定在内在性之中。内在性促发人内在动机的同时，也将人的意义完全建基于内在性，但问题在于人的完整性是否仅限于内在性？对于这一问题的回答，泰勒指出现代性的三种内在性隐忧：意义的脆弱感、庄严感的消退、日常生活的空虚与平淡。并且在西方哲学的发展中，为了应对内在性的隐忧，人们试图在内在性的方向走得更远，基于对内在性的发掘重新赋予生命意义，如浪漫主义、尼采主义等。

然而对于内在性是否可以构成人的完整性这一问题，阳明学在中晚明儒学发展中表现出的见在、现成良知动向，亦可对此有积极的回应。龙溪、泰州以见在、现成的方式认领良知，本身即是走向一条内在性发掘的路线。不论是龙溪依靠"一念灵明"的见在良知高扬道德主体性，还是泰州学派通过良知的自然明觉化，将成德根基落在感性知觉上，都充分表现出龙溪、泰州较之于阳明更加聚焦于内在性的探索。然而正如本书所揭示，见在、现成化的方式反而使得致良知作为工夫教化丧失其有效性，具体表现为人们可以从性之所近的感性知觉认领良知，良知可以是凭借着人的感性知觉构造出意义，意义本身会随着不同的气禀、才性之差异而呈现出千差万别，即"一千个读者就有一千个哈姆雷特"。与此同时，人性的内在根据也就不再必然是至善之性，成为一种自然天性，这本身也构成对良知心体超越性的消解。但返观阳明对良知见在问题的把握，不难发现，阳明始终坚持良知本体在人伦日常中的当下显现，见在之良知与良知本体同一并在。这也就为我们提供出解决现代性隐忧的第三条路线：一方面充分肯认内在性的积极意义；另一方面，又明确内在性的界限以防止其封闭效应，为超越性留出可能。而本书关注阳明学派围绕致良知展开实践活动中的张力问题，本身就是对这一路线可能性的一次尝试性讨论，这不仅涉及阳明学教化困境的反思，更关乎作为成德之教的儒学在现代社会如何发挥作用。

对于"良知"，笔者还愿意相信："天理之在人心，终有所不可泯，而良知之明，万古一日。"[1]

1　王守仁：《语录》二，《王阳明全集》，上海：上海古籍出版社，2011年版，第64页。

附录
从哲理诠释、精神信仰到成德成人
——20世纪以来阳明"致良知"教研究的
基本定位与反思

"致良知"教作为王阳明思想的重要内容，既是其讲学的立言宗旨，又是王门诸子在学习、实践活动中的思想纲领。自王阳明提出"致良知"教，就将其视为儒学的"正法眼藏""圣学之秘""学问头脑"等。王阳明去世后，弟子门人对"致良知"教便有不同的理解与体证，黄宗羲在《姚江学案》开篇指出："然'致良知'一语言，发自晚年，未及与学者深究其旨，后来门下各以意见掺和，说玄说妙，几同射覆，非复立言之本意。"[1]可见，"致良知"教自阳明提出后，门人就对其意旨有不同的体会，阳明去世后更有不同诠释。而20世纪以来，关于"致良知"教的理解也呈现出多种诠释进路，在诸多诠释进路中主要形成了哲理诠释与精神信仰两种不同的定位。这便关涉"致良知"教的意旨以及王阳明哲学的真精神，那么这两种定位是否贴合阳明哲学的内在肌理，也就成为我们把握阳明学研究的基本走向与理解"致良知"教意义的必要前提。

1　黄宗羲：《姚江学案》，《明儒学案》，北京：中华书局，1985年版，第178页。

一、哲理诠释

20世纪初以来，儒学在由传统向现代转型的历程中，其学术思想形态和社会文化角色方面都发生了较大的转变。儒家思想的研究被纳入西方学术分类中，并以此为依据划分出"中国哲学"的研究框架，这意味着中国传统学术思想的哲学化。早期哲学化的过程主要是将儒学作为一种哲学理论，以西方哲学的概念模式进行现代意义的诠释。这一研究进路的形成主要缘于近代中西方文明的碰撞，在西方文化的冲击与启发下，中国的研究者开始重新认识、反思中国传统学术思想，力图重建中华民族的文化精神，从而开启中国传统学术思想的现代转化。于是，儒学便以"中国哲学"的研究形态最早出现在胡适先生撰写的《中国哲学史大纲（上卷）》一书中，并且以西方哲学的概念认知范式来研究中国传统学术思想。但在同样的研究范式下相继产生了不同的诠释原则，诸如胡适先生的美国实用主义立场，冯友兰先生的西方新实在论原则，以及用马克思主义哲学的立场来诠释中国传统思想等。在20世纪中西文明交汇融合的背景之下，这样的诠释方式一方面充分借鉴西方哲学的概念范畴、逻辑方法和问题意识；另一方面注重发掘中国传统哲学的理论特质和民族特质。这对于实现传统儒学思想的现代转换以及中西方学术对话、交流有着重要的研究意义与学术价值。但与此同时，这一研究范式表现出一种对象化、抽象化的理论倾向，使中国传统哲学研究逐渐与民众生活相脱离而趋于"知识化"的表达。这一点反映在20世纪阳明学的研究中，即表现为以哲理诠释的方式进入阳明学研究。

哲理诠释主导下的阳明学研究对于辨析阳明学的概念范

畴、建构完整的阳明学逻辑体系发挥了重要作用，但在建构哲学体系的过程中，同样表现出对象化、抽象化的倾向，即将"致良知"教作为一种概念范畴从具体的、连续的历史存在中抽离出来加以解剖。在此基础上，逐渐形成了这样的认识："像王阳明那样，既用'良知'吞并了'物'、否认了客观存在，又把'认识'规定为'从自己心上体认'、'不假外求'的自我认识，难道这不正是取消了认识论问题而把人们引向蒙昧主义吗？"[1]这一评价无疑是站在主客体二分的对象认识立场来看待王阳明。所谓认识论问题就是在主客二分的前提下，主体通过实践活动认识客体的认知活动。这种认知即是一种站在事物之外并对事物做出判断的对象性认知。而在此意义上的良知，要么成为主体的对象之思，要么因取消了客观存在而成为蒙昧主义。

从客观认知的角度看，良知只是一个认知意义上的概念范畴，在此意义上的"良知"也就脱离具体人生而趋向于单纯的知识，这与阳明所谓的"某于良知之说，从百死千难中得来"[2]有所出入。在王阳明看来，良知作为人性中先天本有的"灵根"，是个体生命中不证自明的自家准则。如果我们通过对象性认知的方式将"良知"从个体生命与生存境遇中抽离出来，那么所谓良知就成为一种玄虚的理论，与其个体生命毫无关联。所以，作为"古今人人真面目"的良知，只有在真实的生命中显现，个体生命的真实存在又因良知的显发而得以真正

1　侯外庐：《中国思想通史》（第4卷）下册，北京：人民出版社，2011年版，第268页。

2　王守仁：《阳明先生行状》，《王阳明全集》，上海：上海古籍出版社，2011年版，第1575页。

确立。由此来看，"良知"在这种概念认知的范式研究中可能会成为一种知识性的哲理诠释。"这样，一部活生生的思想的历史蜕变成了一种无法为人心灵生活所亲切体证的抽象的概念堆积和一套缺乏思想、文化、精神蕴涵的'死的语言'，人们无法从中领受到文化生命的滋养，获得原创性的生命之泉。"[1]因此，这样一种由概念认知进路对阳明"致良知"教所进行的定位，首先会导致"致良知"教之精神生命的意义缺失而沦为一套学理知识。

如果沿着这一概念认知的进路继续展开，就会发现在此基础上所进行的具体概念的辨析，也存在对概念本身的误解。在王阳明的思想中，早年提出的"知行合一"说与晚年拈出的"致良知"说有一以贯之的内在联系，因此人们在理解知行合一与致良知的关系时，通常理解为"'良知'为知，'致'则有力行之义，所以阳明认为'致良知'可以说体现了知行合一的精神"[2]。这一理解虽然指向于道德实践之力行，但如果以良知为知，致良知为行，则知行已然为二。我们可以从其进一步的分梳中看到这一问题："'致知'一语中'知'属知，'致'属行，程朱讲格物穷理，只讲了知，没有讲行，所以知行为二，致良知则是自身知行合一的。良知是内在的道德准则，'致字工夫'是表示'行'的，致良知就是将此准则诉诸实践之中，在这个意义上，'致'就是行。"[3]不难看出，这里同样是站在

1　李景林:《教化的哲学》，哈尔滨：黑龙江人民出版社，2006年版，第13页。
2　陈来:《有无之境——王阳明哲学的精神》，北京：生活·读书·新知三联书店，2009年版，第204页。
3　陈来:《有无之境——王阳明哲学的精神》，北京：生活·读书·新知三联书店，2009年版，第205页。

主客体认识的立场上进行分析，将良知视为主体之知，致良知看作主体之知在"行"上的落实。如此一来，阳明所谓的知行统一也就变成了在主客体的认知活动中"行"对"知"的落实。而"行"在对"知"的落实过程中又不得不保证"知"的先在性，所以站在主客体对象认知的立场，就会得出这样的结论："阳明晚年对知行范畴的使用回到了宋儒的层次。当然，按照良知之说，良知逻辑上先于致良知，知逻辑上先于行，但在工夫上，良知因为是固有的，不需要先有一个求知的阶段，工夫只是力行，这就可以克服先知后行、只知不行的弊病。"[1]就此而言，知在逻辑上先于行，知行已然为二，成为知先行后。而其所谓逻辑上的和工夫上的分言，亦只是知先行后所导致的分别说，试想如果工夫与逻辑不具有内在的一贯性，那么，工夫、逻辑也只是一套理论话头。这显然与阳明提出"知行合一"说以针砭当时学界"故遂终身不行，亦遂终身不知"[2]弊病的希冀有所出入。

从主客观认知立场来看"知行合一"和"致良知"的关系，自然会导致知行二分而成为知先行后，而致良知也就成为主客体的认知实践活动。在阳明看来，"知行合一"说是从主体存在之道德实践的角度提出的，所以知行合一是从现实人生主体所必然包含的身、心合一角度而言，所谓身心合一，既是身、心两面的一致性，也是二者在实践抉择中的一时并在性。也就是说，不论是知行合一还是致良知，其根本指向在于道德实践修养中内在德性之向外彰显的一时并在性。因此，"致良

1　陈来：《有无之境——王阳明哲学的精神》，北京：生活·读书·新知三联书店，2009年版，第206页。

2　王守仁：《语录》一，《王阳明全集》，上海：上海古籍出版社，2011年版，第5页。

知"并非脱离人的生存实在、内心情志而形式化的理论对象，而是为人所真实拥有，转变人的内在精神和价值态度的工夫历程，其意义在于成德成人。儒学作为一种安身立命的学问关注的是人内在精神的转变，并非如西方传统哲学通过认知活动的建构而成就理论体系。由此来看，以概念认知的方式作为阳明学的研究范式，可能在辨清楚具体概念范畴、建构逻辑体系的同时以对象化、抽象化、知识化的方式将阳明学研究带上一条"学院化"的道路，与每个个体的真实生命少有关联，从而导致"致良知"教成为一种缺失精神文化内涵的哲理诠释。

二、精神信仰

在20世纪中西文化沟通、交流的背景下，儒学研究表现出较强的自我价值认同。对儒家文化价值的认同主要来自个体生命对儒家文化的体贴，并以生命主体作为学问的底色进行儒学研究活动。追溯其原因主要有二：一方面是儒家传统文化对个体生命的滋养；另一方面则是对民族文化所面临的大变局，有着深刻的忧患意识。在这种情形之下，一些受到儒家精神滋养的研究者在理解西方文化的同时更加注重儒家哲学的内在特质，并尝试着通过对儒家文化价值的肯认而树立个体与民族的精神信仰。其意义不仅在于儒学现代化追求的表达，更在于对中国传统哲学精神谱系的接续与传承，可谓意义重大。因此，在西方哲学概念认知的范式研究之外，存在着一种以儒学精神为信仰进入儒学研究的进路，由此将儒学的价值内涵确立为一种精神信仰。当以这样的进路进入阳明学的研究时，精神信仰也就成为"致良知"教的本旨内涵，而这样一种定位是不是贴合阳明提出"致良知"教的意旨也就成为我们考察的重点。

20世纪80年代在台湾地区以牟宗三、唐君毅等先生为代表的新儒家，从儒家文化价值的自我认同上进入阳明学，其中牟宗三先生在阳明学以及整个宋明理学方面的研究成就斐然。牟先生面对家国天下的多难、历史文化传续的断裂，以及西方文化的冲击，激发了他在中国传统文化方面返本开新。"牟先生说他自己被打落在'存在'的领域中，乃发愤从事文化生命之疏通，以开民族生命之途径，重开生命的学问。"[1]而牟先生这里所谓的"开民族生命之途径"就是要在中与西、古与今的哲学会通中重建儒家"道德的形上学"，开辟中国文化发展的道路。在这样一种强烈的现实关怀下，牟先生一方面在治学态度和方向上蕴涵着对儒学极强的信仰精神，另一方面则从西方哲学的"客观了解"进至"理性之了解"，以将其容纳于真实的生命之中。因此，牟先生所谓儒家"道德的形上学"的建立正是在其生命信仰与理论思辨的基础上完成的，而对阳明"致良知"教精神内涵的揭示也正是基于此：

> 良知人人本有，它虽是超越的，亦时时不自觉地呈露。致良知底致字，在此致中即含有警觉底意思，而即以警觉开始其致。警觉亦名曰"逆觉"，即随其呈露反而自觉地意识及之，不令其滑过。故逆觉中即含有一种肯认或体证，此名曰"逆觉体证"。此体证是在其于日常生活中随时呈露而体证，故此体证亦曰"内在的逆觉体

1　吴兴文：《创业垂统：典范的学思生命和哲学创造》，牟宗三：《认识心之批判》，长春：吉林出版集团有限责任公司，2013年版，"序言"第13页。

证"，言其即日常生活而不隔离，此有别于隔离者，隔离者曰"超越的逆觉体证"。不隔离者是儒家实践底定然之则，隔离者则是一时之权机。[1]

从上述分析中不难看出，牟先生对"致良知"教的理解是从超拔的形上思辨中解析并加以价值的判定。牟先生之所以会以这样一种方式解析"致良知"，是因为他要以理论形态的方式建立儒家"道德的形上学"的学理体系，而这本身即是其对价值信仰的具体落实。也就是说，牟先生的理论思辨与逻辑推理中蕴含着极强的信仰关怀，这一关怀既是他主体的生命信仰，也是他客观地建构儒家道德形上学理论的信仰，当信仰以理论化的方式表达出来时也就呈现为生命信仰与理论思辨相结合的特点。正是基于这一方法立场，牟先生在面对具有道德实践面向的"致良知"教时，在学理判定方面难免会有对道德实践工夫的轻忽之嫌。而这一缺失表现在牟先生对阳明后学的评价上，即是肯定王龙溪的"四无"说是对致良知教调适上遂的发展，视为阳明思想之正传；而将主静、归寂的聂双江和罗念庵以及重工夫持守的邹守益、欧阳德等江右一系视作对阳明思想的偏离。牟先生正是沿着对理论的思辨与逻辑的推理之路拾阶而上才得出这样的结论。

相比于牟宗三先生极强的现实文化关怀，日本学人冈田武彦先生则是以个体生命对儒学文化的体贴，在虔诚践行阳明精神的基础上阐发阳明学的真精神。这也就决定他所采用的方式

1　牟宗三：《从陆象山到刘蕺山》，台北：台湾联经出版公司，2000年版，第189页。

是"体认"，而非单纯地理论思考和辨析。冈田先生对此有所说明："在研究一个人的哲学思想时，把他的体验移入自身，然后设身处地加以体验的方法论，而不仅仅是在科学的实证中弄清他的哲学思想。"[1]因此，冈田先生是将阳明精神作为其自身的精神信仰而以追体验的方式体认其学。

冈田先生在晚年倾注二十五年心血完成《王阳明大传：知行合一的心学智慧》，可以说是其一生对阳明精神体贴的结果。在《王阳明大传》中，冈田先生以体认的方式去感受阳明一生的精神历程，在真切的体验中以最为平实的语言对阳明波澜壮阔的一生娓娓道来。这一体验的方法来自冈田先生早年对传统中国哲学研究的方法论反思，在他的记述中这样说道："如果忽略体认自得的实践而空谈理论，那就不可能把握宋明哲学的真谛。然而就实践而言，如果只是用西洋式的研究方法来阐明，那也无非是提倡尼采、柏格森的纯粹经验论和直观主义，始终只是记述而已。因为这种方法忘记了：对于一种缜密深刻的学说，如果不用切至的工夫去体认，终究是不能得其真髓的。"[2]不难看出，冈田先生之所以选择以主体体验的方式进入阳明的思想世界，是因为他一方面对阳明精神的虔诚信仰和践行，另一方面则是在体认的过程中意识到阳明学本身就是"体认之学"。在此意义上言，从对阳明思想的体认上，冈田先生既做到了让思想家用自己的语言说明自己的思想，也能够将阳明思想转化为自身精神的一部分。

1　［日］冈田武彦：《王阳明与明末儒学》，吴光、钱明、屠承先译，上海：上海古籍出版社，2000年版，第2页。
2　［日］冈田武彦：《王阳明与明末儒学》，吴光、钱明、屠承先译，上海：上海古籍出版社，2000年版，第1页。

当以信仰体认的方式进入阳明学的研究时，信仰本身可能会影响对阳明学应有的评价。冈田先生在《王阳明与明末儒学》一书中对王门后学进行三派划分，就其结论而言，冈田先生一方面从本体—工夫的基本结构上说，以邹守益、欧阳德为中心的修正派为阳明思想之嫡传，另一方面又不得不在王学流衍的史实上承认现成派的实际影响力，并将其解释为时代潮流的顺应。之所以会有这样思想与历史的矛盾存在，是因为在冈田先生看来，以"致良知"为学术宗旨的阳明心学比宋代陆九渊的心学显得更加精微和亲切，与此同时它"既包括宋学全体大用的思想，又吸取佛道虚无观念"[1]，故为宋明理学发展的思想高峰。也就是说冈田先生从内在性体验研究进入阳明学，在信仰式的体贴中难免有以阳明之是非来定其后学之是非的嫌疑，因而并未将王学的发展视为思想史进程中一个递进环节而给予其应有的评价。

通过上述分析，不难看出，不论是牟宗三先生理论思辨和生命信仰相结合的进路还是冈田武彦先生的体认进路，他们在持守精神信仰维度的同时都可能会走向偏之一隅的境地：一方面牟宗三先生因抽象化、非历史的倾向而走向"四无"之偏，即对道德实践工夫的轻忽之嫌。另一方面，冈田武彦先生因体认化的倾向而走向"信仰"之偏，即对中国哲学普遍性蕴涵的遮蔽之嫌。但返观精神信仰的诠释进路，就会发现，这一系对儒学精神价值的彰显正是对儒家传统哲学精神谱系的继承。儒家传统哲学作为一种身心之学，注重体认与自得，在儒家看

---

1 ［日］冈田武彦：《王阳明与明末儒学》，吴光、钱明、屠承先译，上海：上海古籍出版社，2000年版，第12页。

来，真正的学问不是外在知识的摄取，也不是使自己获得某种技能，而是要学习怎样做人。换言之，它的主要目的不是呈现关于人的一种对象化研究，而是指出成为真正的人的途径。在此意义上，"致良知"教中的"教"字也就具有精神性人文宗教的意涵，即人在致其良知的道德实践过程中表现出对人性（良知）的信仰，"致良知"教因此成为实现人存在价值的终极关怀。这也就决定了以牟宗三先生和冈田武彦先生为代表的精神信仰进路，在继承儒家哲学传统精神谱系的同时更接近阳明的精神世界。

三、成德成人——对"致良知"教的反思与再定位

20世纪以来对"致良知"教的研究形成了两种不同的理解，即哲理诠释与精神信仰。通过上述两节的分疏，可以看到这两种不同类型各有其诠释的合理性与缺失。儒学作为连续性的历史存在有其自身的义理系统，如宋明理学在天、道、性、心方面有其独特的义理系统。但如果仅从概念认知的哲理诠释来理解"致良知"教，就会忽视在理论思辨背后所蕴涵着的精神实质。同样，儒学作为中国人的精神信仰无可厚非，但仅从信仰的维度来理解"致良知"教，就有可能会遮蔽信仰背后的普遍性意蕴。如果我们回溯阳明"致良知"教的形成与发展，不难发现，"致良知"教不论作为一种哲理诠释还是精神信仰，都基于一个不可回避的根本内涵，即成德成人的教化。这也构成了20世纪以来"致良知"教研究的第三种定位。

作为阳明思想的立言宗旨和立教之法，"致良知"教的形

成既是其一生思想演变与发展的结晶，也是其个体人格生命自我成长与完善的过程。阳明五十岁正式确立"致良知"之旨，在给高弟邹守益的信中指明："近来信得'致良知'三字，真圣门正法眼藏。"[1]自此，"致良知"三字真正成为其立言与立教的根基。从"致良知"教的形成来看，并非作为一个抽象的学理概念提出，而是在其背后有着坚实地成德、成人的道德实践之路。阳明从最初的"读书学圣贤"到"笃定圣人之志"是一个自我抉择的历程，由对成圣成贤的希冀到格竹失败自委圣贤有分，再到出入佛老而笃定圣贤之学，无不是其自我精神归途的探索和主体道德实践的结果。而后来从"龙场悟道"到"致良知"的提出则是其对儒家内圣之学的深刻洞悉，也是其"圣贤之志"的真正展开。阳明在龙场悟道所得"圣人之道，吾性自足"的体悟，可以说既为其自己找到了精神的安身立命处，也为重塑儒家"实有诸己"的成德之教找到了根据和方向。因此，"致良知"教所揭示的正是以实践、体悟、自得的方式确立向内澄明本心本性的成德方向。

基于"致良知"教成德成人的精神内涵，阳明一生在文章、政事、事功等方面均有建树，但其自我期许最高的人生志业则是讲学。在阳明看来，讲学的意义不在于传播其学，而是以身心修养、提升人的德性教养为内容，内可以进德修业，外可以敦化人伦。因此，"致良知"教作为阳明的立教之法，其具体指向并不是作为理论的知识传授，而是在师生论学的具体活动中使个体生命获得德性的教养。这即是"从每一个人都随

1　钱德洪:《年谱》二,《王阳明全集》,上海:上海古籍出版社,2011年版,第1411页。

时会生发的不安不忍的、恻隐、羞恶、辞让、是非之活泼泼的心觉，亦即仁心处指点人的德性"[1]，由此而启发其道德本心的自然显现。阳明门下的弟子，诸如陆澄、董萝石等，在阳明的引导下都有一段对良知的扭转性认识。陆澄为学之初不免落于对象性认知，阳明直言："孰无是良知乎？但不能致之耳。"[2]一句轻轻的点拨直指道德本心，使其自省而明。董萝石更是在受教于阳明后欣然向学，不知老之将至。王门后学在阳明的引导下形成一种群体性的实践追求，不仅在其个体道德生命方面有所觉解，同时亦重视民间人伦敦化，通过书院讲学、定制乡约等方式移风易俗，彰显了"致良知"教在重塑社会人伦秩序方面的社会教化意义。阳明心学之所以会有如此之大的感召力，便是因为其以"心之所同然"的方式唤醒个体的真实存在，并使其真正回归于个体的生命。由此而开始主体精神的自我探索、确立，这便是一个不断内向澄澈、由主体走向道德本体的过程。只有在道德本体真正确立的基础上，主体的工夫实践才是真正的致良知追求。由此来看，"致良知"教的意义在于转化个体生命情感、意志、精神生活的历程中显现出人人本有而知是知非的良知。因此，不论是内修己而进德还是外亲民而成物，其根本指向都在于成德成人的德性教养。这也是"致良知"教作为成德之教的真实意义。

在对哲理诠释与精神信仰两种不同路径的反思上，逐渐形成了 20 世纪以来"致良知"教研究的第三种基本定位，即以

1　金贞姬：《儒学教养与现代教育》(下)，《鹅湖月刊》，2010 年第 6 期，第 24 页。
2　王守仁：《与陆原静》二，《王阳明全集》，上海：上海古籍出版社，2011 年版，第 211 页。

成德成人为内涵的"致良知"教。所谓反思，并非否定哲学理论与精神信仰的自身价值，而是在澄清始末的基础上给予其应有的评价。王阳明在讲学中反对知解良知说，其对良知说的阐发少逻辑推理与概念分析，但"致良知"教作为阳明的立言宗旨，"绝非缺乏关联的零碎片段的散落所能比况，实已构成了一定的以'现量'体认经验及思想言说为主的理论形态，代表了东方主客一体的直观体认智慧"[1]。值得注意的是，传统儒学的认知面相是建立在生命存在的整体上，而非单纯的对象化知识求索。正如子贡将孔子的人格形象概括为仁智统一，这里的"仁"即是仁爱之心，而"智"则包含认知的含义，但是依据"仁"而显现出的"知"，即是由"仁"而主宰，表现为超越概念、逻辑化的作用而指向物之是其所是，所以"智"的照察是一个价值的问题，而非简单的认知问题。其中虽然包含着逻辑的内涵，即事物的客观性、逻辑性因事物之是其所是的方式存在而展开，但究其实质则是扎根于生命价值的实现。由此来看，"致良知"教既是一套哲学理论，但又不止于此，因为作为知识理论形态的"致良知"教必须以生命存在价值的实现为前提，即以成德成人的教化为本。同样，"致良知"教作为精神信仰在阳明以及阳明后学的为学实践中也有所体现。阳明及其后学皆以"致良知"教为行动纲领，在个体生命觉解的基础上，重视民间人伦敦化，正是在这样成己成人的道德实践中表现出对人性（良知）的积极肯认与追求，在肯认良知善性的过程中，良知既不是一种"命定"的善，也不是一种理论主张，而是通过人生实践抉择所彰显出来的善。这样一种善既是

1　张新民：《德性生命的实践与价值世界的建构》，《天府新论》，2017年第5期，第43页。

孔子"天生德于予"(《论语·述而》)的人生信念，也是孟子"从其大体为大人，从其小体为小人"(《孟子·告子上》)的实践抉择。在此意义上，"中国人原初的天命信仰已经转化为一种对内在人性、对人伦文明的信仰了；而儒家的性善论既可以说是中国人的人生信仰，同时也就构成了其人伦文明的精神地基"[1]。因此，对良知善性的肯认与笃定也就成为支撑阳明及其后学实现成己成人追求的精神信仰。与此同时，这也揭示出一个重要的内涵，即精神信仰的根基在于人的德性。如果信仰不能够完全落实在个体生命的德性教养上，可能就会沦为一套无根的形式，失去其本身的意义。由此来看，"致良知"教不论是实践追求还是理论内涵都具有信仰的蕴含，都一定是基于道德实践以转化、提升有限的个体生命而达致超越的存在境遇，即以成德成人的教化为本。在此意义上来返观20世纪以来阳明"致良知"教的两种基本定位，不论是哲学理论的诠释还是精神信仰的理解，都不可回避一个"致良知"教最为本质的内涵，即成德成人。这既是"致良知"教的本旨，也是儒学一以贯之的精神。

四、结语

20世纪以来对阳明"致良知"教的定位呈现出从哲理诠释、精神信仰到成德成人的研究趋向。其中，哲理诠释与精神信仰两种诠释路径表现出近代中西方文化的不同特色在中国文

---

1 丁为祥：《历史危机、人生信念与实践抉择——儒家性善论的发生学分析》，《哲学研究》，2017年第5期，第43页。

化内部的激荡，哲理诠释的路径在中国哲学的普遍性以及与人类文明的共通性方面具有重要的、划时代的意义；而精神信仰的路径则在中国哲学的自我认同与文化主体性方面承接着中国文化传统的精神谱系。二者在表现出中国文化内部张力的同时又会归于一，指向成德成人的价值旨归，表明中国文化现代转型的发展方向。由此来看，在成德成人的基础上，哲理诠释的路径蕴含着精神信仰的价值肯认，而精神信仰的路径又表现出哲理诠释的普遍性面相。在这种双向回环的过程中，中国哲学经由其主体性的表达而具有超越的普世性。这其中既关涉如何理解阳明哲学的真精神，也向当代儒学研究提出应当如何认领儒学传统价值的重要问题。

（本文已发表于《北京理工大学学报》
（社会科学版），2018 年第 4 期）

参考文献

（注：古籍文献以著者生年先后为序，著作以作者姓氏首字母先后为序，期刊以发表时间先后为序。）

一、古籍文献

［1］（宋）张载：《张载集》，章锡琛点校，北京：中华书局，1978年。

［2］（宋）张载：《张子全书》，林乐昌编校，西安：西北大学出版社，2015年。

［3］（宋）程颢、程颐：《二程集》，王孝鱼点校，北京：中华书局，1981年。

［4］（宋）朱熹撰：《四书章句集注》，北京：中华书局，1983年。

［5］（宋）朱熹撰：《朱子全书》，朱杰人、严佐之、刘永翔点校，上海：上海古籍出版社；合肥：安徽教育出版社，2002年。

［6］（宋）陆九渊：《陆九渊集》，钟哲点校，北京：中华书局，2008年。

［7］（宋）黎靖德编：《朱子语类》，王星贤点校，北京：中华书局，1986年。

［8］（元）脱脱等撰：《宋史》，北京：中华书局，1977年。

［9］（明）罗钦顺：《困知记》，阎韬点校，北京：中华书局，2013年。

［10］（明）王守仁：《王阳明全集》，吴光、钱明、董平、姚
延福编校，上海：上海古籍出版社，2011 年。

［11］（明）王守仁：《王阳明全集补编》，束景南、查明昊辑
编，上海：上海古籍出版社，2016 年。

［12］（明）王守仁：《阳明佚失文辑考编年》，束景南撰，上
海：上海古籍出版社，2012 年。

［13］（明）徐爱、钱德洪、董沄：《徐爱　钱德洪　董沄集》，
钱明编校，南京：凤凰出版社，2007 年。

［14］（明）王艮：《王心斋全集》，陈祝生主编，南京：江苏
教育出版社，2001 年。

［15］（明）聂豹：《聂豹集》，吴可为编校整理，南京：凤凰
出版社，2007 年。

［16］（明）王畿：《王畿集》，吴震编校，南京：凤凰出版社，
2007 年。

［17］（明）罗洪先：《罗洪先集》，徐儒宗编校整理，南京：
凤凰出版社，2007 年。

［18］（明）颜钧：《颜钧集》，黄宣民点校，北京：中国社会
科学出版社，1996 年。

［19］（明）李贽：《焚书·续焚书》，北京：中华书局，2009 年。

［20］（明）顾宪成：《顾端文公遗书》，清光绪三年重刻本。

［21］（明）高攀龙：《高子遗书》，清文渊阁四库全书。

［22］（明）刘宗周：《刘宗周全集》，吴光主编，杭州：浙江
古籍出版社，2007 年。

［23］（清）黄宗羲：《明儒学案》，沈芝盈点校，北京：中华
书局，1985 年。

［24］（清）黄宗羲、全祖望：《宋元学案》，陈金生、梁运华

点校，北京：中华书局，2013 年。

［25］（清）黄宗羲：《黄宗羲全集》，沈善洪主编，杭州：浙江古籍出版社，1985 年。

［26］（清）吕留良：《四书讲义》，北京：中华书局，2017 年。

［27］（清）张廷玉等撰：《明史》，北京：中华书局，1997 年。

［28］（清）阮元校刻：《十三经注疏》，北京：中华书局，1980 年。

［29］（清）王国维：《王国维遗书》，上海：上海书店出版社，2011 年。

二、著作类

［1］鲍永玲：《德国早期教化观念史研究》，上海：上海人民出版社，2018 年。

［2］陈荣捷：《王阳明与禅》，台北：台湾学生书局，1984 年。

［3］陈荣捷：《传习录详注集评》，台北：台湾学生书局，1983 年。

［4］蔡仁厚：《王阳明哲学》，北京：九州出版社，2013 年。

［5］蔡仁厚：《儒家心性之学论要》，台北：文津出版社，2000 年。

［6］蔡仁厚：《儒学传统与时代》，石家庄：河北人民出版社，2010 年。

［7］陈来：《有无之境——王阳明哲学的精神》，北京：人民出版社，1991 年。

［8］陈来：《中国近世思想史研究》，北京：生活·读书·新知三联书店，1992 年。

［9］陈来：《朱子哲学研究》，上海：华东师范大学出版社，

2000 年。

［10］陈来：《中国近世思想史研究》，北京：商务印书馆，2003 年。

［11］陈少明：《做中国哲学：一些方法论的思考》，北京：生活·读书·新知三联书店，2015 年。

［12］陈立胜：《王阳明"万物一体"论：从身体的立场看》，上海：华东师范大学出版社，2010 年。

［13］陈立胜：《入圣之机：王阳明致良知工夫论研究》，北京：生活·读书·新知三联书店，2019 年。

［14］陈宝良：《明代士大夫的精神世界》，北京：北京师范大学出版社，2017 年。

［15］陈嘉映：《哲学·科学·常识》，北京：中信出版集团，2018 年。

［16］陈时龙：《明代中晚期讲学运动》，上海：复旦大学出版社，2007 年。

［17］陈多旭：《教化与工夫——功夫论视域中的阳明心学系统》，成都：巴蜀书社，2010 年。

［18］邓艾民：《朱熹王守仁哲学研究》，上海：华东师范大学出版社，1989 年。

［19］杜维明：《杜维明文集》，郭齐勇、郑文龙编，武汉：武汉出版社，2002 年。

［20］［日］岛田虔次：《中国近代思维的挫折》，甘万萍译，南京：江苏人民出版社，2008 年。

［21］［日］岛田虔次：《朱子学与阳明学》，蒋国保译，西安：陕西师范大学出版社，1986 年。

［22］丁为祥：《实践与超越——王阳明哲学的诠释、解析与评

价》，西安：陕西人民出版社，1994年。

［23］丁为祥：《学术性格与思想谱系——朱子的哲学视野及其历史影响的发生学考察》，北京：人民出版社，2012年。

［24］丁为祥：《儒学主体精神探索》，贵阳：孔学堂书局，2015年。

［25］丁为祥：《发生与诠释——儒学形成、发展之主体向度的追寻》，北京：人民出版社，2015年。

［26］丁为祥：《中国哲学通史（学术版）·明代卷》，南京：江苏人民出版社，2022年。

［27］邓红：《日本的阳明学与中国研究》，桂林：广西师范大学出版社，2018年。

［28］董平：《王阳明的生活世界》，北京：商务印书馆，2018年。

［29］傅锡洪：《即用是体：阳明学深度解读》，北京：社会科学文献出版社，2024年。

［30］冯友兰：《中国哲学史》，北京：商务印书馆，1934年。

［31］冯友兰：《中国哲学史新编》，北京：人民出版社，1964年。

［32］［日］冈田武彦：《王阳明与明末儒学》，吴光、钱明、屠承先译，上海：上海古籍出版社，2000年。

［33］［日］冈田武彦：《王阳明大传》，钱明审校，杨田等译，重庆：重庆出版社，2015年。

［34］［日］冈田武彦：《明代哲学的本质》，焦坤译，济南：山东人民出版社，2022年。

［35］高秉江：《西方知识论的超越之路——从毕达哥拉斯到胡塞尔》，北京：人民出版社，2012年。

［36］［瑞士］耿宁：《心的现象》，倪梁康、张庆熊、王庆节等译，北京：商务印书馆，2012年。

［37］［瑞士］耿宁：《人生第一等事：王阳明及其后学论"致良知"》，倪梁康译，北京：商务印书馆，2014年。

［38］郭齐勇、吴根友：《诸子学通论》，北京：商务印书馆，2015年。

［39］郭齐勇、欧阳祯人主编：《问道中国哲学：中国哲学史研究的现状与前瞻》，北京：九州出版社，2014年。

［40］郭齐勇：《中国文化精神的特质》，北京：生活·读书·新知三联书店，2018年。

［41］葛兆光：《中国思想史》，上海：复旦大学出版社，2001年。

［42］高瑞泉：《中国现代性观念谱系》，桂林：广西师范大学出版社，2015年。

［43］高海波：《慎独与诚意：刘蕺山哲学思想研究》，北京：生活·读书·新知三联书店，2016年。

［44］侯外庐、邱汉生、张岂之主编：《宋明理学史》，北京：人民出版社，1997年。

［45］［日］荒木见悟：《佛教与儒教》，杜勤等译，郑州：中州古籍出版社，2005年。

［46］［日］荒木见悟：《阳明学的位相》，焦坤、陈晓杰、廖明飞、申绪璐译，南京：江苏人民出版社，2022年。

［47］洪汉鼎：《诠释学：它们的历史和当代发展（修订版）》，北京：中国人民大学出版社，2018年。

［48］华军：《"教化儒学"的思想历程》，北京：中国社会科学出版社，2020年。

［49］何善蒙：《传习录十讲》，贵阳：孔学堂书局，2016年。

［50］［日］井上哲次郎：《日本阳明学派之哲学》，张一星、邓红译，济南：山东人民出版社，2022年。

［51］嵇文甫：《晚明思想史论》，北京：东方出版社，2013年。

［52］徐复观：《中国思想史论集》，台北：台湾学生书局，1983年。

［53］刘述先：《黄宗羲心学的定位》，杭州：浙江古籍出版社，2006年。

［54］李明辉：《儒家与康德（增订版）》，台北：台湾联经出版公司，2018年。

［55］罗宗强：《明代后期士人心态研究》，天津：南开大学出版社，2006年。

［56］李景林：《教养的本原——哲学突破期的儒家心性论》，辽宁：辽宁人民出版社，1998年。

［57］李景林：《教化的哲学——儒家思想的一种新诠释》，哈尔滨：黑龙江人民出版社，2006年。

［58］李景林：《教化视域中的儒学》，北京：中国社会科学出版社，2013年。

［59］李景林：《教化儒学论》，贵阳：孔学堂书局，2014年。

［60］林月惠：《良知学的转折：聂双江与罗念菴思想之研究》，台北：台湾大学出版中心，2005年。

［61］林月惠：《诠释与工夫：宋明理学的超越蕲向与内在辩证》，台北：台湾"中央研究院"中国文哲研究所，2008年。

［62］吕妙芬：《阳明学士人社群——历史、思想与实践》，台北：台湾"中央研究院"近代史研究所，2003年。

［63］李承贵：《哲学的解释与解释的哲学》，北京：中国社会科学出版社，2017年。

［64］李丕洋：《明道淑民、化民成俗：陆王心学中的教育哲学研究》，北京：人民出版社，2016年。

［65］陆永胜：《心・学・政：明代黔中王学思想研究》，北京：中华书局，2016年。

［66］刘铁芳：《重申知识即美德：古典传统的回归与教养性教育的重建》，北京：北京师范大学出版社，2015年。

［67］牟宗三：《心体与性体，牟宗三先生全集，第5—7册》，台北：台湾联经出版公司，2003年。

［68］牟宗三：《王阳明致良知教，牟宗三先生全集，第8册》，台北：台湾联经出版公司，2003年。

［69］牟宗三：《从陆象山到刘蕺山，牟宗三先生全集，第8册》，台北：台湾联经出版公司，2003年。

［70］牟宗三：《宋明儒学的问题与发展》，上海：华东师范大学出版社，2004年。

［71］牟宗三：《生命的学问》，桂林：广西师范大学，2005年。

［72］牟宗三：《中国哲学的特质》，台北：台湾学生书局，1974年。

［73］蒙培元：《中国哲学主体思维》，北京：人民出版社，1993年。

［74］彭国翔：《良知学的展开——王龙溪与中晚明的阳明学》，台北：台湾学生书局，2003年。

［75］彭国翔：《儒家传统与中国哲学：新世纪的回顾与前瞻》，石家庄：河北人民出版社，2010年。

［76］钱穆：《阳明学述要》，北京：九州出版社，2011年。

［77］钱穆：《国史新论》，北京：生活・读书・新知三联书店，2001年。

［78］钱穆：《中国学术思想史论丛（第七册）》，北京：生活・读书・新知三联书店，2019年。

［79］钱穆：《中国近三百年学术史》，北京：商务印书馆，1997 年。

［80］秦家懿：《王阳明》，台北：台湾东大图书股份有限公司，1987 年。

［81］钱明：《阳明学的形成与发展》，南京：江苏古籍出版社，2002 年。

［82］容肇祖：《明代思想史》，上海：上海书店出版社，1990 年。

［83］任文利：《心学的形上学探本》，郑州：中州古籍出版，2005 年。

［84］［日］山井涌：《明清思想史研究》，陈威瑨译，济南：山东人民出版社，2022 年。

［85］单虹泽：《王阳明及其后学悟道经验研究》，北京：中国社会科学出版社，2023 年。

［86］沈顺福：《心学与人类主体性》，贵阳：孔学堂书局，2023 年。

［87］唐君毅：《中国哲学原论导论篇》，北京：中国社会科学出版社，2005 年。

［88］唐君毅：《中国哲学原论原性篇》，北京：中国社会科学出版社，2005 年。

［89］唐君毅：《中国哲学原论原教篇》，北京：中国社会科学出版社，2006 年。

［90］王汎森：《明清思想十论》，上海：复旦大学出版社，2000 年。

［91］吴震：《阳明后学研究》，上海：上海人民出版社，2003 年。

［92］吴震：《〈传习录〉精读》，上海：复旦大学出版社，2011 年。

［93］吴震：《朱子思想再读》，北京：生活·读书·新知三联

书店，2018年。

［94］吴震：《明代知识界讲学活动系年：1522—1602》，上海：学林出版社，2003年。

［95］吴震：《泰州学派思想研究》，上海：上海人民出版社，2023年。

［96］吴震：《阳明学再读》，北京：商务印书馆，2024年。

［97］吴国盛：《什么是科学》，广州：广东人民出版社，2016年。

［98］王正主编：《儒家工夫论》，北京：华文出版社，2018年。

［99］徐复观：《中国人性论史》，台北：台湾商务印书馆有限股份公司，1990年。

［100］肖永明：《儒学·书院·社会：社会文化史视野中的书院》，北京：商务印书馆，2018年。

［101］余英时：《朱熹的历史世界：宋代士大夫政治文化的研究》，北京：生活·读书·新知三联书店，2004年。

［102］余英时：《现代儒学的回顾与展望》，北京：生活·读书·新知三联书店，2004年。

［103］余英时：《宋明理学与政治文化》，长春：吉林出版集团有限责任公司，2008年。

［104］余英时：《现代儒学论》，上海：上海人民出版社，2010年。

［105］杨国荣：《王学通论——从王阳明到熊十力》，上海：上海三联书店，1990年。

［106］杨国荣：《心学之思——王阳明哲学的阐释》，上海：华东师范大学出版社，2009年。

［107］杨国荣：《成己成物：意义世界的生成》，北京：人民出版社，2010年。

［108］杨国荣：《科学的形上之维：中国近代科学主义的形成与衍化》，北京：北京师范大学出版社，2018 年。

［109］杨国荣：《实证主义与中国近代哲学》，上海：华东师范大学出版社，2018 年。

［110］杨祖汉：《儒家的心学传统》，台北：文津出版社，2001 年。

［111］杨立华：《一本与生生》，北京：生活·读书·新知三联书店，2018 年。

［112］张岱年：《中国哲学史方法论发凡》，北京：中华书局，1991 年。

［113］张学智：《明代哲学史》，北京：中国人民大学出版社，2012 年。

［114］张学智：《心学论集》，北京：中国社会科学出版社，2006 年。

［115］郑宗义：《儒学、哲学与现代世界》，石家庄：河北人民出版社，2010 年。

［116］钟彩钧：《王阳明思想之进展》，台北：文史哲出版社，1983 年。

［117］张祥龙：《拒秦兴汉和应对佛教的儒家哲学：从董仲舒到陆象山》，桂林：广西师范大学出版社，2012 年。

［118］张祥龙：《儒家心学及其意识依据》，北京：商务印书馆，2019 年。

［119］左东岭：《王学与中晚明士人心态》，北京：商务印书馆，2014 年。

［120］张昆将：《阳明学在东亚：诠释、交流与行动》，台北：台湾大学出版社，2011 年。

［121］张昭炜、程海霞编：《明代哲学的源与流》，北京：北京大学出版社，2023年。

［122］［日］佐藤一斋注评：《传习录栏外书》，黎业明点校，上海：上海古籍出版社，2017年。

［123］朱承：《信念与教化：阳明后学的政治哲学》，上海：上海人民出版社，2018年。

［124］赵金刚：《从历史世界到思想世界》，北京：清华大学出版社，2023年。

三、期刊类论文

［1］丁为祥：《四句教与王学三分》，《陕西师范大学学报》（哲学社会科学版），1992年第2期。

［2］丁为祥：《从体用一源到本体与现象不二——儒学传统的现代跨越与张大》，《学术界》，1999年第3期。

［3］李景林：《王阳明"心外无物"说的内涵及其理论意义》，《吉林大学社会科学学报》，1992年第3期。

［4］林乐昌：《王阳明的讲学生涯和社会教化使命——兼论明代儒教民间讲学的现代意义》，《哲学与文化》，1996年第1期。

［5］杨国荣：《心学的理论走向与内在紧张》，《文史哲》，1997年第4期。

［6］张锡勤：《试论儒家的"教化"思想》，《齐鲁学刊》，1998年第2期。

［7］陈来：《明嘉靖时期王学知识人的会讲活动》，《中国学术》第四辑，2002年。

［8］方旭东：《为圣人祛魅——王阳明圣人阐释的"非神话化"

特征》,《中国哲学史》,2000 年第 2 期。

[9] 吴美瑶:《王阳明"致良知"学说及其在教育上的意义》,《鹅湖月刊》,2000 年第 4 期。

[10] 钱明:《阳明之教法与王学之裂变》,《孔子研究》,2003 年第 3 期。

[11] 李景林:《忠恕之道不可作积极表述论》,《清华大学学报》(哲学社会科学版),2003 年第 3 期。

[12] 冯达文:《作为人文教养的早期儒学——兼谈先秦社会历史演变中的贵族与平民》,《中山大学学报》(社会科学版),2003 年第 4 期。

[13] 李景林:《本虚而实——儒家教化理念的立身之所》,《吉林大学社会科学学报》,2004 年第 4 期。

[14] 彭国翔:《阳明后学工夫论的演变与形态》,《浙江学刊》,2005 年第 1 期。

[15] 李祥俊:《当代儒学知识化维度的重构》,《河北学刊》,2005 年第 4 期。

[16] 丁为祥:《叩问良知的不能——关于儒家道德理性的反思和检讨》,《陕西师范大学学报》(哲学社会科学版),2005 年第 5 期。

[17] 李景林:《哲学的教化与教化的哲学——论儒学精神的根本特质》,《天津社会科学》,2005 年第 6 期。

[18] 蒋国保:《儒学的民间化与世俗化——泰州学派对"阳明学"的超越》,《南京大学学报》(哲学·人文科学·社会科学),2007 年第 6 期。

[19] 李景林:《教化观念与儒学的未来发展》,《人文杂志》,2009 年第 1 期。

［20］丁为祥：《践形与践行——宋明理学中的两套功夫系统》，《中国哲学史》，2009 年第 1 期。

［21］杨国荣：《个体之域与公共领域——以成己与成物过程为视域》，《社会科学》，2009 年第 5 期。

［22］林丹：《境遇之中的"心"与"物"——王阳明心物关系说的现象学分析》，《江苏社会科学》，2010 年第 2 期。

［23］丁为祥：《如何进入朱子的思想世界——朱子哲学视野的发生学解读》，《陕西师范大学学报》（哲学社会科学版），2010 年第 4 期。

［24］金贞姬：《儒家教养与现代教育（上）——"成德"的人文教养与"成器"的专家教育》，《鹅湖月刊》，2010 年第 5 期。

［25］金贞姬：《儒家教养与现代教育（下）——"成德"的人文教养与"成器"的专家教育》，《鹅湖月刊》，2010 年第 6 期。

［26］李明辉：《儒学知识化与现代学术》，《中国人民大学学报》，2010 年第 6 期。

［27］干春松：《知识和信仰的分途：近代社会变革中儒学的宗教化与知识化的争论》，《中国人民大学学报》，2010 年第 6 期。

［28］向世陵：《中国哲学的"本体"概念与"本体论"》，《哲学研究》，2010 年第 9 期。

［29］蒋国保：《"性即理"与"心即理"本义辨析》，《江南大学学报》（人文社会科学版），2011 年第 5 期。

［30］丁为祥：《朱子理气关系的三种不同解读》，《江南大学学报》（人文社会科学版），2012 年第 1 期。

［31］丁为祥：《从生存基础到力动之源——朱子哲学中的"气"论思想》，《北京大学学报》（哲学社会科学版），2012年第2期。

［32］王进：《哲人的告诫：良知与政治——王阳明心学思想的政治——哲学研究》，《人文杂志》，2012年第4期。

［33］方旭东：《意向与行动——王阳明"知行合一"说的哲学阐释》，《社会科学》，2012年第5期。

［34］董平：《王阳明哲学的实践本质——以"知行合一"为中心》，《烟台大学学报》（哲学社会科学版），2013年第1期。

［35］李承贵：《"知人论世"：作为一种解释学命题的考察》，《齐鲁学刊》，2013年第1期。

［36］丁为祥：《道德与自然之间——朱子与陈亮的争论及其分歧的再反思》，《哲学分析》，2013年第3期。

［37］陈少明：《"心外无物"：从存在论到意义建构》，《中国社会科学》，2014年第1期。

［38］向世陵：《宋代理学的"性即理"与"心即理"》，《哲学研究》，2014年第1期。

［39］杜保瑞：《王阳明言知行合一的本体工夫意旨》，《哲学与文化》，2014年第2期。

［40］陈来：《百年来儒学发展的回顾与前瞻》，《深圳大学学报》（人文社会科学版），2014年第3期。

［41］陈来：《宋明儒学的仁体观念》，《北京大学学报》（哲学社会科学版），2014年第3期。

［42］陈来：《仁学本体论》，《文史哲》，2014年第4期。

［43］张新民：《回顾与前瞻：阳明学研究的百年经验总结》，《贵州大学学报》（社会科学版），2014年第6期。

［44］丁为祥：《从"良知"的形成看阳明学研究的不同进路》，《阳明学研究》第一辑，2015年。

［45］陈立胜：《王阳明"心外无物"论——〈传习录〉"岩中花树"章新解》，《中原文化研究》，2015年第1期。

［46］朱承：《信念政治与社会教化：阳明学派的政治向度论略》，《王学研究》，2015年第2期。

［47］邓国元：《王门"天泉证道"考辨——以"四句教"、"四有"和"四无"为中心的考察》，《中国哲学史》，2015年第3期。

［48］丁为祥：《发生、解读、诠释——中国儒学主体生存向度的追寻与前瞻》，《哲南国学术》，2015年第4期。

［49］黄俊杰：《华东师范大学学报》（哲学社会科学版），《东亚儒家教育哲学新探》，2016年第2期。

［50］陈来：《二十世纪思想史研究中的"创造性转化"》，《中国哲学史》，2016年第4期。

［51］黄俊杰：《东亚儒家传统中的人文精神》，《高教发展与评估》，2016年第4期。

［52］丁为祥：《王阳明"知行合一"之内证内解》，《哲学与文化》，2016年第8期。

［53］丁为祥：《"身心之学"的精准阐发——读冈田武彦〈王阳明大传〉》，《阳明学研究》第二辑，2016年。

［54］吴震：《漫谈阳明学与阳明后学的研究》，《阳明学研究》第二辑，2016年。

［55］吴震：《论王阳明"一体之仁"的仁学思想》，《哲学研究》，2017年第1期。

［56］李承贵：《"良知"的沦陷及其省思——知识化解释的向

度》，《贵州文史丛刊》，2017 年第 1 期。

［57］李承贵：《王阳明"良知说"的四个积极面相》，《道德与文明》，2017 年第 3 期。

［58］李承贵：《阳明心学的精神》，《哲学动态》，2017 年第 4 期。

［59］丁为祥：《王阳明的教育思想》，《贵州文史丛刊》，2017 年第 4 期。

［60］李景林、云龙：《教化——儒学的精神特质》，《中国社会科学院研究生院学报》，2017 年第 5 期。

［61］丁为祥：《从"得君行道"到"觉民行道"——阳明"良知学"对道德理性的落实与推进》，《学术月刊》，2017 年第 5 期。

［62］丁为祥：《历史危机、人生信念与实践抉择——儒家性善论的发生学分析》，《哲学研究》，2017 年第 5 期。

［63］陈立胜：《如何守护良知？——陆王心学工夫中"自力"与"他力"辨正》，《哲学研究》，2017 年第 10 期。

［64］陈立胜：《"慎独""自反"与"目光"——儒家修身学中的自我反省向度》，《深圳社会科学》，2018 年第 1 期。

［65］郑开：《中国哲学语境中的本体论与形而上学》，《哲学研究》，2018 年第 1 期。

［66］丁为祥：《儒学：一种可以作为"底色"的人生信仰》，《孔学堂》，2018 年第 1 期。

［67］冯达文：《孔子思想的哲学解读——以〈论语〉为文本》，《中山大学学报》（社会科学版），2018 年第 2 期。

［68］董平：《阳明心学的定性及良知的公共性与无善无恶》，《哲学研究》，2018 年第 2 期。

［69］杨国荣：《走进思想的深处——关于重写宋明理学史的若

干思考》,《哲复旦学报》(社会科学版),2018 年第 3 期。

[70] 邓国元:《王阳明思想"最后定见"辨证——兼论"四句教"与"致良知"之间的思想关系》,《中国哲学史》,2018 年第 3 期。

[71] 丁为祥:《宇宙本体论与本体宇宙论——兼论朱子对〈太极图说〉的诠释》,《文史哲》,2018 年第 4 期。

[72] 孙德仁:《从哲理诠释、精神信仰到成德成人——20 世纪以来阳明"致良知"教研究的基本定位与反思》,《北京理工大学学报》(社会科学版),2018 年第 4 期。

[73] 吴震:《作为良知伦理学的"知行合一"论——以"一念动处便是知亦便是行"为中心》,《学术月刊》,2018 年第 5 期。

[74] 陈立胜:《王阳明修身工夫论的路径与特色》,《道德与文明》,2018 年第 5 期。

[75] 陈嘉明:《比较视野下的中西知识论概观》,《天津社会科学》,2018 年第 5 期。

[76] 杨国荣:《何为儒学?——儒学的内核及其多重向度》,《哲学与文化》,2018 年第 5 期。

[77] 杨国荣:《心物、知行之辨——以"事"为视域》,《哲学研究》,2018 年第 5 期。

[78] 陈立胜:《王阳明"致良知"工夫论中的"依循"向度》,《杭州师范大学学报》(社会科学版),2018 年第 6 期。

[79] 陈立胜:《阳明学登场的几个历史时刻——当"王阳明"遭遇"现代性"》,《社会科学战线》,2018 年第 7 期。

[80] 倪培民:《从功夫论到功夫哲学》,《哲学动态》,2018 年第 7 期。

［81］吴震：《再论"两种阳明学"——近代日本阳明学的问题省思》，《社会科学战线》，2018 年第 7 期。

［82］陈立胜：《良知之为"造化的精灵"：王阳明思想中的气的面向》，《社会科学》，2018 年第 8 期。

［83］郑宗义：《再论王阳明的知行合一》，《学术月刊》，2018 年第 8 期。

［84］陈立胜：《"以心求心""自身意识"与"反身的逆觉体证"——对宋明理学通向"真己"之路的哲学反思》，《哲学研究》，2019 年第 1 期。

［85］杨国荣：《何为理学？——宋明理学内在的哲学取向》，《武汉大学学报》（哲学社会科学版），2019 年第 2 期。

［86］李景林、马晓慧：《将方法收归内容——中国哲学研究方法之反思》，《天津社会科学》，2019 年第 2 期。

［87］董平：《论"知行合一"的四重向度》，《社会科学战线》，2019 年第 2 期。

［88］王格：《王学中三种庶民教化形式》，《中国研究》，2019 年第 2 期。

［89］丁为祥：《阳明精神的三"点"一"线"及其现代意义》，《阳明学研究》第四辑，2019 年。

［90］丁为祥：《宋明儒学的三种知行观——对理学思想谱系的一种逆向把握》，《学术月刊》，2019 年第 3 期。

［91］彭国翔：《阳明学的政治取向、困境和分析》，《深圳社会科学》，2019 年第 3 期。

［92］陈清春：《王阳明"良知"概念的理论意义》，《中国哲学史》，2019 年第 3 期。

［93］杨国荣：《存在与生成：以"事"观之》，《哲学研究》，

2019 年第 4 期。

[94] 马俊：《"无善无恶心之体"义解——王阳明"四句教"首句宗旨新探》，《中国哲学史》，2019 年第 4 期。

[95] 吴震：《宋明理学视域中的朱子学与阳明学》，《哲学研究》，2019 年第 5 期。

[96] 傅锡洪：《王阳明"四句教"解义及辩证》，《哲学研究》，2019 年第 7 期。

[97] 赖区平：《论儒家修身工夫的三种进路——从〈中庸〉戒、惧、慎独三义说起》，《哲学研究》，2019 年第 11 期。

[98] 杨国荣：《中国思想中的泰州学派》，《江海学刊》，2020 年第 1 期。

[99] 吴震：《心学与气学的思想异动》，《复旦学报》（社会科学版），2020 年第 1 期。

[100] 董平：《主体性的自我澄明：论王阳明"致良知"说》，《中国哲学史》，2020 年第 1 期。

[101] 王晓娣：《儒学民间化：阳明后学"觉民行道"的社会伦理建构》，《东南大学学报》（哲学社会科学版），2020 年第 5 期。

[102] 李承贵：《王阳明"知行合一"论五种旨趣》，《天津社会科学》，2021 年第 1 期。

[103] 吴震：《王阳明的良知学系统建构》，《学术月刊》，2021 年第 1 期。

[104] 郑泽绵：《从朱熹的"诚意"难题到王阳明的"知行合一"——重构从理学到心学哲学史叙事》，《哲学动态》，2021 年第 2 期。

[105] 陈立胜：《王阳明"四民异业而同道"新解——兼论〈节

庵方公墓表〉问世的一段因缘》，《哲学研究》，2021 年
第 3 期。

［106］龚晓康：《"无善无恶心之体"：本体虚无与价值生成》，
《伦理学研究》，2021 年第 4 期。

［107］黄琳：《"人病"抑或"法病"？——形上形态建构下的
阳明后学》，《中国哲学史》，2021 年第 4 期。

［108］张瑞臣：《论查尔斯·泰勒"无求于外的人文主义"》，
《哲学动态》，2021 年第 5 期。

［109］杨国荣：《以事行道——基于泰州学派的考察》，《文史
哲》，2021 年第 6 期。

［110］傅锡洪：《两种〈大学〉诠释，两种四句教》，《云南大
学学报》（社会科学版），2021 年第 6 期。

［111］傅锡洪：《论王阳明的"动静合一"——从一元两层本
体工夫看》，《孔学堂》，2022 年第 1 期。

［112］郑泽绵：《王阳明的"见在良知"说与儒家时间意识的
突破》，《文史哲》，2022 年第 2 期。

［113］杨泽波：《论阳明心学存在的偏颇》，《哲学研究》，
2022 年第 3 期。

［114］顾家宁：《黄宗羲的泰州批判与晚明儒学转型》，《哲学
研究》，2022 年第 3 期。

［115］许家星：《精一之传——王阳明道统思想探幽》，《中州
学刊》，2022 年第 4 期。

［116］陈畅：《格物与礼法：论阳明学的礼法转向》，《中山大
学学报》（社会科学版），2022 年第 4 期。

［117］沈顺福：《王阳明与传统儒家思想的终结》，《文史哲》，
2023 年第 1 期。

［118］杨国荣：《阳明心学的价值取向》,《浙江社会科学》,
2023 年第 2 期。

［119］傅锡洪：《王阳明"心即理"理解的三重误解与辩证》,
《云南师范大学学报》(哲学社会科学),2023 年第 4 期。

［120］唐东辉：《从"致良知"到"良知致"——论泰州学派
对王阳明良知学的日用实践》,《孔子研究》,2022 年第
6 期。

［121］朱承：《王阳明的合一性思维及其旨趣》,《哲学研究》,
2023 年第 10 期。

［122］钱明：《"觉民行道"与"安民行道"——王阳明的"亲
民"思想与当代中国的民生之道》,《孔学堂》,2024 年
第 1 期。

［123］邓晓芒：《论宋明理学形而上学的解构》,《复旦学报》
(社会科学版),2024 年第 3 期。

［124］杨儒宾：《良知学——物的证成或遗忘》,《广东社会科
学》,2024 年第 5 期。

［125］赖区平：《儒学的身体转向及其文明史意义》,《齐鲁学
刊》,2024 年第 5 期。

［126］张卫红、李卓：《阳明后学致良知功夫的形态与次第》,
《中州学刊》,2024 年第 7 期。

后　记

本书是在我的博士论文基础上修订而成。博士论文的完成与本书的修订都是一件不易的事，尤其是今天再回头看时，总是觉着有许多未尽之处，又觉着有些思考才刚刚开始。

回想起来，自己走上对阳明学的研究，并非出于对知识的好奇，而是缘于对自我的照察和省思，这也使得在阳明学的研究中，我更加关注作为问题的阳明学。黄宗羲在《明儒学案》中所言："阳明先生之学，有泰州、龙溪而风行天下，亦因泰州、龙溪而渐失其传。"泰州、龙溪与阳明之间的学理转进是什么，以及在此转进中为何会形成"风行天下"与"渐失其传"如此极具张力的现象，便成为当时萦绕在我心头的问题。后来看到余英时先生认为阳明致良知的突破在于从宋以来的"得君行道"，走向"觉民行道"。这一创见更加坚定了我的想法：由泰州、龙溪引发的"风行天下"与"渐失其传"本身是教化的突破与折戟。而作为成德之教的儒学，在现代社会又面临着工夫与教化系统的失语，这一困境触发我对致良知教的"能"（所及）与"不能"（分限）的摸索并以此返观现代儒学的困境。诸如此类的问题意识，从博士论文的撰写到本书的修订一直在延续，而这本书的修订出版，也算是对这些问题的一个阶段性总结。

对于这些问题的思考，从硕博求学到现在工作，始终离不开我的导师丁为祥先生的引导与教诲。从硕士入学始，先生就

310

后 记

叮嘱我关注儒学的教化问题，并时常在中国哲学史方法论的取径上"敲打"我。在中国哲学史方法论上先生有其独到且深刻的认识，他强调以具体发生的方式来破解古人在自己生存实践中其人生观念、价值理想的具体形成。这也使得我进入阳明学时，充分尊重阳明学派的主体生存实践，试图揭示作为思想史事件的致良知教的意义，而非站在塔外对着相轮进行对象性的描述。这样的方法也让我感受到主体自我的不断廓清，就愈能进入阳明学派的思想世界；而愈深入阳明学派的思想世界，也就愈能反向澄澈内在自我之精神。后来才想明白，这一方法论本身也是丁为祥先生对我为人与为学的塑造，而非简单的理论方法范式。先生于我，不仅仅在学业、生活上多有帮助，更是于我精神生命有再造之恩。

博士论文完成后有幸赴清华大学拜到丁四新先生门下继续学习、沉淀。一方面选择北宋理学性命论作为新方向，另一方面也在不断咀嚼原先关注阳明学的一些问题。对此，丁四新先生给了我极大的自由空间与悉心指导。在他的指导下，题为"阳明学派与中晚明儒学世俗化"的研究获批中国博士后科学基金面上资助，"世俗化"也成为我夯实阳明学派教化问题的新视角，并在本书的修订中得以呈现。回顾求学历程，时常感慨自己的幸运，能够遇到丁为祥先生、丁四新先生这样的大先生。同时，自己的成长更离不开如刘学智先生、林乐昌先生、张蓬先生、许宁先生、曹树明先生、庄振华先生、李敬峰先生、高海波先生等诸多良师的引导。

本书的出版，要感谢上海人民出版社，感谢本书责任编辑任健敏女士以负责的专业态度审阅书稿，并为书稿提出中肯的修改意见。我指导的硕士生郭艺晗，也为引文核对做了大量工作，在此对她表示由衷的谢意。

对于而立之年的我，最感欣慰的是能获得父母与妻子的信任与支持。在我撰写博士论文再到远赴清华求学期间，妻子俞婷婷几乎将全部时间用在照顾儿子，才让我有精力和时间从事科研。有幸又能得父母到西安帮衬，才让我身心安定。如此情义，虽说不出一句谢谢，但在心上又是很沉很沉。

孙德仁

2024 年 11 月 16 日于长安

图书在版编目(CIP)数据

教化的突破：阳明学派致良知教研究 / 孙德仁著.
上海 ： 上海人民出版社，2025. -- ISBN 978-7-208
-19365-9

Ⅰ. B248.25

中国国家版本馆 CIP 数据核字第 2025FZ9615 号

责任编辑　任健敏
封面设计　胡　斌　刘健敏

教化的突破：阳明学派致良知教研究

孙德仁 著

出　　版　上海人民出版社
　　　　　（201101　上海市闵行区号景路 159 弄 C 座）
发　　行　上海人民出版社发行中心
印　　刷　上海商务联西印刷有限公司
开　　本　635×965　1/16
印　　张　20
插　　页　2
字　　数　220,000
版　　次　2025 年 3 月第 1 版
印　　次　2025 年 3 月第 1 次印刷
ISBN 978 - 7 - 208 - 19365 - 9/B・1811
定　　价　78.00 元